U0917711

# 网络嵌入视角下知识密集型服务企业服务创新绩效

WANGLUO QIANRU SHIJIAOXIA ZHISHI MIJIXING FUWU QIYE FUWU CHUANGXIN JIXIAO

邹德玲 著

中国财经出版传媒集团
中国财政经济出版社

**图书在版编目（CIP）数据**

网络嵌入视角下知识密集型服务企业服务创新绩效 / 邹德玲著. --北京：中国财政经济出版社，2021.6

ISBN 978-7-5223-0424-3

Ⅰ.①网…　Ⅱ.①邹…　Ⅲ.①服务业-企业绩效-企业业管理　Ⅳ.①F719

中国版本图书馆 CIP 数据核字（2021）第 047027 号

组稿编辑：周桂元　　　　责任校对：张　凡
责任编辑：周桂元　　　　责任印制：张　健
封面设计：卜建辰

中国财政经济出版社 出版

URL：http：//www.cfeph.cn

E-mail：cfeph@cfeph.cn



社址：北京市海淀区阜成路甲 28 号　邮政编码：100142

营销中心电话：010-88191522

天猫网店：中国财政经济出版社旗舰店

网址：https：//zgczjjcbs.tmall.com

北京富生印刷厂印刷　各地新华书店经销

成品尺寸：170mm×240mm　16 开　15 印张　236 000 字

2021 年 6 月第 1 版　2021 年 6 月北京第 1 次印刷

定价：60.00 元

ISBN 978-7-5223-0424-3

（图书出现印装问题，本社负责调换，电话：010-88190548）

本社质量投诉电话：010-88190744

**打击盗版举报热线：010-88191661　QQ：2242791300**

# 前　言

由于创新过程所涉及知识的复杂性、多样性，任何一个组织都不可能具备创新所需要的所有知识。这种创新资源的有限性极大地限制了企业创新能力的发挥，创新成功率降低，这使得企业孤军奋战的创新行为越来越少见。由此，越来越多的企业开始跨越组织边界，通过发挥自身所占有的差异化资源优势，与其他组织建立层次各异的合作关系，寻求企业合作关系中的有利地位，实现创新知识等各类资源的市场补充，从而形成创新合力，促进创新绩效的提升。知识密集型服务在以知识为基础的知识经济社会中扮演着主动且关键的角色，具有生产基础性知识并对其进行重新配置的双重功能。在以往绝大多数关于服务创新的研究中，知识密集型服务总是扮演着制造业技术创新、产品创新、服务创新的辅助角色，此时的知识密集型服务企业的创新行为是被动的。而事实上，知识密集型服务业自身的主动创新行为才真正影响着其社会基础知识创造功能的发挥。对于知识密集型服务企业（Knowledge - Intensive Business Services，KIBS，学术界通常称为 KIBS 企业）而言，知识作为其赖以生存和发展的最核心要素，对其进行有效的管理，是企业保证正常运营以及开展服务创新的基础。因此，考虑到资源有限性的约束，广泛建立社会网络，获取差异化知识，实现资源的优势互补，就成为其服务创新活动开展的必经之路。由此，将知识密集型服务企业作为服务创新的特定研究对象，分析网络嵌入对知识密集型服务企业服务创新绩效的影响机制，实现了研究对象和研究视角上的共同创新。

本书以网络嵌入为切入点，紧紧围绕网络嵌入如何影响KIBS企业服务创新绩效这一核心问题，引入知识管理作为中介变量，在对相关文献进行系统分析、归纳以及基础理论分析的前提下，通过四个方面内容的解析实现对核心问题的诠释。第一，对网络嵌入影响KIBS企业服务创新绩效的内在机理进行系统分析，在深刻解析KIBS企业服务创新知识属性的基础上，创新性引入知识管理作为中间变量，系统阐明网络嵌入的三个维度——关系嵌入、结构嵌入、资源嵌入对KIBS企业服务创新绩效存在的内在影响。第二，对网络嵌入影响KIBS企业服务创新绩效的机制进行探索性案例分析。选择宁波三家不同类型的KIBS企业，以访谈为主要方式进行调研，并对访谈内容进行系统分析整理，结合网络嵌入对KIBS企业服务创新绩效影响的内在机理分析，初步提出本研究网络嵌入与KIBS企业服务创新绩效之间关系的基本假设。第三，构建网络嵌入对KIBS企业服务创新绩效影响机制模型。基于上述分析基础，构建基于企业知识管理能力为中介变量的网络嵌入影响KIBS企业服务创新绩效概念模型，揭示网络嵌入——知识管理——服务创新绩效三个主要变量之间的逻辑关系，进一步深入细化研究假设，并对主要分析方法进行系统说明。第四，进行网络嵌入对KIBS企业服务创新绩效影响机制模型的实证检验。基于长三角地区464份企业的调查问卷，在描述性分析、相关因子分析基础上，运用结构方程对研究的概念模型进行检验与修正，并对研究假设进行验证。第五，有针对性地提出在网络嵌入视角下KIBS企业应该强化自身的知识管理、加强自身企业网络关系建设并不断提高在网络中的中心性地位，扩大自身企业影响力，实现对外知识的有效输入，为企业创新资源的积累提供重要渠道。

从网络嵌入的三个不同维度对KIBS企业服务创新绩效作用的最终结果来看，企业在促进服务创新绩效提升的过程中，应该有针对性地采取差异化的对外关系拓展战略，通过提升自身在企业网络中的知识获取、知识整合能力，不断深化其对企业服务创新绩效的正向促进作用，从而达到提升企业服务创新绩效的目的。

**作者**

2021年1月于宁波

# 目 录

# 第一章
# 绪　论

## 第一节
## 研究背景及意义

### 一、研究背景

从现实层面来说，本书研究背景主要基于三个方面。第一，知识经济的不断深化。随着人类社会文明的进步和科学技术的发展，人类已经步入以信息技术为标志的知识经济时代。同时，随着产业结构由“工业型经济”向“服务型经济”转型趋势的增强，土地、劳动力、生产技术等传统生产要素依赖其资源稀缺性特征作为组织核心竞争优势的决定性因素难以为继，而知识因其价值的边际效应递增规律成为决定竞争力并促进经济发展的关键性因素。知识密集型服务在以知识为基础的知识经济社会中扮演着主动且关键的角色，具有生产基础性知识并对其进行重新配置的双重功能。知识密集型服务企业（Knowledge - Intensive Business Services，KIBS，学术界通常称 KIBS 企业）已经逐渐取代高校和科研院所，成为

“网络式、交叉学科、实践创造”知识生产新模式的引领者，在不同产业网络的形成中架起了桥梁。第二，企业网络化发展以及企业间合作创新趋势的不断加强。在经济发展的实践中，单个个体和组织的孤立创新行为只出现在一些例外情况下，创新活动通常会涉及许多不同的参与者。任何一个参与经济运行的企业都不可能穷尽所有的资源与创新资源的有限性制约了企业创新能力的发挥，越来越多的企业开始跨越组织边界，通过嵌入社会网络，与网络成员开展多层次的合作，以实现企业创新外部差异化以及关键性资源与知识的获取，这种企业间的合作创新极大地提高了创新成功的概率，从而有效提升了企业服务创新绩效，有助于企业获得长久的竞争优势。由此，企业网络也成为服务创新研究的新视角。第三，服务创新作为企业竞争优势获得新渠道认识的普遍深化。随着服务型经济社会发展形式的不断深化，服务业在整个国民经济中的地位不断提高，已经成为经济增长的新引擎和一个国家高级经济发展形式的重要标志。而在企业来看，随着竞争焦点逐渐由产品向服务转变，越来越多的企业意识到服务创新已经成为决定组织竞争力强弱、利润增长的关键，已经成为企业构建、维持竞争优势的重要途径。

从理论层面来看，一方面，对于创新理论的研究焦点已经逐渐从传统的技术创新向服务创新转移，且随着创新研究的不断深化以及企业对外部资源依赖程度的逐渐提高，单纯的依赖掌握稀缺性资源来提升自身优势的思路得到转变，充分发挥企业自身对外资源获取、学习能力、维持优质合作关系等方面的能力，从而促进企业在社会网络中建立优势地位，成为企业在网络化时代下的新要求。可以说，创新网络化的发展趋势要求企业突破组织边界，放眼整个社会、市场，寻求企业创新所需要的一切要素，网络化发展成为企业创新活动开展的新渠道。这主要是因为，企业在网络中的嵌入状态直接影响着企业对外资源获取的品质、数量、便利程度等，同时还影响着资源开发的成功率、最终收益、消费者满意度等，这就造成了企业在最终优势获得上的巨大差异。在关于网络嵌入的研究中，关系嵌入和结构嵌入是两个最为普遍的方面，长期以来积累了相当丰富的研究成果，并就其与网络成员企业的关系建立以及在网络中所处的不同位置对企业对外资源获取、创新绩效的关系方面达成了某些共识。但是，网络嵌入涉及的维度不仅仅局限在关系嵌入和结构嵌入两个方面，企业所占有的资源以及合作企业所占有的资源作为企业嵌入社会网络的基础在关系嵌入、结构嵌入、资源嵌入这三个维度中，到底在多大程度上影响企业在网络中心的地位以及企业的创新绩效同样是不容忽视的基本问题。另一方面，从本研究的现实背景可以看出，服务创新作为新经济背景下企业竞争优势的重要来源，将其置于企业网络理论的范畴中进行研究，也成为服务创新研究的新趋势。

在网络嵌入理论、服务创新理论的相关研究中，关系嵌入性与服务创新之间的研究最多，但多数集中在关系嵌入对服务创新能力的影响上，且对网络嵌入维度的研究较为单一，没有综合考虑关系嵌入、结构嵌入、资源嵌入三大维度对企业服务创新的整体影响。而事实上，企业的资源占有直接影响着其在网络中关系的建立，并在一定程度上决定企业在网络中所处的位置，三者反过来作用于企业对外资源的获取。因此，综合考察关系嵌入、结构嵌入以及资源嵌入对 KIBS 企业服务创新的作用机制，发现不同网络嵌入维度对 KIBS 企业的作用路径及影响程度，对提高 KIBS 企业知识管理能力并促进企业服务创新绩效提升意义显著。

## 二、研究意义

本书的研究意义主要体现在理论与实践两个方面：

### （一）理论意义

1. 引入了 KIBS 企业服务创新绩效研究的网络嵌入新视角

知识经济的繁荣发展及不断深化使知识要素在企业发展中的重要性越来越凸显，而对于 KIBS 企业而言，知识作为其密集投入的生产要素，更是具有决定企业长远发展的重要意义。企业网络化趋势的不断加强，为实现组织有效知识获取、知识应用提供了条件，为组织间学习、交流创造了机会和可能。这种企业网络化发展趋势以及为成员所创造的极大优势逐渐使其成为企业管理研究的新视角，本书将网络嵌入引入 KIBS 企业服务创新绩效的研究中，在理论上对服务创新绩效的研究进行了新的积极探索。

2. 构建了网络嵌入视角下的 KIBS 企业服务创新绩效影响机制模型

通过对网络嵌入理论、服务创新理论、知识管理理论的系统分析，构建了本研究中网络嵌入背景下 KIBS 企业服务创新绩效影响机制概念模型。作者使用结构方程模型对这一概念模型进行了实证检验，并从网络嵌入的关系嵌入、结构嵌入、资源嵌入三个维度分别探讨其与 KIBS 企业知识管理及服务创新绩效之间的关系，为 KIBS 企业从网络嵌入角度开展知识管理活动、促进 KIBS 企业服务创新绩效提升提供了重要理论依据。

### （二）实践意义

1. 促进 KIBS 企业服务创新绩效的有效提升

在本书关于 KIBS 企业服务创新绩效影响机制的研究中，企业对社会网络的关系嵌入、结构嵌入以及资源嵌入都是影响 KIBS 企业服务创新的重要因素，而这其中起着直接或间接传导力量的是企业的知识管理活动。因此，KIBS 企业应该制订科学的企业对外合作方案，与相关企业建立良好的合作关系，并争取利用自身所掌握的差异化优势资源，建立自身在社会网络中的核心地位，从而实现企业有效对外资源获取的能力，提高知识管理水平，提高服务创新绩效。

2. 为提高 KIBS 企业竞争力提供重要依据

企业开展创新活动以及服务创新绩效的提升归根结底是为了使企业获得竞争优势。在本书中，通过实证研究深入解析了影响 KIBS 企业服务创新绩效的诸多因素，并系统探讨了各因素之间的内在逻辑关系，为 KIBS 企业领导者及管理人员认清问题本质、对不同因素进行有效把握、对资源实施更为有效的配置、促进企业竞争力持续提升提供了重要的科学依据。

## 第二节 研究问题与方法

### 一、研究问题

本书要解决的主要问题是“网络嵌入是如何影响 KIBS 企业服务创新绩效的?”。为了实现对这一问题的全面解析，本书从不同角度由浅入深进行了全面论述。首先，考虑到服务创新明显地区别于制造创新，作者在大量文献整理的基础上对服务创新绩效的考量指标进行了提炼与升华；其次，为了深入了解网络嵌入各维度影响 KIBS 企业服务创新绩效的内在机理，引入知识管理这一中介变量作为网络嵌入与 KIBS 企业服务创新绩效之间关系的传导，以揭示网络嵌入与 KIBS 企业服务创新绩效的内在关系，这也是本研究的重点理论分析部分；最后，探索网络嵌入视角下 KIBS 企业服务创新绩效影响机制概念模型，并进行验证。概念模型的构建是对理论分析的进一步具象化，通过理论假设的提出以及相关管理统计分析方法以及统计工具的应用，对网络嵌入通过影响企业知识管理进而作用于 KIBS 企业服务创新绩效的模型进行实证检验。

## 二、研究方法

作者在本书的研究中大量阅读了国内外相关文献，通过对相关领域经典文献（部分年代较久）以及前沿研究观点的借鉴整合，形成本研究中关于网络嵌入通过影响 KIBS 企业知识管理活动进而作用于企业服务创新行为的结论，并对其服务创新绩效产生影响的基本思路及整体框架进行了描述，在此基础上建立了以知识管理为中介的理论研究模型，且以 436 份调研问卷为数据收集及调研的基础，对理论模型及假设进行了实证检验。

### （一）文献研究法

大量文献的收集、整理是本书的第一个方法，也是至关重要的一个方法。通过对中外大量相关文献的阅读，对网络嵌入、KIBS 企业服务创新绩效以及二者之间关系、知识管理与服务创新之间关系的研究进行了系统的综述。针对网络嵌入视角在 KIBS 企业服务创新研究方面应用匮乏的实际，提出本书研究问题的基本思路以及理论假设，并构建了以知识管理为中介的网络嵌入对 KIBS 企业服务创新绩效影响机制模型。

### （二）问卷调查法

为了对理论建设及模型进行充分验证，本书通过问卷调查的形式对上海、苏州、杭州、宁波的众多企业进行了实地调查，并主要通过问卷形式实现数据的收集。在此过程中，一方面通过与被调查人员的深入交流，对问卷题项进行修订、完善，以促进问卷的科学合理性；另一方面，开展数据的收集工作，为相关实证研究提供基础保障。

#### （三）实证研究法

通过问卷调查的方法得到本书实证研究所需要的数据，并通过相关性分析、因子分析、回归分析以及结构方程模型等多种统计分析方法的结合使用，借助相关分析软件对书中所提出的理论假设与模型实施系统分析验证。

## 第三节 主要内容与技术路线

### 一、主要内容

为了实现对主题的完整阐释及深入分析，在对现有关于网络嵌入、KIBS 企业服务创新以及知识管理进行相关文献综述的前提下，对网络嵌入的关系嵌入维度、结构嵌入维度以及资源嵌入维度作用于 KIBS 企业服务创新绩效的影响机理进行了充分说明。在此基础上以知识管理为中间变量构建网络嵌入各维度与 KIBS 企业服务创新绩效之间的理论假设与概念模型，并选择因子分析、结构方程等方法对理论假设及概念模型进行论证检验。继而，根据理论及实证研究结果，提出从网络嵌入层面促进 KIBS 企业服务创新绩效有效提升、使企业保持持续创新活力的对策建议。

#### （一）绪论

本书第一部分“绪论”为总括，从宏观上阐明研究的理论及实践背景，并对理论意义、实际意义进行说明；阐明本书主要的研究问题以及采取的研究方法；并对整体结构内容安排以及技术路线进行说明。

### （二）文献回顾与述评

本章主要对研究主题所涉及的诸多文献资料进行系统梳理分析，主要包括 KIBS 企业服务创新研究、网络嵌入、网络嵌入与服务创新相关研究、知识管理与服务创新相关关系研究。在文献分析基础上，借助前人研究的优秀成果，发现本研究的切入点，并对相关重要概念进行内涵界定。

### （三）理论基础

缺乏理论基础的学术研究好比是沙土上建大厦，没有坚若磐石的基石支撑，很难实现高屋建瓴。综观本书，服务创新理论、网络嵌入理论以及知识管理理论构成了研究的三大理论支点。首先，在服务创新理论中，重点阐释了服务创新的内涵、影响服务创新的主要因素以及如何有效对服务创新的绩效进行科学评价。其次，在网络嵌入理论中，着重探讨了网络嵌入的内涵，以及本研究中所选择的网络嵌入的三个维度—关系嵌入、结构嵌入、资源嵌入。最后，在知识管理理论分析中，探讨知识管理内涵的基础上，对知识管理的内容进行了深入分析

### （四）网络嵌入对 KIBS 企业服务创新绩效影响机理分析

网络嵌入对 KIBS 企业服务创新绩效影响内在机理是建立网络嵌入对 KIBS 企业服务创新绩效影响机制模型的基础。因此，本章对网络嵌入的三个维度——关系嵌入、结构嵌入、资源嵌入分别进行了影响 KIBS 企业服务创新绩效的机理分析，并针对关系嵌入所包括的关系强度、关系质量、关系持久性，资源嵌入包括的网络密度、网络规模、企业网络中心性、结构洞，资源嵌入所包括的企业战略资源占有及合作企业战略资源占有对 KIBS 企业服务创新绩效的内在影响机理分别进行了分析。最后，对知识管理在 KIBS 企业服务创新中的重要地位也通过机理分析的形式展现。

### （五）网络嵌入对 KIBS 企业服务创新绩效影响机制探索性案例分析

在对网络嵌入影响 KIBS 企业服务创新绩效内在机理分析的基础上，选择宁波市的分属于不同 KIBS 行业的三个企业进行探索性案例分析，针

对其网络嵌入、知识管理的实际情况以及对企业服务创新绩效产生的影响，提出本研究基本假设前提。

### （六）网络嵌入对 KIBS 企业服务创新绩效影响机制理论假设与模型构建

在理论分析的基础上，一方面，提出网络嵌入对 KIBS 企业服务创新绩效影响的诸多研究假设，并依据假设构建网络嵌入对 KIBS 企业服务创新绩效影响机制的理论模型。另一方面，分析说明本研究选择的网络嵌入对 KIBS 企业服务创新绩效影响机制理论模型验证方法，为后续实证研究做准备。

### （七）网络嵌入对 KIBS 企业服务创新绩效影响机制实证研究与模型检验

首先，通过对所选择的上海、苏州、杭州、宁波四个城市知识密集型服务企业开展的调研活动，实现本研究的数据获取，并运用 SPSS22.0 统计分析工具对所有调研数据进行效度和信度的深入分析，并对关系嵌入维度、结构嵌入维度、资源嵌入维度、服务创新绩效以及知识管理进行一阶因子验证分析。其次，对各个变量之间进行回归分析和相关分析，以获得调研数据之间的相关、回归系数。最后，利用 AMOS5.0 统计分析工具对所有数据进行结构方程整体规模分析，以此获得网络嵌入对 KIBS 企业服务创新绩效影响机制的整体验证。

### （八）提高 KIBS 企业服务创新绩效策略研究——基于网络嵌入视角

结合前文相关理论分析及实证检验，提出基于网络嵌入视角的 KIBS 企业服务创新绩效提升策略建议。

## 二、技术路线

结合主要内容的安排，确定本书研究技术路线（如图 1－1）。

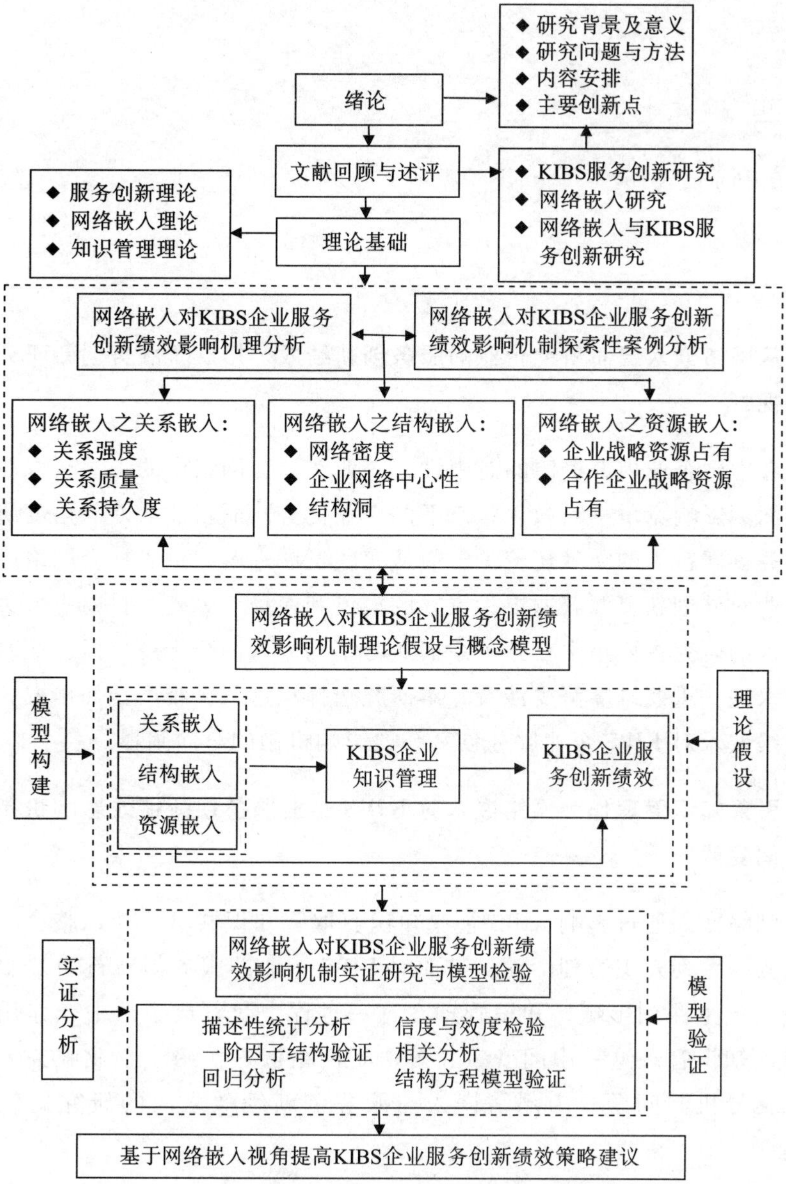

绪论

- 研究背景及意义
- 研究问题与方法
- 内容安排
- 主要创新点

文献回顾与述评

- KIBS服务创新研究
- 网络嵌入研究
- 网络嵌入与KIBS服务创新研究

理论基础

- 服务创新理论
- 网络嵌入理论
- 知识管理理论

网络嵌入对KIBS企业服务创新绩效影响机理分析

网络嵌入对KIBS企业服务创新绩效影响机制探索性案例分析

网络嵌入之关系嵌入：
- 关系强度
- 关系质量
- 关系持久度

网络嵌入之结构嵌入：
- 网络密度
- 企业网络中心性
- 结构洞

网络嵌入之资源嵌入：
- 企业战略资源占有
- 合作企业战略资源占有

网络嵌入对KIBS企业服务创新绩效影响机制理论假设与概念模型

模型构建

理论假设

关系嵌入

结构嵌入

资源嵌入

KIBS企业知识管理

KIBS企业服务创新绩效

网络嵌入对KIBS企业服务创新绩效影响机制实证研究与模型检验

实证分析

模型验证

描述性统计分析 信度与效度检验
一阶因子结构验证 相关分析
回归分析 结构方程模型验证

基于网络嵌入视角提高KIBS企业服务创新绩效策略建议

**图1-1 本书研究技术路线示意图**

# 第四节 主要创新点

## 一、从网络嵌入层面研究企业的服务创新绩效，拓展了服务创新研究的新视野

考虑到企业内部资源的有限性，企业在社会网络中的资源获取往往更能够深刻影响竞争不断激化状态下的企业优势。而目前从外部角度研究企业服务创新行为的文献还较少，而从实践发展来看，融入社会网络已经成为企业对外创新资源获取更为重要的渠道和途径。另外，目前少数关于网络嵌入的研究主要集中在其关系嵌入与结构嵌入两个维度方面，而对于资源嵌入这一重要维度鲜少涉及，本研究选择从这三个维度全面出发，以实现网络嵌入对 KIBS 企业服务创新绩效影响机制的全面阐释。

## 二、引入知识管理作为网络嵌入对 KIBS 企业服务创新绩效影响机制的中间变量

网络嵌入通过影响 KIBS 企业知识获取、知识共享、知识整合、知识应用的一系列知识管理活动，进而对 KIBS 企业的服务创新行为及服务创新绩效产生深刻影响，知识管理在这一过程中起着典型的中介作用。通过引入知识管理这一中间变量，解决了网络嵌入作用于企业服务创新的内在传导机制问题，为网络嵌入与服务创新绩效之间的研究提供了新视角。

## 三、构建理论模型揭示网络嵌入对 KIBS 企业服务创新绩效影响机制的本质过程

本研究通过相应的理论假设分析，构建网络嵌入——知识管理——服务创新绩效之间的理论概念模型，具体分析网络嵌入的三个维度——关系嵌入、结构嵌入、资源嵌入以及 KIBS 的知识管理等因素是如何作用于

KIBS 企业的服务创新绩效的。并通过进行广泛的实地调查，运用相关分析、因子分析、回归分析、结构方程模型等对这一模型进行分析验证，而最终的实证研究结论也进一步证明了本研究提出的理论假设以及概念模型。

# 第二章 文献回顾与述评

对于网络嵌入影响 KIBS 企业服务创新绩效机制的研究，主要涉及企业网络嵌入、知识管理以及知识密集型服务企业服务创新三个主要领域，因此，为了更好地切入本书的主题，对于相关文献的梳理也主要从这三个方面展开。

## 第一节 KIBS 企业服务创新

### 一、KIBS 企业内涵界定

随着对知识密集型服务企业研究的逐渐深入，对其内涵的认识也在不断拓展。美国商务部提出，知识密集型服务企业（KIBS 企业）是指在对外提供的服务中包含了大量专业性知识的企业。Miles 等（1995）从企业所属的性质、所投入的资源以及产出的基本特征等方面出发，认为知识密集型服务企业是一些通过向市场提供专业化的经济服务，并通过这些服务创造知识、促进知识扩散的组织。Hipp（1999）从服务对象的角度，将知识密集型服务业与制造业联系起来，认为知识密集型服务企业主要是为市场上各种类型的其他行业，如制造业、研发机构等提供专业化服务的单位，这些企业往往拥有丰富的知识资源。Hertog（2000）将中间产品的概念引入对知识密集型服务企业内涵的界定当中，认为知识密集型服务企业主要是指那些通过运用自身所掌握的某些专业化知识、技能、经验，向市场提供服务或推出新产品的企业。通过这一定义，使我们对知识密集型服务企业有了更深层次的认识。相关学者还给出了知识密集型服务企业的判定标准和方法，Datha 和 Schmid（2000）提出确定知识密集型服务企业的具体方法，重点考察企业从业人员的学历水平、企业投资于研究开发的力度、新工艺在新产品和服务开发过程所占有的比率三个方面，并提出只有在这三个层面的表现均优于行业整体水平时，这个行业才能被确定为知识密集型服务业，行业内部的从业者才能被确定为知识密集型服务企业。可以看出，这一概念以及测量方法的提出主要是从业内人力资本含量以及创新能力两个方面出发的。Muller 和 zenker（2001）将知识密集型服务企业定义为为其他社会组织机构提供高知识附加值服务的组织，并将其广泛地理解为咨询公司。Nāhlinder（2002）提出知识密集型服务企业是专门提供知识密集型产品和服务的商业组织，知识密集型服务的供给者和需求者往往都具有较高的文化素养和相关专业技能。Kemppila（2004）从知识密集型服务企业特征角度将其定义为：第一，投入方面以知识为关键；第二，产出（服务的提供）方面高度依赖专业技能；第三，从业人员和客户之间存在较高的互动行为。在这一定义中，我们发现，知识密集型服务企业作为知识创造的重要载体，要想实现知识的扩散和传播，必须依靠知识密集型服务需求者的参与，二者之间的有效互动为社会知识的创造和传播提供了重要且有效的途径。

比较而言，我国学者对于知识密集型服务企业内涵的确定则更为细致。虽然各学者研究的出发点和方法存在差异，但无一例外地均认为知识密集型服务企业是以掌握某些专业化知识，从而能够实现向客户提供专业化优质问题解决方案的组织。随着市场专业化细分以及竞争程度的不断增强，服务需求方对解决方案系统性、全面性的要求越来越高，这种解决方案需要实现知识密集型服务企业提供的产品和服务的有效统一。在提供方案的过程中，知识密集型服务企业通过解决方案的提供实现知识的传递，实现与客户的共同创新。这一过程一方面体现了客户和服务组织的高度互动，另一方面也体现了知识密集型服务企业在社会知识创造和知识传递方面的重要。随着经济全球化及知识经济时代的不断深刻发展，对知识密集型服务企业的管理理念和新产品、新服务的生产方式提出了更为深刻的要求。

事实上，虽然对知识密集型服务企业的研究已经非常深刻和广泛，但是其定义的层面却从没有实现认识上的统一。本书在综合文献梳理基础上，将知识密集型服务企业定义为：依赖于自身所掌握的科学、工程、技术等方面的专业化知识或技能，向客户提供某些知识密集型的、高智力、高附加值服务的组织。

## 二、KIBS 企业服务创新特征研究

知识密集型服务业是随着知识经济的发展而发展起来的。目前对于知识密集型服务业创新的研究可以概括为两种基本观点：一种观点延续了制造业技术创新的基本思想，强调技术创新尤其是信息技术的创新在知识密集型服务业创新中的重要地位和作用，并且认为知识密集型服务业创新活动主要表现为对相关要素的创造性重新组合。Miles（1997）通过相关研究后提出，在以技术的广泛应用作为支持的知识密集型服务中，其创新活动是通过将企业所掌握的不同专业知识进行重新配置之后才得以实现的。周明华（2000）提出信息技术的应用是信息时代知识密集型服务企业创新的重要基础。另一种观点则更加肯定了知识密集型服务业在促进创新技术扩散方面的积极作用。申静、赖茂生和钱程等同样在分析 ICT 技术的基础上，系统阐述了 ICT 技术在中国的应用及发展，并认为中国知识密集型服务业的创新活动对这一技术的普及产生了重要的积极影响。魏江（2005）、王甜（2006）等将中国和欧盟国家作为研究对象，对其知识密集型服务业在国际宏观创新系统中所发挥的作用进行了比较研究，分析了中国的服务业创新上的不足之处，通过对发达国家知识密集型服务业成功发展经验的借鉴，提出了中国知识密集型服务业国际化发展的可能以及促进其国际化发展的具体策略。魏江、夏雪玲等则从产业集群的视角，认为知识密集型服务业通过发挥组织内部与外部之间桥梁的功能，促进了产业集群的有效创新，并且认为知识密集型服务业产业集群是知识创新的关键主体之一。

综合上述文献分析，作者认为知识密集型服务企业的服务创新活动除了具有传统企业服务创新的一般特征，如创新的无形性、生产与消费的同步性等，基于其自身知识密集型服务企业的定位，其更表现出高知识密集和高交互性两个特征。

### （一）高知识密集特征

知识密集型服务企业发展的关键要素即是其掌握的专业化知识，这也造就了其服务创新活动的高知识密集特征，这也意味着知识密集型服务企业所提供服务以及开展的创新活动有别于其他服务业的“常规服务活动”。在企业开展创新活动的整个过程中，体现了企业知识获取、知识共享、知识整合以及知识应用的综合能力。知识密集型企业服务创新活动的投入与产出同样表现出强烈的高知识密集特征。一方面，作为在某些特定领域提供专业化服务的企业，其对专业知识的掌握成为企业正常运行的基础条件，并成为其对外提供服务并开展企业创新活动密集使用的核心要素。从本质上来说，知识密集型服务企业的经营过程就是对其所掌握的知识进行加工、管理、运用以及不断创造价值的过程。另一方面，知识密集型服务企业开展服务创新活动所创造的产品均具有“高知识含量”的特征，由于包含高水平的特定领域的专业化知识，使得其在对外扩散的过程中，需要消费者具有一定的知识储备，尤其是涉及应用新创知识开发的服务产品推广时，对消费者的知识水平提出了更高的要求。知识密集型服务企业服务创新高知识密集的特征充分体现了其在知识创造和知识传播方面的重要功能。

### （二）高交互性特征

区别于有形产品，无形服务最突出的特征之一在于其生产与消耗的同时性，而对于服务质量客观的评价来源于客户。挑剔、追求完美的消费者有利于企业不断改进服务产品，完善服务水平，开发新服务，整个过程体现了服务提供商与消费者之间频繁的意见反馈、知识交流，具有典型的高交互性特征。这一特征表现在服务提供商与消费者之间的高交互性。消费者在知识密集型服务企业服务创新活动中，通常扮演着企业创新活动的驱动者与知识的合作生产者两个角色。一切生产经营活动都是以满足市场需求为根本的，知识密集型服务企业的服务创新活动最重要的推动力在于消费者所产生的服务需求，尤其是在定制化服务方案的形成与实施中，依据顾客的个性化服务需求，知识密集型服务企业所提供的服务产品（如问题解决方案）往往具有难以复制性，并且特别强调在服务产品开发、设计、应用过程中，服务提供商与需求者之间高效、频繁、深层次的交流与沟通，这种交互性在广度和深度上均体现出更高的效率和效益，有助于彼此之间隐性知识的传播、共享以及新知识的创造，提高企业服务创新绩效。可以说，知识密集型服务企业与顾客之间的交互程度直接决定了企业服务创新的成败。这一特征还表现在企业内部成员之间的互动上，服务创新的过程往往涉及大量多元化知识的重组，企业员工作为服务创新的中坚力量，经常掀起头脑风暴或借助企业信息交流平台，促进知识交叉碰撞，对于提高创新频率提供了条件。

## 三、KIBS 企业服务创新能力及绩效评价研究

长期以来，关于创新的研究多是围绕可视性的制造业的技术创新、产品创新层面展开的。而对服务业创新能力及创新绩效的考察则由于其服务产品的特殊性、服务创新理论发展较为落后、分析数据的可得性等因素的限制，显得较为单薄。这也使得对于服务创新中的一个重要分支——知识密集型服务业创新效果的评价更为艰难。但是，随着知识密集型服务业在经济发展中地位的不断提升以及人们对知识密集型服务业认识的不断加强，仍然取得了不少重要成果。OECD（2006）在名为《以知识为基础的经济》的报告中系统总结了一套由知识投入、知识存量和流量、知识产出、知识网络及知识与学习六个基本概念组成的评价知识密集型服务业创新能力、促进创新绩效提升的指标体系，为后续的研究提供了重要参考。Marklund（1997）和陈劲（2008）在分析了知识密集型服务业创新与制造业创新极大差异的基础上，将衡量知识密集型服务业的指标确定为对于创新的投资、创新资源的掌握以及创新所产生的经济效益三个方面。吴艳（2007）从区域智力资本模型中得到启发，用五个大类二十四个具体指标构建了知识密集型服务企业创新能力的评价体系。吕泽（2007）以天津市为研究对象，从宏观和中观层面构建了包括技术创新能力、创新基础能力、知识创造能力、创新支撑能力、创新效果在内的知识密集型服务业的区域创新能力评价体系。孔祥（2009）创新性的将区域创新要素作为一个重要指标应用到知识密集型服务业创新能力的评价中，并建立了相应的

区域服务创新的评价框架，并选择北京等直辖市和其他省共 12 个地区作为样本，对知识密集型服务业在不同区域的创新情况及其能力进行了细致的比较分析，并且提炼出限制不同区域知识密集型服务业创新能力的主要因素。吴晓莉（2009）采用因子分析的基本方法，选择我国东部沿海的八个省（直辖市）为研究对象，通过对其知识密集型服务业创新能力的比较研究和综合评价，提出了促进江苏省知识密集型服务业创新能力提升的基本路径。

以上学者的观点均为知识密集型服务业创新的后续研究提供了重要参考。然而，理论研究体系尚存在许多不足：第一，关于知识密集型服务业创新的基本理论还不够完善；第二，由于知识密集型服务业创新产品的特殊性，使得对其创新活动作用于社会的实际效果的衡量存在较大的难度，相关的实证研究匮乏。这也使各地方发展知识密集型服务业、制定知识密集型服务业发展政策存在一定的难度。这些不足和空白都为以后的研究提供了方向。

## 四、KIBS 企业类型

对于知识密集型服务企业到底应该包含哪些类型，国内外学者结合自身的研究视角展开了大量的研究，但是和知识密集型服务企业的内涵没有达成统一一样，对知识密集型服务企业的分类也没有统一的标准。这主要是由于：第一，缺乏统一的行业分类标准；第二，学者们的研究侧重点和视角各不相同；第三，各个国家关于服务业的统计口径存在一定的差异，考虑到研究过程中数据的可得性，使得相关研究只能在既有统计分类的基础上进行，这也在一定程度上限制了我们对于知识密集型服务业的统一认识。从技术层面而言，知识密集型服务企业可以分成传统型和技术型两大类。从互动层面而言，通过考察知识密集型服务企业和客户之间的互动程度，可以分成定制型和大规模服务型的知识密集型服务企业两类。而受到普遍接受和应用的则主要是从知识密集型服务企业所依赖的专业知识角度进行的分类，即信息服务类企业、技术服务类企业、金融服务类企业和专业服务类企业。相关分类研究都为知识密集型服务企业分类提供了宝贵的参考。我国服务创新研究方面的知名学者——浙江大学魏江教授结合我国行业分类标准（GB/T4754 - 2002）和国际行业分类标准（ISIC/Rev. 3），创新性地从服务创造方式的层面出发，将知识密集型服务企业分成金融服务企业、租赁和商务服务企业、科学研究与技术服务和地质勘查企业、信息传输与计算机服务和软件企业四个大的类型，并将其细分成十三个小类。

本书在文献梳理基础上，结合最新的关于国民经济行业分类标准，将知识密集型服务企业分为金融服务类企业、信息传输和计算机服务与软件类企业、科学研究和技术服务与地质勘查类企业、租赁与商务服务类企业四大类，具体见表 2－1。

**表 2－1 知识密集型服务企业分类**

| 大类 | 主要从事业务小类 |
| --- | --- |
| 金融服务类企业 | 银行、证券、保险、相关金融活动 |
| 信息传输、计算机服务与软件类企业 | 电信等信息传输服务、计算机服务、软件 |
| 租赁和商务服务类企业 | 租赁、商务服务 |
| 科学研究、技术服务与地质勘查类企业 | 研究与试验发展、专业技术服务、科技交流和推广服务、地质勘查 |

## 第二节 网络嵌入研究综述

在经济一体化发展的大背景下，与“社会人”的本质一样，任何组织的发展都不可能脱离外界经济而独立存在。随着人们对供应链认识程度的不断深入，越来越多的企业认识到必须嵌入各种类型的社会网络中，才能充分利用网络资源促进企业自身的发展。在网络经济时代，企业通过嵌入相关的经济网络，与其共进退，一方面从网络中获取自身活动开展的一系列资源，另一方面共担网络经济风险，共同的目标使得企业能够主动对网络中的成员关系进行管理，与网络成员开展竞争与合作，在复杂多变的网络环境中建立持久优势并促进企业竞争力的提升。可以说，企业建立或加入一个有序运作、高效率的经济网络已经成为 21 世纪决定企业及企业创新活动成功与否的关键。网络嵌入性理论通过不同的维度分别考察网络成员之间的关系、企业在网络中所处的位置等众多属性，从而考察网络对成员企业行为及绩效的影响。网络嵌入作为研究企业网络以及网络创新的新视角，将创新理论、企业管理理论、经济学理论等众多理论有效地结合在一起。

## 一、嵌入概念的发展

嵌入性理论主要考察个体组织行为与其所处社会群体之间的互动关系问题。嵌入概念的提出最早始于 1944 年，匈牙利经济学家卡尔·波兰尼（Karl Polanyi）在其出版的《大变革》一书中指出，“所谓经济行为其实是嵌入在经济与非经济制度中的活动过程”。其他在关于嵌入理论的阐述中特别指出了制度建设对经济正常有序发展的重要影响。但是，在接下来相当长的一段时间内，嵌入理论没有得到进一步的完善和发展，在学术界也没有得到十分广泛的应用。直到 20 世纪 80 年代，学者 White（1981）基于同样的思想，指出影响人们对市场问题理解的关键性因素必然存在于最初由经济行为主体之间所构建的社会经济关系当中。事实上，真正促进嵌入理论实现突破性发展并广泛被学术界重视的是美国著名社会学家格兰诺维特（Granovetter，1985），其在美国社会学杂志（“American Journal of sociology”）上发表了一篇名为《经济行动和社会结构：嵌入性问题》（“Economic action and social structure：the embedding problem”）的文章，批判地继承了波兰尼关于嵌入的思想，将宏观的社会和经济层面的嵌入拓展到微观的个体和集体的行为研究中。并对“嵌入”的内涵进行了深刻说明：经济的行为和结果受到个体的双边（社会）关系和整体（社会）关系网络的影响，其经济行为受到其所处社会脉络的严重影响和制约，并且关系成员之间的信任程度影响着网络的构建和稳定，可以说，信任是嵌入的根本和主要机制。至此以后，“嵌入性”的概念以及应用得到越来越广泛的重视，学者们逐渐将其应用在企业网络的相关研究中，并提出了如网络地位、网络节点等一系列新概念，“嵌入性”也逐渐成为新经济社会学分析的重要工具。Granovetter（1985）的研究成果一方面在“嵌入”的内涵上丰富了波兰尼的研究，阐述了经济各主体之间在其所形成社会网络中的互动发展行为，并以此为切入点对个体的经济行为进行了分析。另一方面，他认为社会网络的形成和发展对组织成员的发展至关重要。

在 Granovetter（1985）对嵌入内涵界定的基础上，Zukin 和 Dimaggio（1990）从认知、文化、制度以及经济（社会）网络四个方面对其进行了拓展和说明，并且认为其分别从认知、文化、制度、经济四个层面形成了企业的四种网络嵌入机制。Uzzi（1996）对 Granovetter（1985）的研究进行了补充，系统阐述了个体的嵌入行为以及形成的网络结构对社会经济行为产生的影响，认为嵌入行为有助于通过成员之间资源的共享、协调合作行为，促进个体及网络经济绩效的提升。反过来，将企业隔离在其所处于的网络中，也会使其因为无法有效获取外部的实时信息而制约企业的发展。因此，经济个体在网络中所处分工的位置、整个网络的基本结构以及成员之间的关系分布都会对个体以及网络的绩效产生影响。对于任何一个单独的企业而言，其嵌入网络给自己以及整个网络所产生的影响存在一定的分界点。当嵌入达到一定程度，企业的绩效会达到一个临界点，如果嵌入程度继续增强，企业的绩效会出现下滑的现象，嵌入的效应开始由正向转为负向，这就是在嵌入理论中著名的“嵌入悖论”。作者认为这主要是由于稳定的网络关系以及成员构成使得网络资源同质化现象越来越严重，这种资源以及信息的同质化使得个体在网络中所得到的有效支持越来越有限，从而成为制约其发展的瓶颈。为了进一步证明自己的观点，Uzzi（1997）在随后选择了 23 家服装企业为对象，并进行了大量的实地调研和深入分析，得出企业网络嵌入的深刻程度与企业经营绩效的优劣之间呈现出典型的倒“微笑曲线”形分布，即在初期阶段，随着企业网络嵌入程度的增强，企业绩效也会随之增加，当达到某一临界点时，随着嵌入程度的继续增强，企业绩效会逐渐下降，Uzzi 以此证明了其“嵌入性悖论”的正确性。这一结论的提出掀起了学术界关于嵌入理论的研究热潮。Halinen 和 Tornroos（1998）在一定程度上延续了前人的相关研究，将网络的嵌入性解释为不同经济个体在经济活动开展过程中彼此之间形成的错综复杂的网络结构，并且提出了网络嵌入的相关维度。Hagedoorn（2006）认为个体之间的合作存在于不同的层次上，具体分析嵌入行为对彼此之间关系的影响时，应该区分企业之间关系的不同层次，有针对性的进行，而不能一概而论。同时，更应该考虑企业彼此之间关系的交互复杂性对彼此之间合作关系的影响。

事实上，嵌入理论经过半个多世纪的发展，基本已经形成比较清晰的脉络。后来学者相关理论观点的提出都是基于前人基础上的，这种发展脉络使得对嵌入理论的研究不断深化，不断明晰。但是，所谓“万变不离其宗”，关于嵌入理论的核心观点保持了基本的稳定，随着人们认识的不断深入，嵌入理论的应用领域也在不断扩大。

## 二、网络嵌入维度的研究

从嵌入的概念提出至今，随着人们对嵌入理论认识程度的提高，但作者认为对嵌入维度研究作出最大贡献的当属 Granovetter（1985），其所提出的关系嵌入和结构嵌入仍然是当今关于嵌入理论研究的热点问题；Zukin 和 Dimaggio（1990）则从认知、文化、制度、结构四个方面提出了相应的嵌入类型；Nahapiet 和 Ghoshal（1998）在其 1998 年发表的文章《社会资本、知识资本与组织优势》一文中提出了关系嵌入、结构嵌入和认知嵌入；Andersson、Forsgren 和 Holm（2001）则提出了比较特殊的业务嵌入和技术嵌入，开拓了网络嵌入的研究新视角等。但是，在所有关于网络嵌入类型的研究中，对于嵌入性的相关研究，从 Granovetter（1985）所提出的关系嵌入、结构嵌入两个角度进行的研究是最多的。其他学者关于网络嵌入类型的研究，我们可以将其看成是对关系嵌入性和结构嵌入性的有效补充。Jung – Tang Hsueh（2010）在前人关于关系嵌入、结构嵌入的基础上，提出了资源嵌入、消费者嵌入、过程嵌入、结果嵌入等众多不同维度，为网络嵌入维度的研究提供了更为广阔的视野。虽然对网络嵌入的研究已经从各个方面有很大的突破，但是，到底哪一种嵌入类型对网络成员的经济、社会效益的提高最为有效，还不能一概而论。本书针对目前所应用最为广泛的关系嵌入和结构嵌入展开详细说明。

### （一）关系嵌入

关系嵌入（Relational Embeddedness）主要是基于彼此之间对未来收益的预期而形成的双向互惠关系，这种广泛的互惠关系整体上形成了一个复杂的经济网络，每一个成员的行为均受到网络的影响。这种互惠关系非常看重彼此之间的联结方式对于网络组织成员之间异质化优质信息的共享机制作用。Granovetter（1985）从关系双方的互动频率、彼此之间感情的深厚程度、企业开展互动的多样性等方面，将企业彼此嵌入形成的网络关系简单地分为强、弱两种类型。并且认为，企业之间所建立的关系强度是有一定差别的。双方由于长期以来的密切频繁接触所形成的较强关系促进了彼此之间信任机制的建立，彼此可以共享更为丰富的资源。而彼此之间较为松散的弱关系在促进异质性资源在关系中的快速传递上效果更加明显。Krackhardt 和 Stern（1988）在论及企业所处网络与其组织危机之间关系的文章中，用实验证明了如果一个企业和外部组织之间保持了较为紧密的联结关系，则能够提高企业抵抗外界经济环境变化导致的风险的道理。Uzzi（1997）以纽约的服装业为研究对象，分析得出和外界成员建立较强关系能够提高彼此之间的信任度，促进资源共享和新产品的开发。反过来，较强的关系导致网络内部资源同质化现象严重，降低了新知识、新信息获取的机会。

关于企业之间的弱关系方面。Granovetter（1973）认为彼此之间存在较弱关系的主体之间，其所掌握的资源、信息、企业经营理念等方面相距甚远，这种较大的差异性使得企业能够有效的吸收外界有价值的资源，获得补充性知识。因此，弱联结可以促进更加开阔的跨组织网络的形成，彼此之间的较大差异更易于使双方碰撞出火花，从而促进新观点、新创意的产生。因此，有学者提出了关系嵌入研究的第二类——弱关系优势理论，并提出了“弱关系的力量”，认为网络主体之间相对松散的关系，可以增强彼此之间信息、资源的异质性，这种异质性使得彼此之间能够很好地互相补充，掌握新资源、新信息，由于彼此之间的关系更趋向于一种简单的商业交易关系，更容易实现即时交易。

Uzzi（2003）认为企业之间关系的紧密程度增强，会导致彼此所掌握的资源、信息同质化程度提高，网络的多样化降低，不利于企业吸收新鲜血液，即所谓的“关系嵌入性悖论”。Piergiuseppe Morone 和 Richard Taylor（2004）对企业间的接触交流进行计算机模拟研究，发现所掌握知识资源存在较大差异的企业即使所组成的网络关系较弱，往往也能够带来显著的知识增长，而掌握同质性知识资源的企业即使是组成了彼此之间较强的联结，也会由于知识的互补性较差，从而无法使其在合作创新中取得成功。吴晓波和韦影（2005）通过对浙江医药企业的调研，发现强关系在促进企业间复杂知识转移方面具有显著的正向作用，而复杂知识恰恰是企业经营过程中较为难以获得的知识，这对于提高企业技术创新能力有重要作用。Thomas 和 Terence（2004）认为创新网络要考虑：正式关系和非正式关系两个维度的平衡。自“弱关系优势理论”提出以后，对企业社会关系的研究也逐渐形成了强关系和弱关系两个不同的派别，并且逐渐地从表面的定量研究向更深层次的定性研究转变，形成了衡量网络关系强度的相关指标，如彼此关系维持的时间长短、双方发生互动的频率以及彼此交情的深厚程度，这些指标所构成的评价体系在美国全国性社会项目的调查中得到了普遍应用（Andrew，2005）。

通过对文献梳理，作者认为，在企业之间关系建立和维护的过程中，并不存在十分绝对的强关系或者弱关系。企业彼此之间的合作状态往往具有动态性，这种动态性不仅包括彼此关系亲密疏离的变化，同时也包括彼此能否长久保持彼此嵌入状态的变化。不管是网络企业之间建立并保持较强的联系，还是处于一种较为宽松的关系状态，对企业的发展所产生的影响往往是有利有弊的，因此，比较理想的程度是双方的联系处于一种既不太紧——导致关系难以解除，又不太松——导致双方无法形成关系的中间状态。

### （二）结构嵌入

结构嵌入是和关系嵌入相对应的网络嵌入的另一个重要类型。结构嵌入性的研究主要来源于社会经济学关于网络的分析，主要考察市场行为参与者彼此之间通过业务往来等行为所形成的一定的联结。所有相互发生联系的企业之间结成了一种虚拟的网络结构。一方面，网络的形成对成员企业的成长和发展具有一定的影响；另一方面，成员组织的个体行为以及其在网络中所处的位置会形成不同的网络结构，从而对网络的发展产生重要影响。

结构嵌入理论要阐明的是网络成员之间直接连带关系有无对网络的影响。学术界对于企业网络嵌入所形成的空间结构形态概括为两个方面：一方面是网络中的所有成员企业彼此之间均形成了交错的联结，表现出一个完全封闭状态企业网络空间构型，这种状态下的企业网络空间结构被称之为“无洞网络”；另一方面所表现出来的是网络中的某些成员企业之间没有发生直接的连带关系，即彼此之间存在联系上的断裂现象，这一断裂使得网络看上去形成了一个空洞，这一空洞被称之为企业网络中的“结构洞”。关于“洞”对网络成员的影响，Jason（2010）认为企业嵌入具有众多“结构洞”的网络，彼此之间的连接较为开放，处于“结构洞”位置的企业能够通过控制信息、知识、资源等要素在不存在联系的企业之间的传播而获得控制优势，从而促进企业创新活动的开展。而且“结构洞”

较多的企业网络，代表着彼此之间的非冗余联系，各成员企业之间异质性资源的传播效率要高于完全封闭的企业网络，也同时降低了信息、知识的过滤产生的资源消耗。Hannah（2011）认为处于封闭状态的“无洞网络”有助于成员之间信任机制的建立，从而促进知识、资源、信息方面的流通、共享及互通有无。在文献查阅过程中作者发现，有学者将网络嵌入与经济地理学中的空间问题结合起来。从经济学的领域来说，学者们主要关注的是企业在网络空间中的位置问题，认为其所处的位置构成了企业对外接受信息、知识和资源输入的通道，影响企业从网络中获取差异化资源，进而影响企业的创新活动和创新绩效。而经济地理学和新经济地理学则从企业彼此之间距离所形成的空间范畴角度，强调由于地理位置上的邻近产生的空间集聚为彼此之间直接交流创造了条件，能够有效地实现隐性知识在内部的传播，从而促进企业创新绩效的提升。因此，有学者提出，企业所处的网络空间与地理空间对企业创新绩效存在交互影响。

党兴华、常红锦（2013）在关于网络位置、地理邻近性与企业创新绩效的研究中，通过对国内 133 家企业的深入调查，并采用多元回归分析方法进行实证分析后提出，网络中心度与地理邻近性之间所发生的交互作用对企业创新绩效存在显著的正向相关性。比较而言，网络嵌入中的“结构洞”与地理邻近性之间的交互作用并没有表现出对企业创新绩效的显著影响。网络空间与地理空间之间的交互作用主要表现在，地理位置上的空间集聚所产生的优势很大程度上根源于企业在社会网络中的嵌入位置，而企业在地理上的空间位置则影响着知识、信息等要素在网络空间中的传播效果。Ganesan 和 Malter（2005）提出空间距离在企业新产品开发中已经不构成独立的影响，其对企业创新绩效的作用主要依靠企业之间所形成的联结强度的影响而实现。Whittingt 和 Owen（2009）以生物技术产业为研究对象，提出社会网络中的网络中心性与地理空间上的位置邻近性之间不能简单地定性为互补或者是替代关系，主要应该以相互邻近的企业组织的类型来判断。Lahiri（2010）通过对跨国公司研发活动空间地理上的分布对企业创新质量的影响分析后提出，企业所处的网络空间及地理空间之间表现出明显的交互作用。

事实上，处于“结构洞”位置的企业是以获得收益为前提，从而为其他企业提供桥梁和中介作用。在罗博特看来，有效创造资本的基本原则就是要不断拓展企业和外界所建立的关系。按照“结构洞”理论来说，即创造更多的“洞”。事实上，这一关于“洞”的存在为个体企业和整个网络带来收益的观点与关系嵌入理论中“弱关系的优势”的观点是一致的。

对网络结构嵌入的研究，大多数的学者是从网络中的“结构洞”、网络规模、企业在网络中的中心性位置等方面展开的。

## 三、网络嵌入结果的研究

对于网络嵌入所产生结果的相关研究，绝大多数文献主要侧重在企业创新绩效、企业成长、供应链绩效等方面，并重点考察网络嵌入对企业创新绩效等方面的作用机制、实现路径等。在现有的文献中，网络嵌入对企业创新绩效的作用结果可以概括为三个方面：第一，网络嵌入对企业创新绩效一般表现出一定的正向促进作用；第二，网络嵌入与企业创新绩效之间的线性关系和倒 U 形关系较多；第三，也有少数相关研究得出发现网络嵌入对创新绩效的负向影响。如 Huang J，Li M. 和 Mao L. 以浙江省高新技术企业为研究对象，引入创新合法性和资源获取为中介研究网络嵌入对激进创新绩效的影响，得出在制度环境约束下，网络嵌入对企业的突破性创新绩效有着显著的促进作用。Shayan A，Elahi S. 和 Ghazinoory S. 以伊朗 232 家科技企业为研究对象进行结构方程模型分析，结果表明企业的网络嵌入性和良好的网络环境有利于企业提高创新绩效，提高企业产出。梁娟等以知识整合为中介变量，以福建省产业集群为研究对象进行问卷调查，结果发现企业的结构嵌入、关系嵌入和知识嵌入三重网络嵌入均通过知识整合对企业知识创造绩效产生正向积极促进作用。吴兴宇等从产学研协同创新视角出发，对调查数据进行结构方程和回归分析发现，联盟网络中结构嵌入和关系嵌入可提升企业创新绩效。Molina – Morales 以西班牙 154 家企业为研究样本，对网络嵌入对企业创新的影响进行了系统的分析研究。研究结果发现，过度的网络嵌入容易导致信息、知识等资源的大量重复，这给企业增加了非常大的信息、知识筛选压力，无形中消耗了企业有限的人力、物力、财力，造成企业运作的低效率。换句话说，在企业最初的网络嵌入行为中，由于对外关系的广泛建立，企业知识获取渠道极大增加，为企业运营与创新活动开展输入“活水”，极大地促进了企业创新行为的发生和创新绩效的提升。但随着企业所掌握知识不断丰富，知识储备数量不断增加，外界输入的知识与本身企业所掌握知识的差异性越来越小，知识的外界输入能够为企业带来的创新动力越来越小，这类似于经济学上典型的“边际收益递减”现象。而与此同时，企业在新的有效知识的筛选上投入过大，从而使得网络嵌入达到一定程度后，甚至会对企业创新行为的发生以及创新绩效的提升产生负向效应，这使得网络嵌入对企业创新的影响整体表现出倒 U 形特征。王核成等以苏南国家自主创新示范区内企业为调研对象，并以网络嵌入为自变量，研究企业网络嵌入与创新绩效之间的关系，认为适度的网络嵌入可以提升企业创新绩效，但是过度的网络嵌入会给企业带来过高的负向成本，因此应该适度把控企业网络嵌入的程度。当然，也有部分学者研究后得出网络嵌入会给企业创新绩效带来负向影响的结论。Fracassi 等对 1500 家企业的面板数据进行处理，分析其结论后发现，当企业领导者过多地建立其外部网络时，企业间所得到的信息同质化会使得同质化投资的大量出现，从而影响企业创新绩效的提升。李德辉提出，过度的网络嵌入会给企业带来资源诅咒，企业看似有一个知识的海洋，储备充足，但实际上重复知识过多，有效知识欠缺。

总体来说，网络嵌入对企业创新造成负向影响的主要表现：一是造成网络内企业之间资源冗余导致过度投资；二是过度的网络嵌入势必建立起非常多的企业间的各种联系，进而会给企业带来高额的关系维系费用；三是企业的时间、精力和资源是有限的，过多地专注于外部网络资源获取，容易导致忽视企业自身的创新，反而降低了企业自身发展的专注度，降低了企业创新绩效。由此，可以发现，从企业发展的长远来看，网络嵌入并不能使企业高枕无忧。

## 第三节 网络嵌入与服务创新相关研究

从网络嵌入理论提出至今，学术界已经普遍认为企业嵌入社会经济网络中会获取相应的资源，会对企业的创新行为产生深刻的影响。社会资源的获取对企业自身资源起着极为重要的补充作用，企业彼此之间关系的建立也恰恰是基于对彼此所掌握资源的依赖行事的。因此，企业所处网络的知识存量、异质化程度、传递共享难易等都不同程度地影响着企业对外部知识等资源的获取。这种彼此之间关系的建立一方面由于知识信息更加全面降低了企业经营的风险，另一方面促进了企业创新活动的有效开展。

## 一、关系嵌入性与服务创新

关系嵌入的研究主要是围绕强关系和弱关系展开的。在最初关系嵌入的研究中，更多的目光聚焦在强关系对企业之间知识传递所创造的巨大优势。但随着对嵌入理论研究的不断深入，弱关系的作用逐渐被重视，尤其是 Uzzi（1997）提出并证明的“关系嵌入性悖论”，是社会各界对企业网络关系嵌入有了更为全面的认识。在企业创新开展的过程中，自身所掌握的资源起着重要的作用，但现代企业创新资源的匮乏使得其单独依靠一己之力取得创新成功的概率越来越小，跨越组织边界获取资源实现创新资源的整合从而有效降低新产品开发周期、提高产品市场推广速度已经成为企业创新的重要方面（Yli – Renko，Autio 和 Sapienza，2001）。王家宝（2011）在关于“关系嵌入性对服务创新绩效影响”这一课题的研究中，建立了以企业学习能力为中介变量的关系嵌入与服务创新绩效之间的概念模型，对三者关系进行了系统的理论分析与实证检验后指出，关系嵌入通过促进组织学习能力，进而正向作用于服务创新绩效的机制。许冠南、周源、刘雪锋（2011）则从关系嵌入与制造企业技术创新层面分析了二者之间的关系，并将企业的探索型学习引入文章概念模型的构建中。虽然其研究侧重于技术创新领域，但相关研究方法和研究结论对服务创新与关系嵌入的研究提供了重要参考。杨宇威（2014）以知识搜索为中介变量，对网络嵌入与创新绩效之间的关系进行了系统分析，并认为知识搜索在二者之间的作用过程中起着重要的中介作用。田雪等（2015）在关于网络嵌入对物流企业服务创新绩效影响的研究中，从动态能力分析的视角，得出网络嵌入的结构嵌入和关系嵌入维度对物流企业的服务创新绩效均产生积极的正向作用。简兆权（2015）通过构建关系嵌入、网络能力以及服务创新绩效之间的理论模型，以华南地区 243 家服务型企业为调研对象，进行实证分析后认为，关系嵌入、企业的网络能力都对其服务创新绩效产生积极的正向促进作用，而在关系嵌入影响服务创新绩效的过程中，企业的网络能力起着完全中介的作用。南楠（2018）也对关系嵌入对商业模式创新的影响机制进行了系统研究，并认为，在物联网、大数据、人工智能等新一代信息技术迅猛发展的当今社会，互联网已经渗透到社会各个行业，这使得市场中的新兴业态不断涌现，商业模式创新每天都在发生，企业所处的外部环境的不确定性不断增强，这使得传统市场经济发展中“强者恒强”状况一去不复返。同时，随着社会化专业分工程度的不断深入，企业创新所涉及知识的复杂程度也越来越高。而企业若想完全依靠自身的力量集聚创新所需的所有要素，几乎是不可能的。由此，建立在开放思维基础上的对外拓展，积极与外界各主体建立良好的关系，嵌入外部网络，形成知识对外获取的多元化渠道，并进行内部转化，进而成功运用在企业创新活动中，便成为企业创新的重要途径。该研究深入分析了关系嵌入性对商业模式创新的影响机制，并提出将企业自身的吸收能力作为关系嵌入性影响企业商业模式创新的中间变量，通过调查问卷的方式获得有效样本数据，最终得出，关系嵌入性中涉及的关系强度和关系质量对商业模式创新均存在正向影响，且关系强度和关系质量同时正向影响企业的吸收能力，企业的吸收能力也正向作用于企业商业模式创新。贺小荣、郭红（2018）以旅游企业为研究对象，引入知识获取能力作为为中间变量，构建顾客关系嵌入、知识获取与旅游企业创新绩效结构模型，通过问卷调查的方式获得数据，并得出相关结论，顾客关系嵌入性和知识获取对旅游企业创新绩效均存在显著积极影响，同时顾客关系嵌入性对旅游企业的知识获取能力也存在显著正向影响；顾客的信任对旅游企业创新绩效存在直接正向影响的同时，也存在间接影响；关系强度、信息共享、共同解决问题三个维度对旅游企业创新绩效不存在直接影响，但存在一定程度的间接影响；知识获取在关系强度、信息共享、共同解决问题和旅游企业创新绩效之间起着完全中介作用，而在信任和旅游企业创新绩效的关系中起着部分中介作用。牛梦洁（2019）在对关系嵌入性与企业创新绩效之间关系的研究中也指出，传统企业仅仅依靠自身资源禀赋和经营优势的时代已经逐渐消退，要想在复杂的、变幻莫测的社会环境中保持持久的竞争力，就必须以更加开放的姿态参与到社会发展的各种关系中，并且付出有效的时间、精力、资本，以提高自身在所建立关系中的有利地位，增强彼此间的有效合作，建立稳定的、共赢的合作模式。这主要是由于：一方面，企业良好稳定的关系网络建立有助于企业从外部获得自身的稀缺性资源，实现企业之间的优势互补，同时有利于促进社会资源更加有效地配置。另一方面，企业保持宽广有效的外部网络，有利于企业外界信息的及时获得，对于企业保持对行业前沿信息的掌握非常有帮助，有助于企业提高对外界环境的敏感度，并作出积极的反映，保持企业活力和竞争优势。同时，作为企业脱颖而出的重要动力，创新在提高企业绩效方面作用显著。而商业模式创新又是企业开展创新活动最重要的切入点。因此，企业如何通过对外网络关系嵌入来获取商业模式创新需要的差异化资源，促进创新的实施，并将其进一步转化为企业竞争优势，促进企业发展绩效的持续提升就显得意义重大。

冯锦军（2020）在对关系嵌入影响零售企业商业模式创新的实证研究后得出结论：零售企业通过关系嵌入获取潜在资源，是推动商业模式创新的重要保障。娄育彤（2020）通过对关系嵌入性、组织学习能力对商业银行服务创新绩效的影响研究得出结论：关系嵌入性对服务创新绩效中的财务绩效和内部绩效均存在正向影响；且作为中间变量的组织学习能力的两个维度——探索式学习能力和利用式学习能力也分别对服务创新绩效中的财务绩效和内部绩效存在积极的正向影响；而关系嵌入性对组织学习能力的两个维度——探索式学习能力和利用式学习能力也同时存在正向影响；另外，组织学习能力中的探索式学习能力和利用式学习能力两个维度在促进关系嵌入对服务创新绩效影响中起着非常重要的中介作用；且组织的创新氛围在组织学习能力与服务创新绩效之间存在一定的正向调节作用。基于此，作者给出了若干针对性意见：银行作为重要的知识密集型服务企业，其应该与客户、合作企业保持良好的长期合作关系，并加强与技术公司的合作，在信息化技术不断变化的今天，努力提高金融科技能力，不断开创新的线上业务，不断优化互联网业务，提高服务效率和便捷性。与客户保持良好的关系和密切沟通，可以有效降低不良贷款率，促进银行财务绩效提升。而银行员工也应该积极向上，不断汲取新知识，学习新技术，并将其运用到实际业务中，提高自身服务客户能力，提高客户满意度，这也是服务业非常重要的一个考核指标。同时，银行也应该为员工创造良好的创新氛围和培训机会，增强员工创新能力和创新积极性。

## 二、结构嵌入与服务创新的研究

相比较于关系嵌入侧重考察企业与网络成员之间关系的质量、持久性等方面，结构嵌入从考察企业在网络中的空间位置（或称节点位置）层面分析其对企业服务创新行为及绩效的影响（彭正银，2003）。Thune（2007）主要从网络密度和结构洞两个方面展开结构嵌入的研究，并且认为网络中企业所占据的结构洞的数量越多，对企业创新产生的正向促进作用越显著，这与 Marco（2010）的观点是一致的。刘若斯（2008）从理论上探析了网络嵌入性对企业绩效的影响，并将结构嵌入分成网络可达性（网络密度）、接近中心性与居间性（结构洞数量），分析其对企业创新的影响，并得出三者均表现出促进企业创新的明显作用的结论。Jung - Tang Hsueh, Neng - Pai Lin and Hou - Chao Li（2010）分析了结构洞对企业获得差异化资源的重要性后指出，企业应该尽可能多地建立网络中的结构洞地位，从而提高获得优质信息的能力和渠道，促进企业创新成功。范群林、邵云飞、唐小我、王剑峰（2011）同样以制造业为研究对象，提出结构嵌入对企业创新绩效的影响，并得出结构嵌入中的结构洞并不会对企业创新绩效产生直接的显著正向促进作用。黄汉涛（2010）则基于地域性特征对广东省制造企业进行了研究，试图揭开网络嵌入性、企业外界知识吸收能力以及制造业技术创新绩效之间的作用机制。阮爱君、卢立伟、方佳音（2014）通过对 139 家企业问卷调查获取数据，从社会网络视角探讨开放式创新下知识网络嵌入性的内涵，提出网络结构嵌入性及网络关系嵌入性对企业创新能力影响机制的概念模型和基本假设，并对网络关系嵌入性与网络结构嵌入性影响企业创新能力进行了测度。结果表明，关系嵌入中的关系质量和关系强度维度以及结构嵌入中的网络规模和网络中心性维度均对企业的创新能力和创新绩效产生积极的显著正向影响。并且组织学习能力在网络结构嵌入性促进企业创新能力提高和创新绩效提升之间起着部分中介作用，在网络关系嵌入性与企业创新能力提高和企业创新绩效提升之间起着完全中介作用。谢洪明、张颖等（2015）在针对网络嵌入与创新绩效的研究中，从企业学习能力的视角构建了关系嵌入与结构嵌入对企业创新绩效影响的概念模型，证明结构嵌入对企业创新绩效不具有直接的显著正向促进作用，同时也不会通过作用于企业的学习能力间接影响企业的创新绩效；但关系嵌入对企业的创新绩效存在正向显著影响的同时，还通过企业学习能力中介作用的发挥间接作用于企业的创新绩效。张悦、梁巧转、范培华（2016）在关于网络嵌入性与创新绩效之间关系的研究中，采用 Meta 分析方法对 68 篇独立样本的实证研究文献进行了再统计分析。结果表明，网络结构嵌入性涉及的网络规模、网络密度、网络异质性、网络中心性四个维度对创新绩效均存在显著的正向影响。并且，所进行的调节效应分析结果表明，高新技术企业的网络关系及结构嵌入性对创新绩效作用更强，而产业分布对网络嵌入性各变量与创新绩效关系的调节程度及正负方向均存在差异。

孙世强、陶秋燕（2020）认为随着经济开放程度的不断增强，企业对创新资源的关注也不断从内部转向外部，从企业外部的宏观环境中获取创新资源已经成为企业创新活力提升、创新绩效提升的重要途径。他们的研究以嵌入理论与新制度理论为基础，采用验证性因子分析与多元层级回归分析的方法对网络嵌入与创新绩效的关系进行理论探讨与实证检验，研究结果表明，虽然网络嵌入的两大维度——关系嵌入与结构嵌入都对企业创新绩效存在显著的正向促进作用，但是比较而言，结构嵌入对企业创新绩效的积极促进作用要高于关系嵌入。同时，市场的合法性也从正向调节着关系嵌入与创新绩效的关系。也就是说，在市场合法性较好的环境下，关系嵌入对创新绩效的正向促进作用会明显增强；政治的合法性也正向调节结构嵌入与创新绩效之间的关系。也就是说，在政治合法性较高的环境下，结构嵌入与创新绩效的正向促进作用会明显增强。

## 第四节 基于知识管理的 KIBS 企业服务创新

KIBS 企业具有典型的知识密集型特征，对知识的有效管理是其开展服务创新活动最关键的保障。因此，对于 KIBS 企业服务创新的研究往往要运用知识管理理论，甚至有学者提出“知识经纪人”的概念，以此来形象地说明 KIBS 企业在知识创造、知识创新以及知识传播中的中介作用。E. Muller & A. Zenker（2001）在关于区域与国家创新系统中知识密集型服务业所扮演的角色研究中指出，知识密集型服务业承担着促进知识向现实生产力转化的角色，这个“演员”的水平直接决定了知识转化的程度。对于知识密集型服务企业自身而言，知识获取、知识共享以及知识的对外转移是其知识管理活动中重要的环节。张波（2006）则提出应该从企业文化、技术合作等方面着手，增进 KIBS 企业之间的往来，加强彼此之间的信任，从而促进隐性知识的共享。张志鹏（2007）从企业之间互信机制等方面阐明了影响 KIBS 企业之间知识对外扩散的因素。林海波（2008）主要研究了产业集群创新网络中知识共享与企业创新绩效之间的关系，并通过假设条件的提出和验证，得出知识共享与企业创新绩效之间的正相关关系。辛枫东、赵国杰（2009）提出，隐性知识是 KIBS 企业进行知识管理的核心，企业服务创新活动实施的频率以及创新绩效在绝大程度上取决于企业隐性知识的储量。王宣人（2010）选择 KIBS 企业的知识吸收能力为研究对象，将其分割成潜在知识吸收能力和现实知识吸收能力，分析其对企业创新绩效的影响，并得出 KIBS 企业知识吸收能力对企业创新绩效存在显著的正向促进作用，而作为中间变量的组织学习能力在知识吸收能力和企业创新绩效之间发挥着关键的调节作用，即知识吸收能力是通过影响组织的学习能力，进而影响企业创新绩效的，并且三者之间均表现出明显的正相关关系。林娟娟（2010）指出，知识的对外传播尤其是隐性知识的传播对服务业创新会产生深刻的影响，在促进组织管理创新、服务创新等方面均表现出积极的促进作用。李理、彭灿（2009）以 KIBS 企业的一个分支——高新技术企业为研究对象，提出了企业进行知识自主创新、自主吸收、合作创新、合作吸收四种知识管理模式，并结合不同类型高新技术企业的特点，提出其应该选择不同类型的知识管理模式。另外，有学者从企业知识吸收能力的角度指出，企业对外界知识的吸收能力决定了企业的创新行为。Andrew C. 和 Eric W.（2005）通过对社会资本、网络与知识转移之间的相互影响进行分析得出，企业所掌握的广阔的社会资本以及网络关系极大程度上促进了企业知识的对内和对外转移，这种知识转移在丰富企业知识含量以及多样性的同时，提高了企业知识整合的能力，为提高知识内化吸收，实现知识创造提供了重要的环境条件。Ari（2005）选择了 217 家企业作为调研对象，采取实证研究的方法，说明对知识过程进行管理的能力直接影响着企业的创新绩效，高效的知识管理可以极大地促进企业创新绩效的提升。解学梅、左蕾蕾（2013）以长三角地区 379 家电子信息企业的问卷调查数据为基础，运用多元回归的分析方法，以企业的知识吸收能力为中间变量，探讨了企业协同创新网络特征与企业创新绩效之间的关系。认为，企业的知识吸收能力与企业创新绩效之间呈显著正相关关系；同时，协同创新网络特征的三个维度——网络规模、网络同质性、网络强度都表现出与企业创新绩效之间的正相关关系；并且，企业的知识吸收能力在协同创新网络特征与企业创新绩效之间具有部分中介效应。周朋程（2019）在关于知识依赖、关系嵌入对中小企业创新绩效的影响研究中，以开放式创新和网络嵌入理论为基础，结合组织间依赖的相关研究，探讨知识依赖、关系嵌入和中小企业创新绩效之间的内在关联，通过对中小企业调研数据的实证分析，得出结论，知识依赖和关系嵌入显著影响中小企业的创新绩效，并且关系嵌入在知识依赖与创新绩效之间发挥着至关重要的中介作用。换言之，中小企业创新绩效通过知识依赖实现的提升需要通过关系嵌入的牵线搭桥才能有效实现。并且，获取与创新有关的知识可以有效提高企业的创新能力，知识依赖是企业对外合作的重要动因。李纲、陈静静、杨雪（2017）认为企业从外部网络获取新的关键知识，能够有效促进企业服务创新活动的有效开展并不断提升服务创新绩效，其运用结构方程模型对 298 份样本数据进行了实证分析，并得出结论，企业网络能力中的资源管理能力和关系管理能力会有效促进企业对外部知识的获取能力，并提高获取知识的质量，但是企业的网络规划能力对企业对外知识获取不具有显著影响；另外，企业所处的网络规模对资源管理能力和知识获取之间的关系具有负向调节作用，这表明，企业所处的网络规模越大，企业管理网络关系所付出的精力、成本就越多，获取有效知识的可能性越小。事实上，在大规模的网络中，企业往往无法占据有利的关键节点位置，这对其获得有效的外界知识是非常不利的。但研究也表明，企业所处的网络规模对企业关系管理能力和知识获取能力之间的关系存在正向调节作用。整体的研究结果表明，企业利用自身的网络能力从外界获取关键知识是能够促进企业自身服务创新的财务绩效和非财务绩效提升的。该研究也给相应的企业管理者提供了一定的启示，即企业应该根据自身所处的外部网络规模，充分利用自身的网络能力，保持与合作伙伴之间的深度合作与长期良好关系，以期获取行业新的重要知识，不断为自身企业服务创新输入新鲜血液，推动服务创新活动的大量开展，促进创新绩效的提升。赵武、刘伟（2019）在研究服务企业关系管理对服务创新绩效作用机制的研究中，以知识获取为中介变量、环境动态为调节变量，构建关系管理对企业服务创新绩效影响机制模型，并得出结论：知识获取在关系管理与服务创新绩效关系中存在部分中介作用，环境动态性在知识获取与服务创新绩效关系中起正向调节作用。

## 第五节 本章小结

作者从相关资料的整理中发现，目前从网络嵌入角度展开的服务创新研究主要局限在生产企业，而对于目前创新的重要主体——知识密集型服务企业的应用研究上还很匮乏，而知识密集型服务企业创新对于建立健全整个国家创新体系是不可或缺的，这也是为什么本书从网络嵌入的视角研究知识密集型服务企业服务创新绩效的重要原因。在知识密集型服务企业服务创新的过程中，知识管理首当其冲成为最重要的因素，文献梳理也充分表明知识管理在企业创新中的重要作用，但系统将知识管理作为中介变量分析知识密集型服务企业服务创新绩效的研究成果十分有限，本研究希望通过系统分析网络嵌入、知识管理、KIBS 企业服务创新三者之间的内在逻辑，为服务创新的研究添砖加瓦。

# 第三章

# 理论基础

## 第一节 服务创新理论

### 一、服务创新内涵

关于服务创新内涵的界定，首先必须了解创新的深刻意义。创新的概念最早是由现代创新理论的创立者约瑟夫·熊彼特提出的，在熊彼特看来，创新是一切经济活动的本质规定和基本要求，是经济增长的核心动力。熊彼特最先将创新的概念应用在制造业的创新上，认为创新活动是把“任何不同的、新的做事的方式”引入经济生活，提出创新就是新的生产要素的组合方式。后续创新理论的研究者不断丰富了熊彼特的创新理论，并依据不同要素组合的基本特征，将创新细分为产品创新（如新产品的开发）、过程创新（如产品生产方式的改变）、市场创新（如潜在市场的细分、拓展）等诸多方面。但不论如何细分，制造业层面的创新活动都表现出有形的共同特征。随着创新概念应用范围的不断扩大，人们逐渐将关注的焦点转移到服务创新的研究上，从服务创新的内涵到服务创新的维度都进行了深入系统研究。

从对服务创新的内涵进行研究开始，学者们就认识到，服务创新是一种有别于传统制造业创新的一种新的创新形式，内涵却比制造业创新丰富得多，从形式到内容都与制造业创新有较大差异，甚至是一个比技术创新更为复杂的过程，包含了相当丰富的内部和外部交互作用。与传统制造业创新不同，服务创新活动中生产者和消费者之间的相互作用非常重要，这种相互作用使得服务产品创新和过程创新往往难以区别，也正是这种与顾客的关系形成了服务创新基本的特征。从服务创新的内涵来说，较早的研究主要还是继承了关于制造领域产品创新的基本思路，从新服务产品的开发层面对服务创新进行了定义。SI4S（欧洲服务创新研究项目组）1995年通过对众多服务企业的走访调查后，将服务创新的内涵定义为“新技术或原有技术的拓展使用，从而对服务或服务产品的改进及创造”。Sundbo（1997）对服务创新的研究成果一直以来都是后来学者借鉴的经典，其在对服务创新内涵的定义上突出了服务创新的核心特征，由于服务必须在生产与消费的同时才能实现，因此，服务创新是一种依靠企业人力、技术、知识等各种要素为客户提供全新个性问题解决方案的方法。Van Ark（2003）认为只要是企业提供的服务中体现某种新的、有意义的改变都可以将之定义为服务创新。这种改变会促进企业人、财、物各种资源的重新配置，从而促进企业新服务产品的创造，并以此作为企业市场开拓的新筹码。蔺雷、吴贵生（2005）认为对服务创新的定义必须建立在对其本质特征的充分认识上，因此，从服务创新的无形性特征、生产与消费的同时性特征、易逝性特征等方面对服务创新的内涵进行了界定，认为服务创新是以顾客为导向、以无形产品的创造性提供为表现形式，以企业为创新主体进行的各层次新服务开发的行为。随着知识在服务创新中重要性的不断凸显，从知识管理层面开展服务创新及服务创新绩效的研究逐渐被重视。Thorell（2007）认为服务创新在知识的社会传递以及人们的掌握上起着重要的媒介作用，服务创新的过程就是对企业所掌握的知识进行变革性编码以使其更易于被人们掌握的过程。

事实上，如何界定服务创新的内涵主要取决于学者不同的观察角度、不同的切入点理解和认识服务创新的内涵。也正是由于研究的侧重点各异，使得我们对服务创新有了更加全面的认识。这也使得目前关于服务创新的定义五花八门。但不论对服务创新如何界定，人们对其无形性特征、生产与消费同时进行等本质的认识是统一的。本研究关于服务创新内涵的认识也延续前人的主要观点，特别关注从服务本质出发的包括服务理念、技术手段、服务方式等任何方面的改变，是一个宏观的概念。

## 二、服务创新特征

对服务创新具体特征的考察应该从服务自身的特征考察为出发点，本书将其归纳为以下四个特征：

### （一）内涵更加丰富

无论是从形式上还是从内容上来看，服务创新的内涵都更加丰富，且与技术创新存在着巨大的差异。服务创新的过程可能会涉及科技手段的创新，但其更加侧重于非技术类的创新，对服务创新应该从更加广泛、更加多元的方面进行认识和理解。其所表现出来的形式五花八门，可能是对某一领域全新的认知和信息的生成，也可能是企业员工在提供服务过程中创新性地加入了某种新行为，可能是推出了新的服务产品，甚至是某件事情出现所采取的创新型的新办法。总之，服务创新的表现非常多元化。

### （二）服务提供者与被服务者之间的“信任”非常重要

服务行为本身作为一个流程式的无形产品，其与有形产品的生产消费过程有着非常明显的区别。比如，在服务被消费的过程中，更加要求服务提供者与被服务者之间的互紧密联系，这个过程往往比技术创新还要繁杂。由此，创新开展的过程中，服务企业与消费者之间的密切沟通显得十分重要。由于被服务者对相关信息掌握有限，这就需要服务提供者充分利用自己所掌握的专业知识，向信息不对称的被服务者提供全方位的解读。而这一过程能够顺利、合理、有效开展最关键的条件就是服务提供者与被服务者之间的相互信任，这种信任的程度也最终影响着服务提供企业服务创新绩效。这种服务提供者与被服务者之间的密切联系，感情的建立，不单单决定着最终消费者是否对服务提供者所提供的新型服务的接受程度，同时在与消费者建立联系的过程中，也从消费者那里了解到产品的质量情况，从而为未来新服务产品的推出提供真实的市场信息。

服务创新的出发点或宗旨就是为消费者服务，因此，服务提供者在创新之初就应该以消费者的要求作为先导条件，并在与消费者的密切接触中不断进行完善。消费者不应该只是服务创新思路的源泉，更应该是服务创新的“协作生产者”。服务企业想要通过深入认知客户的需要，进而来改进服务品质，提高消费者对企业的认可度，必须与消费者进行持续不断地交流互动。但同时需要明确的是，一项服务创新能够成功，其最终绩效如何，不仅仅需要服务企业关注与消费者的交互作用，还必须要和推出新服务产品的设施的供应商等企业的相关行为主体产生互相作用，这种与企业外部其他相关主体之间的交互行为同样影响着服务企业服务创新绩效的高低。当然，服务创新在服务企业内部更是一个涉及人员广泛、要求各部门通力协作的过程。由于服务业所表现出来的消费与生产同时进行的鲜明特征，使得服务这一产品在发生之前就以非常正确的方式进行最终产品的创造是不可能的。即使是在服务提供的过程中，不同的服务人员与相同的消费者之间，或者是相同的服务人员面对不同的消费者，在这期间所产生的服务都是具有差异性的，其很难像有形产品的生产过程那样有一个标准化的产品输出。由此，在服务创新之初，消费者对创新进程的积极参与，尤其是知识密集型服务，是服务创新的关键特征。服务创新过程的繁杂性反映在实现流程中的可调性上。

### （三）产品和过程的创新在服务行业中的界限不清晰

服务区别于看得见摸得着的实际的有形物品，其往往表现为某个具体的概念、流程。从本质上来说，服务“产品”就是服务的“流程”。服务往往不具备储存性，其在生产的同时就被消费者消费掉了或者说消费产生的同时服务才被生产出来。这就说明，在服务进行的过程中，无法将服务的过程和服务这一产品清晰完全地分割开来。但同时也意味着只要服务提供的流程不变化，在这一流程下所代表的服务产品也很难去改变。当然，换言之，服务企业如果想要提供创新型的服务产品，也就势必要去变更服务流程。这就使得服务与流程之间很难清晰划分界限的同时，服务产品的创新与服务过程创新之间也很难进行有限的划分。其所表现出来的往往是相同的创新。实际上，区别于制造业的产品创新可能更加侧重资金要素的投入，服务创新则更加关注人力资本等要素的投入。也正是在服务创新过程中更多地表现为人的主观能动要素，其创新的结果更多地表现为过程性和概念性的创新形式，而不是有形的产品。

### （四）服务创新方式具有多样性

服务创新新颖度的内涵比较广泛，但一般在现实的服务创新活动中，其更多地表现为一种渐进式的创新过程。基于原有服务基础，对某些细微方面进行改进，创新性地加入某些新的服务或者服务手段，从而实现服务创新。可以说，服务行业的很多创新行为往往都是通过“自定义”的方式创造出来的，甚至可以实现依照客户的具体需求实现针对性的有区别的服务供给，在这一过程中，可以大量吸收市场需求信息，进一步促进相对“标准化”的服务创新产品的出现，改进服务效率，扩大服务范围，提高服务创新的效率和效益。这种基于消费者需求的服务创新方式，能够更好的满足消费者的实际需求，大大提高创新时效。

## 三、服务创新维度

### （一）新服务概念

服务创新中的第一个维度——新服务概念，通常是指提供服务的企业在通过深入全面的前期调研工作，充分且精准地了解企业现有顾客与可能潜在顾客的真实需求，综合考量企业自身与市场中的主要竞争者的现有服务产品以及即将推出的新服务产品，通过充分协调企业自身各部门之间的职能配合，进而产生的新的服务产品或项目。相比较于制造业看得见、摸得着的产品、技术创新，服务行业的产品创新表现出强烈的无形性特征和易逝属性，其生产过程与消费过程往往是同时进行的，这使得服务创新在多数情况下可能只表现在某些概念或理念上。这种概念上的变化可能来自于本行业新概念的提出，也有可能引自于其他行业，可以看成是概念的挪用。事实上，对于新服务概念的界定非常广泛，它可以是一种从无到有的全新概念的提出，也可以是在已经存在与某些产品或市场中被消费者已经认可的一个概念，被应用在其他的产品或市场领域中，对于这个新的领域，这一概念就是一种从无到有的创新，而对于这一概念本身在该领域的应用又体现了其应用领域的扩大。

结合部分服务业产品本身无形性的特点，开发新服务概念的服务创新往往更加适合这些服务企业的服务创新方式。但在进行新服务概念的推出之前，服务企业首先必须明确自身需要什么样的产品配合新服务概念的提出才能够更好地留住现有的顾客，在提高老顾客忠诚度的同时大量吸引新的客户群，同时还必须非常清楚地了解市场中的竞争者所提供的产品是否存在同样特性。也就是说，服务企业必须充分了解自身提供的现有服务和即将推出的新服务，以及主要竞争对手提供的现有服务和即将推出的新服务，进而明确自身的创新特性，服务企业必须确保其他竞争者的同类产品中没有出现这种新概念。满足这两方面的条件之后，其企业根据所掌握的所有信息、资源、知识进行整合，创新性的提出新的服务概念，并同时将新服务概念传递给现有顾客和潜在顾客。

服务企业根据市场环境的不断改变、顾客需求形式以及消费偏好的改变以及竞争对手所提供服务产品的变化，不断推陈出新，创造新服务概念。因此，新服务概念本身及其产生的过程也被称之为无形产品服务企业的商业智力。服务概念的创新在服务创新中所占的比例较大，通过对新服务概念认识的不断深入，服务企业可以结合市场环境的变化、消费者潜在需求以及竞争对手的情况进行新服务产品的研发，从而为企业发展注入新活力。

### （二）新顾客界面

服务创新中的第二个维度——新顾客界面，主要是指创造一种新的服务企业与顾客之间的交互模式，包括企业将服务提供给顾客的方式；服务提供者与顾客的交流与协作；甚至顾客与顾客间的交流。这一维度的提出主要起因于服务的生产与消费同时性特征，由于消费者是最终服务的使用者，其对服务项目所提出的意见往往具有极高的参考价值，这使得消费者在服务创新中具有重要的地位。这一层面的服务创新主要体现为服务企业向消费者传递服务的具体方式、途径。这一传递过程的创新往往会给消费者带来全新的服务体验，消费者对企业服务的满意程度通常在具体消费的过程中得到体现。因此，企业在开展创新过程中，必须进行全面的思考，如怎样才能建立起企业与消费者有效沟通的通道？企业是否有能力将消费者变成创新的合作者？只有对相关类似问题有清晰的认识，企业才能够与消费者建立良好的服务关系，从而促进创新的成功。

事实上，由于服务行业的对象主要就是消费者，这一维度的服务创新更能够体现服务创新的初衷和最终目标，尤其是无形化服务产品的提供者在对顾客提供服务的过程中与顾客间的信息交流和相互协作方式，已成为服务创新的主要组成部分。在一些同质化产品集中的行业，开发服务提供者与顾客间交互的新界面就显得更为重要。比如在教育行业，教师在授课行为就是一种服务产品，这一产品服务的对象主要是学生。教师在授课过程中对于知识的讲解、传授就是向学生提供了一种知识密集型的服务产品，而在教师授课的过程中，学生就同时对这一产品进行消费。我们所看到的是两方面的行为主体，但是所进行的服务产品传递却在进行的同时就消失了，整个生产过程和消费过程同时发生并且都是无形的。由于此类服务产品的无形特性，其服务创新最主要的表现形式就是通过运用新的服务概念或者服务方法来解决服务中遇到的问题，也就是说这一类服务产品的服务创新通常是无实物的服务概念的创新。就好比在教育行业中进行的教学改革、课堂改革一样，为了解决传统课堂中老师"一言堂"、学生参与积极性不高、课堂互动不足等问题，创新性地提出"翻转课堂""讨论课"，增加学生参与课堂的时间，多元学生课堂参与的形式，将传统的课堂老师做主的形式转换成学生做主的形式，从而提高学生对课程的认知，强化学生对相关知识的掌握，这是非常典型的服务形式的创新。又比如网络直播购物的出现，开展直播业务的卖家通过网络直播的方式向顾客直观地展示商品的具体特性和使用方法，并同时保持与现有顾客与潜在顾客进行商品信息、售后服务与保障等方面的即时沟通，消费者之间同时也存在已经购买过和可能即将做出购买行为的区别，因此可以就相关产品的使用体验进行更为客观的分享。随着信息技术的不断发展，这种类似直播购物能够实现服务提供者与消费者之间越来越直接、越来越直观的新的交互方式，并且已经成为目前消费者尤其是年轻消费群体非常钟爱的一种方式。近年出现的各类网红打卡旅游景点、小吃店等都非常直接地反映网络直播方式推介产品或服务，使得自身能够提供的产品或服务在更加广阔的空间范畴被认识、被选择、被消费、被推介，同一生产商提供的相同产品销售中，使用这一类顾客界面的商家销量明显高于未使用者。

### （三）新服务传递系统

服务创新中的第三个维度——新服务传递系统，主要是指服务企业对于各部门在新服务产品生产和传递时的组织和管理，也称为组织维度。如果说新服务概念维度和新顾客界面维度侧重于关注服务企业的外部因素，那么，新服务传递系统维度的主要侧重点则在于服务企业的内部因素，强调通过对企业内各部门更为合理的调整配合，确保企业的各部门员工能够更加有效地协作配合，从而更加有效地执行与新服务相关的各项工作任务。消费者所接触到的企业的员工就是企业的一张“活名片”，如果说消费者的服务消费体验决定着企业服务创新绩效，那么，作为服务提供者的企业员工的服务技能则直接决定了服务水平。服务创新的开发通常涉及新知识的开发应用，且专业性较强，在企业进行服务创新的同时，如何通过采取专业化培训等方式有效提升员工对新服务所包含技能、知识的适应性，直接决定着企业服务创新的成功与否。另外，员工所掌握的决定权限能够保证服务过程的灵活性，充分调动发挥其主观能动性，对提高服务水平，促进创新成功、提高创新绩效具有积极的促进作用。

在这一相关活动过程中，服务企业的管理者首先需要关注企业现有的内部组织架构和现有员工的专业素质与业务能力是否能够非常好的适应对新服务产品的开发。如果不适应，必须寻找其背后的具体原因，如果是企业内部组织架构的问题，就必须调整对内部组织架构的管理；如果是由于员工专业素质与业务能力不足，导致无法适应新服务产品，就要依据新服务开发的需要对员工进行系统的培训，提升专业素质和业务能力。期间，要特别关注将新服务传递系统与原系统进行对比，同时横向对比竞争对手在企业组织架构和员工素质与能力方面的综合情况，从而对新服务传递系统的整体合理性进行更为全面深刻的判断，同时可以先在小范围内试行，并及时了解顾客对于员工提供新服务能力的综合评价，以判定新服务评价系统能否顺利运行。特别需要指出的是，在服务传递系统中服务企业对服务提供人员的适度授权十分关键，根据企业服务产品的特点，适当授权能够使一线员工在服务时掌握更多的主动性，同时也能够向员工表达企业对他们的信任，增加企业在员工心中的认同感和归属感，是一种有益于服务企业和服务提供人员发展的管理方式，对于整体服务创新的执行非常有利。

### （四）新技术选择

服务创新中的第四个维度——新技术选择，主要是从技术层面考虑的，且是四个维度中唯一的一个可选维度。因为服务产品本身可以是无形的，但技术一定是有形的，无形的服务产品不需要也无法为了创新而有形化。虽然不是必要维度，但不可否认的是，对新技术的选择性应用对很多无形服务产品的服务创新发挥着巨大的作用并产生重要影响，新技术和服务创新之间的关系也非常密切，绝大多数无形服务往往是通过采用了某种新型技术，进而大大提高了服务效率和效益。随着新兴技术在服务业中的广泛应用，技术对服务创新绩效的重要性不断凸显，也赋予了服务创新新的内涵。互联网技术的普及对电子商务以及网络购物消费方式的改变就是一个典型的例子。

关于服务创新的新技术选择维度，一个特别值得一提的就是信息与通讯技术。信息与通讯技术具有强大的信息处理能力，在经济活动中表现出非常强的适应性和适用性。正是因为其这一显著特征，部分学者认为信息与通讯技术为服务创新提供了巨大的驱动力，甚至认为在某些服务领域，技术的创新就是服务创新的全部内涵，从而形成了服务创新即是由产品提供者主导型服务创新的观点。但事实上，很多服务企业在决定是否引入、如何引入、引入何种新的技术或设备进行新的服务产品开发之前，往往是经过了非常全面深刻的市场调查以及与消费者进行了非常充分的沟通，并对企业员工进行了新服务产品使用方面的系统培训，提高其服务顾客的能力之后才做出的决定。因为，企业只有经过周密的计划与分析之后做出的决定才能够有效降低新产品开发的风险，尽可能地实现资源的高效配置，提高企业的投资收益。因此，认为服务创新是由产品提供者主导的观点是存在一定片面性的。从逻辑关系上来说，新技术选择维度需要在服务企业对新服务概念、新顾客界面、新服务传递系统三个维度进行综合考量分析之后，最终做出的是否引入新技术。换言之，在服务创新四个维度中，创新服务概念、创新顾客界面、创新服务传递系统三个维度之间互为条件并相互作用，当这三个维度的架构形成之后，再选择新技术维度，并将其用于服务前三个维度。但是必须说明的是，新技术的选择对于一家服务企业的服务创新并不能够起决定性作用，起决定性作用的条件仍然是顾客和市场，也就是需求，这也是新技术选择这一维度为什么是服务创新四个维度中成为可选维度的一个原因。新技术只作为实现顾客、服务人员和服务企业内部管理三方相互作用形成的服务创新的实施载体，对于最终能否成功选择某项新技术用于新服务产品的开发推广，要看前三个维度的最终实际需求，如果需要新技术为载体进行新服务产品的开发推广，则会选择新技术。优秀的、适合的新技术可以极大地提高服务创新前三个维度的效率和效益。

## 四、服务创新五级分类

一般来说，依据服务创新的难易程度以及创新程度，可将服务创新分为五个等级。第一级创新主要是指对原有服务进行任意程度上的提升，哪怕只是些许的改进，只要得到主管人员及消费者的认可，即可认为是成功的创新。第二级创新也被称之为初级创新，主要是指组织对外引进的一种创新产品，这种产品在市场上已经得到应用，但对企业而言还是第一次，从企业的层面上来看，这是一种服务的初级创新。第三级创新也被称为中级创新，这种创新主要是依据消费者的需求开发一种新服务，这种新服务主要靠员工来提供，不需要特别的仪器或者其他的资源。第四级创新主要是指根据消费者的需求，依靠某些特殊的仪器或设备（软件/硬件）所开发出的新服务，这些仪器或设备在市场上是易得的。第五级创新主要是指依据消费者的需求开发一项新服务，这项服务在很大程度上依赖某些特殊的仪器和设备（硬件/软件），而这种设备往往还未被开发出来，或者是在市场上很难获得，需要服务提供者自行研发制造。当然，服务提供者可以选择自行设计或生产，也可以选择委托专业研发机构设计生产。第五级创新是最高级别的创新。

## 五、服务创新绩效影响因素

服务创新绩效是服务创新的具体外在表现，是服务创新活动取得最终效果的量化显示。由于服务创新包含的创新形式涉及从服务产品的创新到服务流程、具体的商业模式创新等，包含的范畴较广，使得服务创新绩效的影响因素颇多。同时由于服务的无形性特征，使得对于服务创新绩效测量指标的设置相对困难，对服务创新绩效的量化考察也就很难。由于服务创新本身是一个连续、动态的过程，在整个服务创新过程中，受到企业宏观战略、企业文化理念、领导者特性、企业所处行业网络特征、市场创新氛围等诸多因素的影响，企业的服务创新绩效会产生很大的差异。

### （一）企业宏观战略与领导者特性

对于具有长远发展战略的企业而言，创新一直以来都是推动其不断进步和保持市场活力的法宝。在瞬息万变、竞争日益加剧的市场经济中，传统的依靠降低生产成本、提高生产效率的竞争策略必须转变，服务的价值增值此时得以脱颖而出，服务创新也就成为企业发展战略的必然选择。宏观战略的制定指导着企业未来的发展方向，同时影响着企业有限资源的分配，而宏观战略的支撑决定着创新活动的持久性，从而影响创新绩效。另外，企业领导者的特性对创新活动以及创新绩效同样影响深刻。激进型的领导者往往更具有开创意识，从资金、人力等方面推进企业改革，促进创新活动开展的力度往往更大。例如，设立专门的服务创新机构，开展服务创新的专业管理工作，从而提高服务创新效率和绩效。从宏观上来说，不管是企业长远发展战略还是企业家的个人特质，都严重影响着企业在服务创新方面的投入，这是影响服务创新绩效提升的最根本原因。一项服务创新从最开始的设计开发，到中间不断地进行反复实验、修正、完善，再到市场推广，无不需要大量的人力、物力、财力以及网络时代背景下的信息投入的支撑，没有资金支撑的服务创新活动就相当于无源之水、无根之木。而作为服务创新活动的核心人力和智力知识支撑，人力资本在整个服务创新开展过程中处于最为关键的核心要素地位，这也是知识密集型服务业知识密集的核心体现。一般而言，企业在服务创新活动中的投入与服务创新绩效通常呈正向变化关系。因此，企业的宏观战略与企业领导者的特性及企业家才能都会从根本上影响企业在服务创新活动中的投入，从而直接影响服务创新绩效。

### （二）企业知识管理能力

企业对其所掌握的或者有待掌握的知识的管理能力直接决定着企业服务创新的能力。知识管理具有丰富的内容，概括起来主要有对外知识获取、内外部知识有效整合、知识共享以及知识应用，比如企业应该建立顺畅的知识共享平台促进员工之间的交流，某些创新性的想法就是通过头脑风暴产生的。为了保持企业知识的先进性，持续不断、多元化渠道对外获取知识至关重要，而企业知识整合的能力又决定了能否提升知识效率、知识应用效益和创新绩效。

### （三）企业网络关系

随着企业网络化以及创新网络化趋势的不断加强，企业的网络关系对企业创新绩效所产生的影响越来越深远。大量研究已经证明，企业所建立的网络关系对其资源获取、联合创新、创新成果扩散都具有十分积极的正面影响。企业良好、稳定、广泛的网络关系有助于其获得大量的社会资源，有效弥补自身资源的有限性，且企业间合作创新从资金、创新人才配置、不同企业员工间隐性知识的交流和获取对于服务创新的成功以及服务创新绩效的提升具有关键性作用。企业间的网络关系存在强弱之分，相关研究者普遍认为，强关系对企业之间战略资源的获取有显著的促进作用，这主要是考虑到稳定的较强联系降低了企业关系维护的成本，有助于企业之间的深度合作。但也有研究者认为，从长远角度来看，企业之间过从甚密的往来关系不利于企业多元化、差异化资源的持续获得，而较为宽松的企业间关系利于企业抽身，寻求更为合适的合作伙伴。本书作者更认同强联结对企业服务创新绩效正向影响的观点。

#### （四）消费者参与程度

如前文所述，KIBS 企业服务创新具有极强的交互性特征，消费者对服务创新的参与程度以及对新服务的挑剔程度，直接影响着服务创新绩效水平。迈克尔·波特在关于企业竞争优势影响因素的分析中也曾指出，挑剔的消费者有助于提高企业产品及服务的水平。作为服务的接受方，消费者对新服务的感知是最为直接的，服务行为往往是瞬时的，服务人员的服务水平、专业程度以及消费者的知识水平、素质能力都会对服务优劣的感应产生影响。消费者对新服务产品的满意程度直接决定了服务创新绩效的高低。

另外，企业创新人才储备、企业组织结构安排（扁平式或垂直式的企业组织结构影响信息的流通）、国家以及地方政府宏观政策环境对企业创新的政策支持、行业整体竞争环境等因素都会对企业创新绩效产生相应的影响。

### 六、服务创新绩效评价

服务创新绩效评价是企业开展服务创新活动的重要组成部分，是体现服务创新效果的关键指标。科学的服务创新绩效评价体系有助于客观评价服务创新的效益和效率。服务的无形性给服务创新绩效的考评测量增加了难度，但结合服务创新绩效影响因素的分析，学者们还是提出了从消费者满意度、企业财务绩效等方面进行服务创新绩效的评估。

#### （一）服务创新绩效评价指标体系构建原则

系统全面性原则。建立服务创新绩效评价指标体系首先遵从系统全面性原则，指标设置要符合企业服务创新的基本特征，各个方面要相互补充，全面综合反映服务创新绩效。

可操作性原则。任何一个事物评价指标体系的建立必须满足可操作性原则，这主要是指所设立的指标要有直接或间接数据或相关资料的支撑，材料易得，保证基础信息的来源和准确性。如果没有直接量化的数据作为支撑，则应该尽量选择可以度量的指标来替代。同时还要保证指标简单易懂，内涵明晰，不能造成混淆。应尽量选择出现频率较高的指标以提高其代表性和理论界的认可度。

客观性原则。即服务创新绩效评价指标体系的设立要符合企业自身客观实际情况以及服务创新绩效评价的目标。

### （二）服务创新绩效评价指标

一直以来，出于不同的目的和研究对象的不同特征，人们对服务创新绩效评价指标的认可还存在一定的分歧。但对财务衡量和消费者满意度两个指标达成了高度共识。

财务衡量指标。Ittner，Larcker 和 Randall（2003）在关于金融服务业的绩效测量中提高财务指标是所有创新绩效衡量的最核心指标。企业服务创新需要大量的先期投入，而所有产生的相关费用的弥补均需要依靠新开发服务产品的大规模销售资金回笼来实现。一般来说，由于一项新服务产品从开发到实施所经历的周期较长，而企业的财务状况作为商业机密在数据的获取上存在一定的难度，因此，在对财务绩效指标进行衡量时，往往变通选择更易于获得的新服务产品销售量、企业新服务产品市场份额、成本降低、投资回报率等间接指标来进行考察。

消费者满意度指标。顾客作为服务的直接消费者，其对新服务产品的评价最能够反映客观实际，因此，消费者满意度指标在服务创新绩效评价中不可或缺。Adams，Bessant 和 Phelps（2006）在关于服务创新绩效评价的文献综述中，对服务创新绩效评价指标进行了系统分析，在所有涉及的文献中，相关学者都提到了从消费者的角度来衡量服务创新绩效。一般而言，消费者对新服务产品的良好感知会促使消费者满意度的提升，顾客对品牌的忠诚度也会提高。财务和消费者满意度均作为企业服务创新外部绩效的衡量指标，其需要与内部测量指标相结合使用，以更加全面地评价企业的服务创新绩效。由于一项服务创新可能对企业产生的影响并不会在短期内凸显，因此，对企业内部影响的测量往往从长远角度考虑。王家宝（2011）提出对服务创新过程和服务创新结果的测量结合使用，并需要从新服务产品开发成本、开发周期以及服务创新流程设置的有效性方面综合对其进行考察。另外还需要特别关注新服务产品对企业长久持续竞争力提升的影响。Hsueh 和 Lin（2010）在关于网络嵌入对服务创新绩效影响的研究中也特别强调了企业长远目标实现在衡量服务创新绩效中的重要性。Smith（2005）、Monica（2009）更是提出了从知识共享的层面考察企业服务创新绩效。

本书作者认为，知识密集型服务企业作为社会基础知识生产和传播的重要载体，通过服务产品的提供传递包含在产品中的知识、信息，通过提高企业市场份额来考察企业服务创新绩效也是一个十分重要的方面。Laursen K. 和 Foss N. J.（2003）、Blazevic V. 和 Lievens A.（2004）、Cainelli G，Evangelista R. 和 Savona M（2006）、Chen C. J 和 Huang J. W.（2009）也分别从企业人力资源战略、合作企业资源互补的不同方面对服务创新绩效评价提出了重要建议。

## 第二节 网络嵌入理论

社会网络理论的基本观点是社会情境下的人由于彼此间的关系纽带而以相似的方式思考和行事。社会网络理论研究既定的社会行动者（包括社会中的个体、群体和组织）所形成的一系列关系和纽带，将社会网络系统作为一个整体来解释社会行为。社会网络既会连接起没有纽带关系的行动者，也会将行动者划分为不同的关系网络。马克·格兰诺维特（Mark Granovetter）认为，社会学家过分强调个人对社会价值的服从，将个人“过分社会化”；经济学家过分强调个人与社会的隔离，将个人“过分原子”化。个人既不是“社会人”亦不是“经济人”，而是嵌入社会关系中的理性人。即个人虽然追求个人利益，但很显然由于良好的人际关系可以带来长远利益，因此，个人会遵守人际交往的规范，以维持一个良好的人际关系，从而获得长远收益。网络嵌入理论的提出即源自于社会学中的网络分析，随着网络研究范畴的不断拓展，其内涵在不断扩大，除了研究个体之间的联结行为之外，将更宏观层面上的企业、组织等囊括进来，并将其不同主体所结成的网络称之为网络系统。在网络系统中，社会成员按照自己所处的联结点占有并向整个网络提供差异化资源，对网络发展作出贡献的同时，充分利用网络优势提高自身竞争力和社会地位。

## 一、网络嵌入的内涵

“嵌入”概念的提出在社会经济网络的研究中具有开创性的重要意义。在其概念发展过程中，不得不提到三位著名学者：英国社会经济学家卡尔·波拉尼（Karl Polanyi），美国新经济社会学代表人物哈里森·怀特（Harrison C. White）以及怀特所培养的优秀人才之一马克·格兰诺维特（Mark Granovetter）。1957 年，卡尔·波拉尼（Karl Polanyi）在其出版的《大变革》一书中第一次使用了“嵌入”的概念，并指出人类社会经济中的各种行为总是嵌入在经济或非经济的制度之中，并对其产生一定程度的依赖。换言之，人类社会经济行动方式通常受到其所处社会网络的深刻影响。这一概念的提出最为重要的是将非经济制度因素包括在社会网络的研究中。虽然在嵌入理论的研究中对哈里森·怀特（Harrison C. White）的提及较卡尔·波拉尼（Karl Polanyi）要少得多，但不可否认怀特在社会网络研究中的重要地位。其在社会网络研究的经典之作《机会链：组织中流动的系统模型》一书中，认为市场是关系密切的企业通过互惠行为所建立起来的社会结构，这种社会结构以网络作为典型且普遍的存在形式，并且构建了网络影响成员行为的系统模型，以此来分析社会网络影响行为主体的内在机理和逻辑。怀特关于社会网络分析方法的应用以及相关著作如《认同与控制：社会行动的结构化理论》《来自网络的市场：生产的社会经济模型》为后续网络嵌入的研究奠定了坚实的基础。作为哈里森·怀特（Harrison C. White）所培养的优秀学者之一，马克·格兰诺维特（Mark Grnaovette）于 1985 年在美国社会学杂志（American journal of sociology）上发表重要论文“Economic action and social structure: the problem of embeddedness”。在论文中，马克·格兰诺维特批判性地继承了前人关于“嵌入”的思想，将宏观的社会和经济层面的嵌入拓展到微观的个体和集体的行为研究中，认为普通个体日常生活中基于彼此的信任所建立起来的社会网络构成了社会结构的核心。基于上述思想，马克·格兰诺维特将“嵌入”定义为：经济的行为和结果被行为人的双边（社会）关系和整体的（社会）关系网络所影响，并认为人类行为一直以来都嵌入在具体的、不断变化的社会关系之中，其经济行为与其所嵌入的网络之间存在一定的相互影响。本研究关于网络嵌入的基本内涵界定沿用了马克·格兰诺维特的基本思想，认为网络嵌入主要是指社会主体之间通过各种各样的方式发生联结，形成不同的经济网络，个体与其他网络成员之间建立了或疏离或亲密的关系，这种关系与位置的差异，以及彼此实现联结的方式在对网络产生影响的同时，也在影响着企业自身的经济活动。

## 二、网络嵌入基本维度

在关于网络嵌入维度的文献综述中，作者总结了一系列不同学者的相关研究，在本书中所涉及的网络嵌入维度除了主流研究中的关系嵌入、结构嵌入之外，考虑到网络成员之间所掌握资源的不同构成了彼此差异化的竞争优势，而优势的互补对于提高资源配置效率作用显著，且寻找互补性的资源也是企业对外拓展关系的重要因素，因此，本书将资源嵌入作为网络嵌入研究的另一重要维度。

### （一）关系嵌入

关系嵌入是网络嵌入研究的一个重要方面，在相关文献中所占的比例较大。从内涵上来说，关系嵌入通常是指社会经济活动中的个体组织经过长期的、形式多样的互动所形成的互惠联系，处于联系端点的行为者可以通过关系这一连接纽带获取外界信息、知识等多种资源，从而促进自身经济活动效益的提升。关于关系嵌入的衡量本章主要从关系强度、关系质量和关系持久性三个方面进行。

关系强度有强联结和弱联结之分，强联结往往建立在长期的合作基础之上，彼此之间的企业文化、理念、行为方式具有高度的默契，对自身企业发展战略的制定产生一定的影响。由于彼此之间建立了较强的互信机制，从而有助于在信息、知识、资源等方面互通有无，互补长短，提高行动绩效。相比较而言，弱联结所受到的关注较少，而且普遍认为弱联结对行为主体的影响远不如强联结深刻。直到 1973 年，随着马克·格兰诺维特在其论文“弱关系的力量”（The strength of weak ties）中，对弱关系在网络发展中的特殊意义进行分析之后，网络嵌入中的弱关系才逐渐受到重视，并提出了“关系嵌入悖论”。弱联结代表了网络成员之间的非冗余联系，降低企业维持关系的成本、精力消耗，彼此所掌握资源的差异化程度更强，从而促进成员企业对外资源搜索的效率。如果说网络成员之间的强联结对企业的经营活动具有正向促进作用的话，那么，弱联结同样积极影响着企业的经济行为。

网络成员之间所建立关系的质量以及持久性同样对嵌入在网络中的企业行为产生深刻的影响。

### （二）结构嵌入

结构嵌入是网络嵌入研究的另一重要且普遍的分支，网络成员依赖自身所掌握的资源建立其在网络中的地位，所有不同位置的成员企业构成了不同的网络构型，从而形成网络内部资源流动的不同方式，影响着网络成员之间资源传递的质量和效率，从而对网络成员企业之间的经济活动、企业服务创新过程中的资源获取产生直接影响。本书中结构嵌入的衡量主要从网络密度、企业网络中心性和结构洞三个方面展开。

从内涵上来说，网络密度主要考察网络中不同企业彼此之间所建立联系的多寡，能够客观真实的反映网络内实际发生联系的企业数量在所有网络成员中的比例。如果该比例较高，说明该网络的密度较大，企业之间的联结越多；否则，网络密度较小，企业之间的联结也较少。绝大多数学者认为高密度网络易于促进网络内部互信机制的建立，从而促进隐性知识等企业发展关键资源的对外传播。但高密度网络同时也表明成员企业之间普遍存在的重复联系同质化知识、信息增多，给企业带来信息筛选的压力。因此，有学者提出，与“关系嵌入悖论”相同，“结构嵌入悖论”同样存在，并提出了“结构洞”的观点。从本质上来说，结构洞代表了网络内不同主体间的非冗余联系。举例而言，a、b、c 三个企业构成了一个相对封闭的组织网络，假设 a、c 企业之间没有连接，但其都与 b 企业发生各种各样的联系，a、c 企业之间的联系必须通过 b 企业来实现，此时，b 企业即处在结构洞的位置。相对于 a、c 企业而言，b 企业的结构洞位置为其获取差异化资源创造了优势。结构洞的存在降低了网络密度，但低密度的网络往往使得企业更易于获得差异化资源，从企业网络中心性的角度来看，处于网络中心的企业拥有更为广泛的对外联系，获得外界差异化资源的机会更多，也更为便利，相当于一个网络内的核心企业，对整个网络的发展影响更为深远。

### （三）资源嵌入

赫克歇尔·俄林在研究国家在对外贸易中竞争优势的获得上提出了著名的要素禀赋理论，其核心在于国家竞争优势的获得主要基于其所掌握的自然资源禀赋以及后天要素禀赋，而一个国家总是以其所掌握的先天自然资源为出发点，建立核心优势，进而参与国际分工和国际交换。在组织网络化发展过程中，基于资源的观点认为，企业组织所拥有的资源为其创造了网络中的竞争优势和吸引力、影响力，这就是资源嵌入性。Barney (2000) 曾撰文论述资源在企业持久竞争优势获得中的重要性，认为每个企业对其所拥有的战略资源的未来期望值不同，这使得该资源市场处于不完全竞争状态。企业为了提高市场竞争优势，通过发挥自身核心战略资源的差异化增值能力来提高企业提供服务的水平。其后他在 2007 年出版的专著中对这一观点进行了更为深刻的分析和论证。企业在网络中的位置表明了企业所拥有资源在网络中的地位，也就是说，网络组织成员依据自身所掌握的差异化资源占据网络的不同节点位置的，其所在的位置又在很大程度上影响着其从网络中获得多元化信息、知识等不同资源的能力。

虽然企业自身所掌握的差异化资源是其企业核心竞争力的关键来源，但对于一个“社会企业”而言，其不可能脱离社会关系而独立发展，而对社会关系的依赖实际上是对其他企业所掌握的差异化资源的依赖。也就是说，企业所掌握的差异化资源、合作企业所掌握的差异化资源、双方之间合作的紧密程度都会影响企业服务创新活动的开展。事实上，组织间所建立的关系资源也是独一无二的差异化资源，任何两个企业之间的关系都是不可复制并且稀缺的，这也为企业创造了持久的关系租金来源。Gulati (1999) 在关于网络资源的研究中，通过建立动态的网络资源嵌入模型，以 1970 年到 1989 年二十年的时间跨度作为研究时间序列，并针对企业网络位置、学习能力、企业资源占有之间的关系，提出企业所掌握的资源直接决定了其在网络中的具体位置以及在这一位置上所能够给企业创造的接收、学习网络知识、信息的能力，同时也影响着企业联盟的具体形式。尤其强调了企业所掌握的资源在促进其嵌入经济网络的作用，通过影响企业获得潜在合作者信息的程度，企业资源成为了企业之间建立联盟关系的催化剂。

在关于网络嵌入的研究中，学者们更多关注的是关系嵌入和结构嵌入，资源嵌入的研究只见于少数几篇外文文献中。作者认为，企业所掌握的资源是其开展一切经济活动的基础，也是其寻求社会合作的物质基础，同时也是企业网络关系中被寻求的价值支撑，对其在网络嵌入维度中的研究不可或缺。

## 三、网络嵌入其他维度分支

### （一）认知嵌入性、文化嵌入性和政治嵌入性

除了上文介绍的网络嵌入的三个重要的基本维度之外，有相关学者对网络嵌入进行了更为细致的划分。Zukin 和 Dimaggio 指出网络环境会影响企业组织的行为，并提出嵌入性是个体经济活动关于社会结构、认知、文化及政治制度的情景，在其关于网络嵌入的研究中，除了结构嵌入之外，其还将网络嵌入分成认知嵌入性、文化嵌入性和政治嵌入性三个不同分支。认知嵌入性将关注的重点放在行为主体的心理认知模式对经济行为的影响上。从行为个体的层面来说，认知嵌入性认为理性经济决策会受到人类心理认知模式的影响与限制，更强调有限理性的概念，反对低度社会化关于经济行为中纯粹理性选择的假设。而文化嵌入性更进一步，其认为理性的经济行为不仅受限于一个人的心理认知，在制定个体发展的目标和实现目标的具体战略部署方面，同时受到共享的集体观念的影响，这也是人的社会性的重要体现。文化对个体产生的影响往往是潜移默化的，其既可以规范组织和个人的行为，同时对个人或组织的观念、意识、态度都会产生影响。政治嵌入性主要考虑行为主体所处的政治环境和制度等因素对主体行为会产生怎样的影响，关注的重点是经济行动的体制框架（政治，法律等）对市场交易行为的影响。网络中个体行为必须考虑特殊的文化、政治和其他环境因素，其行为模式必然受到社会结构的制约。关于这一网络嵌入维度的划分，主要是基于企业所处网络环境层面做出的。

### （二）社会嵌入性和地域嵌入性

对于网络嵌入性的研究许多学者同样关注到了时间和空间层面，并将其划分成社会嵌入性和地域嵌入性。社会嵌入性主要考察一个地区的社会背景给企业带来的影响。社会嵌入性更加强调企业的社会背景、地方的文

化传统、企业与企业之间的血缘、地缘关系、组织的商业观念和外部监管框架等因素，基于这些因素的社会网络构成对网络成员势必产生深刻的影响。地域嵌入性则考虑了经济行动者嵌入本地特定区域的程度，这些行动主体受到当地经济活动和社会动态性的影响，比如在中国浙江所普遍存在的产业集群的状况，集群内中小企业可以从网络中获得优势，此外，外部企业的进入会形成既包含现有企业又吸引新进入企业的区域经济和社会关系网络。

### （三）时间、空间、社会、政治、市场和技术嵌入性

Halinee 和 Tornroos 将网络嵌入性划分成六个维度，时间嵌入性、空间嵌入性、社会嵌入性、政治嵌入性、市场嵌入性和技术嵌入性。社会嵌入性不做赘述。时间嵌入性主要是指企业间关系建立的过程与深度与时间因素息息相关。企业在过去的经营过程中所积累的经验、目前的经营现状，以及对未来发展的预期与愿景非常深刻的影响着企业战略决策的制定与实际行动。空间嵌入性主要指特定的商业环境对企业活动的影响，体现企业在空间或地理上的彼此关系。政治嵌入性指各国家和地方各级政府的政治体系对企业经营管理所产生的影响。市场嵌入性指每个行动主体嵌入在一个特定的由企业、上游供应商、下游经销商、竞争者、消费者等诸多主体构成的复杂市场环境中，企业的行为受到各方主体的影响。技术嵌入性指企业的发展依赖于其所掌握的具体的产品工艺和技术，同时受到国家发展阶段以及技术发展总体水平的影响和制约，并且，企业间的关系也嵌入在各种技术系统和系统所处的企业和社会背景之中。

### （四）环境嵌入性、组织间嵌入性和双边嵌入性

Hagedoorn 通过对企业间合作伙伴关系建立过程中的一系列行为进行系统研究，提出了不同层次的嵌入性特征对组织间合作关系形成具有直接影响的观点，并进一步将嵌入性划分成环境嵌入性、组织间嵌入性和双边嵌入性三个方面。环境嵌入性侧重从宏观、中观层面上分析企业网络嵌入性的影响，认为企业发展过程中嵌入于某个国家、某一特定的产业，都会影响企业间合作伙伴关系的形成；组织间嵌入性则体现了企业在对外关系网络建设中的经验积累，并以此反映企业在网络中的信息沟通渠道状况；双边嵌入性强调企业之间的信息对称性、熟悉程度、信任程度等因素，并

认为这些因素都会对企业现有的合作关系产生影响。这一网络嵌入性维度的划分主要是基于社会层次的角度做出的。

纵观上述国内外网络嵌入性理论的相关研究可以看出，在对经济现象的研究中，主要强调对经济活动的解释不能孤立起来看，必须将其嵌入在特殊的社会结构中来进行考察。在网络关系中，双方彼此依赖，结构嵌入性分析网络的整体功能和结构，研究关注的是企业作为一个网络节点在特定的社会关系网络中所处的位置及其对企业的影响。关系嵌入性强调的是成员之间的信任与合作的动机和行为对企业绩效的影响。资源嵌入性则强调企业参与外部网络关系建立的基础以及保持其核心竞争优势的根本要素。各种关于网络嵌入性维度的划分极大地丰富了网络嵌入的相关研究。本书在对网络嵌入维度的考察中，主要侧重选择关系嵌入性、结构嵌入性和资源嵌入性三个维度进行。

## 第三节 知识管理理论

企业中无处不在的知识是决定企业成败和企业获得持续竞争优势的重要因素，搭建好企业的知识管理系统、管理好企业的知识资产比管理好企业的其他资产更加重要。概括地说，知识管理就是为企业实现可编码化显性知识和隐性知识的共享提供新途径的管理。其目的在于通过知识共享，运用集体智慧提高组织的应变能力和创新能力，进而提高企业的核心竞争力。迈克尔·波特在关于竞争力的分析中指出，企业的竞争优势主要得益于其所掌握的区别于其他企业的差异化资源。知识密集型服务企业可持续发展的来源则是其所掌握的特有的专业化知识，这种知识隐身于企业内部，不易被外界获取和模仿。作为一个典型的知识“加工厂”，知识密集型服务企业以知识为加工对象，创造高知识含量的产品（服务）。而在知识经济时代，对无形的、高级形态知识的加工逐渐深化到传统的以有形生产要素为主的生产创造行为中，知识已经成为企业持久发展动力与财富挖掘的源泉。为了保持知识的活力，最大限度地发挥知识效用，促进企业竞争力提升，提高创新绩效，有效的知识管理势在必行。

## 一、知识管理的内涵

对知识管理的研究在国内外学术界一直没有停歇过，但由于时代背景、研究对象、研究视角以及切入点等方面的差异，对知识管理的内涵一直没有一个统一的界定。Nonaka（1994）通过对组织知识创造理论机制的研究，提出知识管理是包括知识创造、知识筛选、知识获取及对外交流，并对组织内部知识进行重组的一系列活动。Frappaolo（1999）则更侧重于人的能动性的发挥，认为知识管理就是调动所有员工的大脑，整合所有的知识储备（既包括专业化的知识，也包括经验、能力等），以此来提高企业创新能力和创新绩效的行为。而 Thomas（2000）则从属性的角度提出不能将知识单纯地看成数据或者是信息，信息来源于对数据的统计，但数据也是信息的一个重要组成部分，而知识与数据、信息均具有较高的关联性，要达到对知识管理的有效理解，必须对数据和信息进行深入说明。Gold（2001）强调要素的有机结合对知识管理的重要性，并指出有效的知识管理必须具备技术、文化以及知识三个要素，通过对三者的整合，促进其向实际生产力的转化，实现知识应用。Sydänmaanlakka（2002）则从知识管理的结果层面进行了深刻分析，认为知识管理是针对知识所进行的对外获取、内部存储积累、对外共享以及创造的整个过程，知识管理的最终目的在于解决企业所面临的实际问题，从而促进企业竞争优势的获得。并且提出知识本身的属性并不重要，关键在于其有用性，并能够被企业获取及利用。Snowden（2003）指出知识管理是对人类智能的干预，这种人类智能范围较广，概括来讲主要可以分成显性知识和隐性知识两大类。魏江、陈志祥（2000）也将企业所掌握的知识分成显性知识和隐性知识两大类，并认为知识管理为实现两大类知识的共享提供了有效途径。

然而，不管学者关于知识管理的定义是从哪一个角度给出的，其均表现出一个共性：即以知识要素为对象（或相似要素，如信息、数据等）的人为干预，并以此作为企业提升竞争优势、提高企业创新绩效的重要途径。基于上述分析，结合本研究知识密集型服务企业的特殊性，本书对知识管理的内涵作如下界定：知识管理是企业通过调动人力资本的能动性，对其所掌握的知识资源进行深加工，实现新知识的创造、应用，并积极承担自身在知识扩散方面的作用，促进知识传播、共享，并以此作为促进企业创新，提升竞争力，实现可持续发展的关键技术和手段。事实上，由于知识必须经过劳动主体的加工之后才能使其转化为实际生产力，因此，就本质而言，企业的知识管理活动实际上是对其员工所具有的知识（尤其是隐性知识）、经验以及能力等要素的管理，最终实现知识收益。

## 二、知识管理的内容

《论语·为政》有云："学而不思则罔，思而不学则殆"。对于企业尤其是知识密集型企业的发展而言，知识的收集、积累固然重要，但是如何实现对知识的有效管理，建立顺畅的知识管理流程，以发挥知识要素在企业可持续发展中的关键作用，促进企业创新行为的频繁发生，提高创新绩效，则是企业提高知识使用效率和效益的关键。一套完整、科学的知识管理流程对于有效提高知识管理绩效至关重要。关于知识管理流程的研究一直以来都隐含在对知识管理内涵的研究中，对知识管理最常见的一种理解就是对知识进行管理的活动流程。

除了在对知识管理内涵进行分析时所涉及的相关学者的观点之外，美国著名经济学家、德尔福公司创始人之一卡尔·费拉保罗提出知识管理就是充分发挥全体员工的合力作用，实现 1 + 1 > 2 的效应，提高企业应对突发事件的能力和创新能力。为了达到这一目标，卡尔认为知识管理最为关键的活动就是知识共享，尤其是企业内部的知识充分共享，对于提高员工参与感、调动员工创新积极性作用明显。这一思想将企业的知识管理与企业创新以及应变能力紧密结合在一起，得到了众多学者的认可。还有学者认为知识管理是为了促进企业绩效的提升而对知识进行的创造应用过程（Bassi，1997），并将新时代环境下的信息技术纳入知识管理的流程当中。国内著名管理学者王广宇提出，知识管理应该包括知识的收集积累、存储、共享、创造、应用等主要环节，各环节之间发生互相作用，协调作用于企业发展的各个方面。通过相关学者的研究发现，不管其对知识管理的认识侧重于哪一个方面，均具有以下几个共同特征：第一，知识管理的对象为企业所掌握的或者所需要的各种各样的知识；第二，知识管理均由几个不同的环节构成；第三，各环节之间存在一定的逻辑关系，具有一定的流程特征。

基于以上相关分析，结合本书知识密集型服务企业的特性，将其知识管理的流程具体分为知识获取、知识整合、知识共享与知识应用。在该定义中可以分析出知识管理的一般流程包括知识识别、知识处理、知识传递和知识创造。

### （一）知识获取

企业知识获取在以下方面作用关键。第一，弥补自身资源的不足。对于任何一个企业而言，其对知识的掌握都是有限度的，即使是具有较强知识创造能力的知识密集型企业，同样存在知识有限性的约束，知识缺乏已经成为制约企业创新的关键因素。面对日益变化的经济发展环境，从外界不断吸取新鲜知识，补充企业知识源，尤其是能够与企业内部所掌握的知识资源实现互补的稀缺知识，对企业的长远发展是至关重要的。就资源有效配置的层面而言，专业化分工水平的提高使得企业更加专注于自身的核心竞争力，构成企业核心竞争力的知识作为其立足的根本，是其重要的差异化资源，往往具有一定的独创性，而企业有限的精力无法创造自身发展所需要的全部知识资源，从外界市场获取知识便成为最佳选择，这也从经济性角度很好地解决了知识在全社会范围内的有效配置。第二，适应外界发展环境的需要。随着经济开放程度的增强，墨守成规、关起门来办企业的情况已经远远不能适应日新月异的社会经济发展要求。企业必须同时利用内部和外部的知识资源来促进企业持续发展，较强的知识获取能力对丰富企业知识储备作用很大，并成为企业创新知识来源的重要路径。

### （二）知识整合

俗话说，知识不经过系统的整合是很难得到升华的。企业在发展过程中所储存的各类知识通常是琐碎、零散、不成体系的，知识整合作为知识管理的重要一环，承担着将各种各样的知识碎片实现有效融合的责任。具体而言，知识整合主要是通过采取一定的科学手段和方法，突破对知识资源的简单叠加，对不同类型、不同水平、不同形态的知识从系统的角度进行集成，促进新知识的产生。知识整合是建立在对历史性信息充分认识、对未来社会经济活动进行科学预测基础上的。知识整合的过程综合了对知识的重新认识、梳理、深刻挖掘，通过系统整合，增强外界获取知识与企业内部知识、环境之间的融合匹配，为企业开展真正意义上的知识管理提供了重要基础和保障。知识整合的关键不在于其所涉猎的知识面的宽窄，也不在于其所包含的知识量的大小，关键在于对相关知识整合后所产生的具体效果以及促进企业创新的能力。为了促进知识整合活动的有效开展，企业相关数据库的建设至关重要，对于多得的大量显性和隐性知识，必须对其进行系统的分类管理，存储于相应的数据库，为知识整合及知识应用提供便利。另外，在知识整合的过程中，人力资本的主观能动性至关重要，尤其在知识密集型企业中，内隐于劳动者的隐性知识对知识整合作用关键。员工之间的相互交流、探讨会产生“头脑风暴”的效果，促进知识有效整合及新知识的产生。

### （三）知识共享

市场竞争的不断加剧以及知识经济社会的不断深化发展，逐渐将知识要素提升到决定企业核心竞争优势的关键位置。而在今天这样一个知识、信息大爆炸的时代，多渠道的知识获取路径构建显得尤为重要，知识共享即是其中一个不可或缺的重要手段和方式。这里所说的知识共享突破了狭隘的企业内部知识共享，而是要在实现内部知识充分共享的同时，实现社会网络的知识共享。虽然从人性自私的本性而言，企业具有限制知识外流的倾向，但没有开阔眼界、开放心态的企业是无法获得持久发展的动力的。作为社会经济网络中的一员，在享受社会资源的同时，也必须贡献自身的力量，促进知识共享。知识经济时代的知识共享主要有以下几个原因：第一，企业提高市场竞争力的必然要求。知识经济社会中，产品的知识密集型特征越来越显著，日新月异的知识更迭给企业带来了前所未有的创新压力。这种创新压力的释放只有通过创造新产品，提高市场竞争优势来实现，产品创新源于知识创新，知识的快速创新源自企业内外知识的有效整合，而对外部知识的获取根源于企业对整个社会经济的知识贡献（知识的对外共享、传播），正所谓将欲取之，必先予之。第二，生产要素丰缺程度转变导致产品要素密集度发生变化。随着经济发展速度的不断提升，对有形生产要素的消耗速度也在不断加快，而传统有形生产要素具有一定的稀缺性，单纯依赖传统的土地、劳动、原材料等生产要素已经不能满足经济可持续发展的时代要求。新型生产要素（专业化知识）的投入比例增加极大地解决了有形生产要素的不足问题，但同时也在改变着产品的要素密集型状态。传统的劳动、资本密集型产品逐渐向知识密集型转化，企业对知识依赖程度空前增强，想要在知识经济时代占有一席之地，实现知识充分共享，并进行有效的知识管理是必不可缺的。

### （四）知识应用

企业知识管理活动中的知识应用是以内外都知识整合并进行相应的新知识创造，最终将新知识应用在企业的新服务产品的开发中，从而实现知识的应用。而对知识创造的考察首先需要将其与知识创新的内涵相区分。通过对所查阅的中外文献进行整理分析发现，关于知识创造和知识创新之间的关系主要有三类观点：一是认为知识创造即等同于知识创新；二是认为知识创造包含在知识创新的过程之中；三是认为知识创新包含在知识创造的过程中。事实上，知识创造与知识创新最大的差别源自于创造和创新的差异，知识创造更加侧重于新思想、新观念从无到有的过程，知识创新则更加关注于新技术、新思想的应用，从而促进新产品、新服务的开发实践过程。知识创造与知识创新可以被看成是知识产生和知识应用的两个不同的阶段和过程。Nonaka（2007）认为，一个成功的企业必然是长久以来一直坚持新知识的创造，并能够通过知识的流通实现企业内部对知识的充分共享，从而快速将新知识应用在新产品的开发上。知识创造对企业竞争优势的获得至关重要，其已经成为企业竞争优势的重要源泉。由此可以看出，虽然表述存在一定的差异，但是关于知识创造、知识创新分别隶属于企业知识管理活动两个方面的基本认识是一致的。从某种程度上来说，可以将知识创造看成为知识创新活动所进行的知识准备过程，尽管并不是所有创造出来的新知识都会应用到具体的新产品、新服务的开发过程（知识创新过程中涉及多要素的系统结合才能得以实现，因此，单纯的知识创造并不能保证知识创新的实现），但是没有知识创造，是无法开展知识创新活动的。当然，并不否认知识创新过程中也会伴随着新观念的产生，但这只能看成知识创新过程中所产生的附属物，知识创新最核心的功能体现在对新知识的应用上。知识应用是企业知识管理活动一个周期的终点，也是下一个周期的起点，如果没有将前期获得的、经过整合的知识最终转化成企业实际生产力，则企业知识管理活动是无效的。可以说，知识应用是企业知识成果转化中的关键一环。

## 三、知识管理的分类及原则

### （一）知识管理的分类与特征

按照知识管理对象领域的不同，可以将其分为社会知识管理、科学知识管理和组织知识管理三种不同类型。

社会知识管理是一种处于宏观层面的知识管理，其将知识主体和知识客体纳入社会大系统中，通过建立主体之间的协调机制，运用信息管理技术，搭建知识共享平台，将知识以适当的成本、恰当的形式，在合适的时间发送到对知识产生需求的主体上，从而推动知识在社会系统中的传播、共享、整合和创新。这种知识的传播包括了全社会不同种族、不同年龄、不同性别的社会成员之间的文化交流。科学知识管理主要研究科学组织之间的知识交互行为。组织知识管理则主要依靠科学技术和文化水平的发展，对促进组织发展和提高生产效率的经验和制度进行广泛研究。组织知识管理在现代企业管理中的应用比较广泛。知识管理是知识经济时代发展的产物，其出现发展伴随着管理学科思想和理念的发展。知识的价值性毋庸置疑，但是在知识发挥生产要素效率时，需要对其进行识别、分类、获取、存储和应用等相应的管理行为。企业要想实现对知识的有效管理，必须投入相应的资源，并且在注重显性知识的同时，也要同时加强对隐性知识的管理，以使得企业所掌握的知识发挥更大的效用，并进一步促进知识升级，实现更大的价值创造。

归纳知识管理的特征，其主要表现为以下几个方面：

第一，知识管理是一个新的管理思潮，其管理对象往往是无形资产，虽然相对于其他的管理理念，其提出和引入的时期较晚，但却比以往任何管理形式都更加强调知识资产的重要性。

第二，每个企业的知识管理都具有其独特性，难以被其他企业所模仿，而不同企业的知识管理方式方法差异显著，其知识管理绩效也自然不同。

第三，知识管理强调企业员工的创新意识和集体创造力，在管理理念上，真正体现了以人为本的管理思想。知识的创新主体是企业的广大员工，在获取和应用知识的基础上，具有主观的持续创新能力，并能发挥集体的力量，是一种独特的创新管理。

第四，知识管理包含的内容有很多，其整体要求以企业内外的知识共享和交流为基础。有效的知识管理要求企业拥有合适的内外网络构建和核对员工必要的培训，同时要求员工之间有效协作，实现集体知识共享和创新，并以此形成企业赢得竞争优势的重要支撑。企业在建立内部知识共享良好氛围的同时，要努力拓展企业与外界拥有专业知识组织间的深度合作，为企业外界新鲜知识的输入建立通道，保持企业所掌握知识的先进性。

第五，知识管理是一种扁平化的组织结构，其对企业原有的组织结构不会产生破坏。知识管理是一种较为新颖的管理模式，强调企业员工在日常行为中对知识的探索和理解，帮助组织提高适应外部日益激烈的不规则变化的能力，是信息化技术、人类创造、更新知识能力的集合。

### （二）知识管理的原则

知识管理要遵循以下三条原则：

1. 积累原则

知识积累是实施知识管理的基础和前提。每个企业必须实现必要的知识积累，才能够实施相应的知识管理活动。企业的知识积累不是一蹴而就的，其往往需要经历一个漫长的过程，从广袤庞杂的信息海洋中搜索自己需要的知识，久而久之，聚合成企业庞大的知识财富。

2. 共享原则

知识共享则在于使得企业、组织的每一位成员都能有效地接触和使用公司的所有知识和信息。由此，员工不需要再额外花费时间和精力去寻找自己业务开展过程中需要的知识。尤其是在新项目运行时期，保证企业内部信息在员工间的充分共享，能够极大地提高员工的工作效率。

3. 交流原则

交流原则往往被看成知识管理的核心。其主要内涵就是要在公司内部形成有利于知识交流的组织结构和文化气氛，从而使员工之间的交流顺畅。有效的知识管理不仅仅要有非常丰富的知识积累、知识的充分共享，还应该为员工建立知识交流的平台。只有通过不断交流，互通有无，火花碰撞，才更加能够体现知识的价值，并在此过程中实现知识的创新升级。

需要说明的是，企业要想实现有效的知识管理，关键在于建立起知识管理组织体系，必须明确知识管理涉及企业的所有层面和所有部门。企业的知识管理组织体系必须明晰：第一，企业已经掌握什么样的知识、掌握到什么程度、还需要汲取哪些知识；第二，企业所掌握的知识一定能够及时传递给需要这些知识的员工，以使他们更好地运用知识，提高知识使用效率和工作效率；第三，不断创造新知识，并使其在企业内部广泛顺畅传播，使其快速到达需要运用这些知识的员工；第四，对企业所掌握的知识进行定期的检测，通过企业文化的建立和激励措施使知识管理更科学有效。

## 四、知识管理的四大主要流派

国内外学术界对知识管理的研究由来已久，对知识管理的内涵认识却五花八门。但相关国内学者对国外学者们知识管理研究进行的归纳分析显示，其从总体上可以划分成几大主流学派：第一，技术学派；第二，行为学派；第三，综合学派。而随着信息技术的不断发展，社会各层对创新发展的认识也越来越强烈，多元化背景下的知识管理学派被按照不同的社会功能进行了归纳细分，即经济学派和战略学派。至此，知识管理理论的主流学派就被分成了相对得到广泛认可的技术学派、行为学派、经济学派和战略学派。

### （一）技术学派

技术学派的知识管理把关注的重点放在了技术创新上，依托技术发展带来的效率变化，研究信息管理系统、人工智能等的设计和构建，将知识看成一种重要的企业资源，并且可以将其在信息系统中进行标识和处理，即可以对知识进行管理、优化、控制。这一观点主要基于美国信息技术的发展。技术学派的主要代表人物托马斯·H. 达文波特指出，知识更多地表现为结构性经验、价值观念、关系信息以及专家见识的流动组合。一般来说，知识产生并存储在人们的大脑中，并在需要用到的时候随时被调用出来。在组织机构中，知识的表现形式更加多元化，其往往不仅仅表现为存在于文件或数据库中的可以看得见的显性知识，同时也表现为根植于组织机构的日常工作、程序、惯例及规范中的不成文知识。技术学派的学者对于知识管理的认识普遍表现为“数据—信息—知识”的递进式概念发展，这一逻辑关系将知识管理与信息技术、信息管理紧密关联在一起，并且提出信息技术在这一概念发展过程中起到很大作用。事实上，尤其是在信息技术快速发展的当今社会中，各行各业尤其是高新技术企业如果离开了信息技术的助力，其发展速度与工作效率会大打折扣。

1990 年代初期，达文波特与另外两位搭档迈克·哈默以及詹姆斯·钱皮创造了曾经风靡一时的理论——流程再造（Re - engineering），成为这个时期兴起的知识管理（Knowledge Mamagement）运动的重要缔造者之一。基于托马斯·H. 达文波特所提出的关于“企业流程再造”的学术思想，其所提出的知识管理两阶段论（第一阶段：企业像管理其有形资产一样来对其知识资产进行管理；第二个阶段：当企业意识到自己的知识库里的“知识资产”太“拥挤”时，企业应该怎么办?）和知识管理模型，成为指导知识管理实践活动的重要理论，在知识管理的工程实践和知识管理系统方面作出了开创性的工作。事实上，托马斯·H. 达文波特的再造思想，就是要利用信息技术来打破旧式官僚体制和流于书面形式的管理体制，冲击当时的知识垄断，削弱知识在社会各界传播的障碍，从而实现知识管理效率的更大提高。

### （二）行为学派

总体来说，行为学派的知识管理活动主要可以概括为理论研究和实践活动两个方面，并在这两方面活动开展的过程中，侧重人的主观能动性的发挥，重点关注对人类个体行为的技能或活动的评估，热衷于对行为主体的学习、管理和组织方面进行深度的综合研究。并且认为，知识即是开展活动的整体过程，是一个在活动过程中不断对技能进行提升改进的复杂过程。知识管理理论学派的主要代表人物是瑞典学者卡尔·斯威比博士，他将知识定义为一种行动的能力，特别强调知识的动态性，甚至明确提出“知识不能被管理”的观点，认为即使不依靠现代化的信息技术，仍然可以实现对知识的成功管理。可以发现，这一思想与技术学派对知识管理中关于“知识可以被管理”的，并且信息技术在知识管理中占有重要地位的观点是截然不同的。

在知识管理的行为学派中，另一个代表人物是日本管理学教授野中郁次郎博士则特别强调隐性知识的重要性，并且对隐性知识和显性知识之间的区别进行了系统深刻的对比分析，这种对于显性知识和隐性知识的细分为学者们开辟了一种利用知识创新的有效途径。知识创新并不是对相关数据信息的简单处理，而主要是充分挖掘隐藏在组织员工大脑中的灵感、创意、观点及对某些事物的看法等，并将其与日常生产活动充分融合。

野中郁次郎在对知识创新的研究中，提出了对西方组织管理理论的一系列质疑，创新性的提出了“场”的概念，即认为知识创新的共享环境在整个知识创新中起着重要作用。野中郁次郎的这一观点直观地体现了其在知识管理的研究中特别重视发挥人的主观能动性。

### (三)经济学派

顾名思义，经济学派对知识管理的分析研究很明显地侧重于关注知识管理活动的经济效益，也就是说，如何通过提高知识管理效率，实现组织竞争力和竞争优势的有效提升。经济学派的由来实际上主要是早期美国知识管理技术学派的分支，技术学派中的部分学者从早期主要关注知识管理的技术层面逐渐转向关注知识管理的经济层面，并最终形成区别于技术学派、自成体系的一个派别，其在发展过程中还对行为学派的某些观点进行了融合，主要体现在对隐性知识的认识以及认为隐性知识在一定程度上可以转化为显性知识的观点。

在经济学派的观点中，知识管理更多地体现为组织认识外部世界的一种途径和手段，通过知识管理活动的有效开展，帮助组织充分认识企业发展的优势资源。这一观点将知识资源放在等同于企业设备、机器、资金和人力资源等生产要素的层面上，认为知识资产同样需要良好有效的管理，才能够使其发挥更大的效率，使企业获得更大的投资收益。基于知识的企业管理理论在近年来受到越来越多的关注。有美国学者指出，企业管理的发展可以概括为六个主要阶段，分别是无管理阶段、基础管理阶段、战略管理阶段、职业化管理阶段、文化管理阶段和创新管理阶段。而在当今社会信息、技术飞速发展的背景下，企业管理的创新阶段表现出明显的全球化和知识化特征。在这一发展时期，可持续、高质量成长成为企业管理的重要目标，知识管理成为企业管理的重要课题。无论是在信息服务、网络技术等智力密集型行业，还是在冶金工业、石油工业、机械制造业这样的资本密集型行业，知识的创造、传播、共享和有效利用，都已经成为企业保持并不断提高竞争优势的关键，这在世界上很多大公司都纷纷设立CKO（首席知识官，也称为知识主管或知识总监）一职可见一斑。基于知识的企业理论认为，知识在组织间的扩散传递和整合能够为企业创造出可观的价值，是企业持续竞争优势的重要来源。经济学派的主要代表人物仍然是达文波特，他曾经非常明确地提出“知识的创造和知识的利用是知识管理真正的两个重要类别”。

经济学派另一个重要的代表人物是托马斯·A.斯图尔特，他在专著《“软”资产》一书中明确提出：“在企业组织所拥有的诸多资产中，‘软’资产占据着最为重要的地位，这里的软资产主要包括企业员工所掌握的各项技能、业务能力、专业知识、经验积累、文化深度以及对企业的忠诚度等，这些都是企业所拥有的重要知识资产，这些知识资产直接决定着企业最终是否能够获得成功。经济学派关于知识管理的基本思想提高了对知识的认识层次，形成了知识经济的宏观氛围，同时也使得企业组织从财富的角度充分认识了知识。”

### （四）战略学派

战略学派的知识管理将其侧重点放在关注不同企业组织的差异化战略目标上。战略性目标宏观上包括经济目标，但又不局限于单纯的经济目标。与经济学派相比，战略学派对知识管理认识的视野更为宽阔。从其范畴上来说，经济学派可以被看成战略学派的一个重要分支。企业组织的战略目标往往是以企业核心竞争优势的构建为核心的，这使得企业组织在关注企业资源的同时，更要注重企业可持续发展能力的构建。而活劳动作为企业重要的能动性资源，对员工的身心关注更能够提高企业可持续发展的动力。如放松、舒适的工作环境建设、关心员工家庭事务的解决等，都能够更好地为企业组织吸收更多、更优秀的人才，而这是企业智力要素的重要来源和构成，其所携带的知识在企业内部的扩散、传递、整合、共享以及利用为企业补充了新鲜知识血液，为企业创新提供了重要资源，也为创新绩效的提升创造了更大可能。事实上，战略学派充分结合了知识管理行为学派和技术学派的重要观点，比如强调人的主观能动性的发挥，同样认可信息技术的重要性。

战略学派的代表人物众多，并且很难说哪位学者的理论更加突出。由于战略学派强调知识管理实施的系统性和全面性，逐渐成为目前知识管理发展的主流学派。战略学派关于知识管理研究的相关文献较为丰富，分析视角也更加宽泛多元。企业战略层面的研究也一直围绕着核心竞争优势的长期持有而展开。从 20 世纪 80 年代中期开始，不管学者们原本属于知识管理的哪一个学派，他们都开始关注企业的战略管理方面，对企业战略管理的分析研究与讨论也基本上是围绕着企业核心竞争优势的保持而开展的。战略学派强调对知识管理追根溯源，探究知识管理的最终目的，并且认为知识创新是知识管理的终极目标，也就是说通过对知识的整合运用，实现知识升级。

在战略学派的理论研究中，逐渐形成了战略联盟和知识联盟两大分支。战略联盟的相关学者的研究逐渐促成了战略管理理论的新流派——资源基础理论的产生。在这一理论的框架中，企业资源既包括有形资产，同时也包括无形资产，二者共同构成了企业的潜在优势。同时，各企业所掌握的资源存在极大的差异性，也不能完全自由流动。而企业最关键的可持续竞争优势恰恰来源于选择性资源的积累和配置以及要素市场的不完善。战略联盟的研究使企业资源运筹的范围从企业内部扩展到外部，在更大范围内促进资源的合理配置，从而实现资源的节约利用，提高其使用效率。而知识联盟方面的学者认为，知识是企业生产的关键投入和企业价值最重要的来源，社会生产是在知识的引导下进行的。而企业所掌握的知识可以被细分为显性知识和隐性知识两大类。企业拥有的许多知识属隐性知识，其表现出的特征是难以表达，难以转移，只有通过应用和实践才可能逐渐显性化，并被进一步传递、扩散、整合、利用。所谓的知识联盟主要是以进行知识转移和共同创建新知识为目地而进行的结盟，这种通过知识联盟转移的知识进一步被称为“联盟知识”，而通过战略联盟和对方建立合作关系则是获取隐性知识的重要途径。

事实上，对于某一项知识管理的具体实践活动而言，不能够因为其更多地侧重于某一个方面而将其与其他方面彻底分离开来。例如，在师父向徒弟传授技艺的过程中，有所谓“师傅领进门，修行靠个人”的传统说法，其非常精准地解读了在徒弟从师学艺的过程中，是否能够充分发挥自身的主观能动性决定了其最终学艺的成就。但是即便如此，也不能完全否认学艺的根本在于“艺”的初衷，这又充分体现了知识管理的技术层面。同时，师父技艺的传授以及徒弟拜师学艺固然存在技艺传承与兴趣爱好方面的因素，但同时又往往体现出对“艺”能够带来的经济效益以及“艺”这一核心技能对于师徒二人某种人生战略目标的实现。又比如，知识运营与咨询服务行业方面，其往往表现出的最直观特征是人的主观能动性的发挥，但这种能动性的发挥又取决于行为主体所掌握的专业知识和技能，同时又和企业发展或个人追求的战略目标相关。所以，上述知识管理的四大学派在指导具体的知识管理实践活动开展过程中，并不是彼此独立、完全分离或者彼此对立的，而是一种你中有我、我中有你、彼此依托支撑的辩证的统一，只是对于某一项知识管理的行为而言，其更加明显的表现出哪一个流派的特征而已。概括而言，行为学派下的知识管理活动主要侧重于人的主管能动性的发挥；技术学派的知识管理主要侧重于技术的依托以及在这一技术应用下的知识管理效率；经济学派的知识管理则更加看重知识管理活动对经济效益的追求；战略学派的知识管理则更加综合性地考虑了知识管理活动在不同企业组织的不同战略目标的确定和达成中占有的地位。

## 第四节 本章小结

本章主要对研究所涉及的服务创新理论、网络嵌入理论以及知识管理理论三大核心理论进行系统阐述，首先，从服务创新的内涵、服务创新的维度、影响服务创新绩效的因素以及如何开展服务创新的有效评价四个方面展开说明；其次，从网络嵌入的内涵确定着手，深入分析关系嵌入、结构嵌入、资源嵌入三个网络嵌入的基本维度；最后，通过对知识管理内涵的深入提炼，综合诸多知识管理研究成果以及本研究的基本需要，提出知识管理所包含的知识获取、知识共享、知识整合以及知识应用四个方面的核心内容。对服务创新理论、知识管理理论以及网络嵌入理论的系统分析为本书构建了坚实的研究基础。

# 第四章

# 网络嵌入对 KIBS 企业服务创新绩效影响机理分析

在开放式的经济发展中，企业对外部资源的有效整合与利用已经成为企业获得竞争优势的重要渠道。网络嵌入影响企业对现有市场资源、知识、信息掌握的同时，在一定意义上也决定了企业对未来市场资源的获取及控制能力，直接影响着企业未来的可持续发展。随着服务业在三次产业结构中所占比例的不断提高，人类社会逐步迈入服务经济的时代，对企业发展提出了新要求，竞争优势的获得也逐渐转向提升产品的服务内涵、注重服务方式的设计，要求企业不断地进行服务创新，并以此促进企业竞争力的提升。知识作为创新的第一要素，对其进行广泛的收集、整合并进行新知识的创造成为企业进行服务创新、提升服务专业化水平的重要途径。企业的网络式发展为企业对外知识获取提供了渠道和源泉，通过影响网络中企业知识管理的相关活动，网络嵌入对企业的服务创新产生了深刻的影响。

通过文献的梳理和总结，本书将网络嵌入分成关系嵌入、结构嵌入和资源嵌入三个基本维度，并分别设计 2～4 个子维度，将知识管理作为中间变量，希望通过对网络嵌入—知识管理—服务创新绩效这一基本逻辑关系的分析，深刻反映网络嵌入对服务创新绩效影响的内在机理。

本书将研究的理论基础建立在服务创新理论、知识管理理论以及企业网络理论三个支点上。在对相关研究文献进行综合梳理及评述的基础上，展开网络嵌入、知识管理以及服务创新绩效之间问题的进一步研究。基于此，本章首先给出此研究的概念模型（如图 4 - 1 所示）。

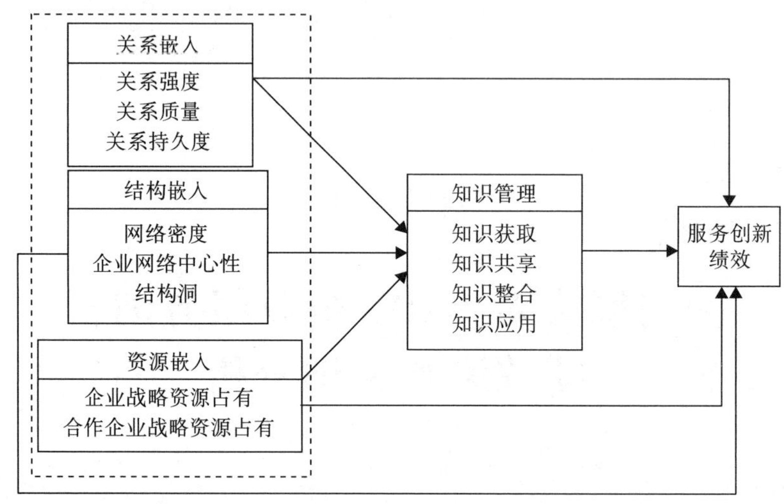


**图 4 - 1　网络嵌入对 KIBS 企业服务创新绩效影响机理基本模型**

## 第一节 KIBS 企业的知识属性

社会经济进入知识经济时代，使得知识的创造和扩散逐渐成为企业创新的关键要素。知识密集型服务业充分发挥自身专业化优势，通过对知识开展相应的管理活动，不断进行着大量的创新活动。可以说，知识与建立在知识基础上的企业创新是现代社会知识密集型服务业发展的动力和基础。知识密集型服务业在创造知识、传播知识的过程中，孕育了大量的服务创新活动。而反过来，由于不断创新所带来的独特性成为企业获得差异化竞争优势及持续发展动力的重要源泉。在长期的研究基础上，根据知识的属性以及获取和传递的难易程度，知识通常被分成显性知识和隐性知识两大类。显性知识的获取、掌握和传播更为方便和容易。相反，隐性知识的外在表现形式较弱，如储存在人脑中的知识，长期实践积累起来的丰富经验、劳动技能等。隐性知识的个性化程度往往很高，难以用语言来清晰地表达，无法借助文字来形成书面材料助其传播，不容易被外界组织模仿，因此其他组织想要学习和掌握其他企业的隐性知识往往存在一定的困难。

企业的服务创新活动往往要涉及显性知识和隐性知识。事实上，在知识密集型服务企业知识的宏观构成中，隐性知识往往占有绝大部分的比例，并且由于其区别于其他企业的独特性，而成为企业服务创新所需知识的重要来源。知识密集型服务企业的核心资产就是知识，通过对企业发展所需知识进行有效的管理，向客户提供以知识为基础的问题解决方案。知识密集型服务企业知识的对外获取、内部消化整合、新知识创造，并不断将其外部化、市场化的过程，最终实现了知识的经济效益和对外扩散的社会效益。

## 一、知识是 KIBS 企业的最重要资产

### （一）知识是 KIBS 企业运行的基础

知识作为 KIBS 企业运行的基础，可以从学术界对知识密集型服务业的内涵界定中窥见一斑。早期学者们在进行知识密集型服务业的概念研究中曾指出知识密集型服务业主要是新技术的密集使用者，通过自身所掌握的某些专门领域的专业化知识，不断地向社会和客户提供以知识为基础的产品（服务）。随着对其认识的不断深化，有学者将其更加规范化地界定为依靠向客户提供高知识附加值服务发展的咨询型的企业组织。并且提出知识密集型服务业发展所需的高知识投入、产品输出所包含的高知识技能以及为了实现更好的服务效果而实施的与客户之间的高互动性，无不体现着知识在知识密集型服务业发展中的重要地位。中国国务院发展研究中心在 2001 年关于知识密集型服务业的调查报告中，将互联网技术以及电子商务等现代化手段广泛应用的服务业界定为知识密集型服务业，并提出行业产品机制主要体现在信息的传输和知识产权的获得方面，将其进一步分成计算机软件与信息加工、研究开发与测试、人力资源开发等服务业，其中特别提出了对服务提供主体专业技术水平以及科研水平方面的具体要求。不管对知识密集型服务业如何定义，都脱离不开知识的概念，知识是知识密集型服务企业运行的重要基础。事实上，知识密集型服务业在社会基础知识的创造和传播方面扮演着资源重新配置的重要作用，在企业发展

的过程中，企业内部大规模的知识储备是必不可少的。不仅如此，为了向客户提供完善的服务方案，往往涉及不同领域专业知识的共同配合，而对于单一的知识密集型服务企业而言，其人力资源和所掌握的知识都是有限的。因此，为了增加知识含量以及知识转化、创造的能力，企业对组织外部知识的广泛获取以及彼此间的合作必不可少，对于吸收新鲜血液，促进企业创新至关重要。可以说，知识是知识密集型服务企业发展的第一关键要素。

### （二）知识型员工是 KIBS 企业服务创新的源泉

"知识型员工"是著名管理学大师彼得·德鲁克提出的，用来特指那些掌握某些特殊符号与概念，并运用所掌握的专业化知识开展具体工作的劳动者。知识型员工往往具有较高的受教育程度，这直接促使其较高的个人素质，并掌握一定的专业知识和生产技能，接受新事物、新知识的能力较强，具有较高的主观能动性和主动学习的能力，勇于接受挑战性的工作，创造力较强。总之，知识型员工在自我价值实现、个性特征以及生存理念等方面均具有显著特质。

有学者将知识密集型服务业形象地称之为"头脑产业"。顾名思义，在知识密集型服务业的发展中，人力资本的效用要远远大于物质资本的效用，服务人员所掌握的知识直接决定了企业的服务创新活动。掌握专业化知识的知识型员工由于其各方面的优势使其成为知识密集型服务业发展以及企业创新活动的中坚力量。这主要是由于，在知识密集型服务企业的创新活动中，固化于员工中的隐性知识是服务创新的关键要素，其通常表现为员工所掌握的高超的专业技能、高效的工作窍门以及行之有效的管理经验等。对于知识密集型服务企业而言，如何通过制定一系列的奖励机制，充分调动员工工作热情，将隐性知识显性化，是促进知识密集型服务企业创新的重要议题。另外，在知识密集型服务企业中，员工和客户之间的关系也充分体现了该行业的独特性，员工所掌握的客户信息以及所建立的客户关系往往会成为其个体资源，假如该员工离职，则意味着企业的客户损失，从本质上而言，造成这种特殊现象的根本原因在于消费者对于知识型员工所掌握的专业化知识的依赖，尤其是隐性知识，知识的独占性无法脱离活劳动这一载体，使得企业与客户的关系转变成员工个人与客户的关系，这也充分说明了知识在知识密集型服务企业发展中的基础作用。

### （三）知识决定了 KIBS 企业产品的特殊性

区别于传统的服务业，建立在知识基础上的知识密集型服务业最终的产品输出也体现出明显的知识密集型特征，表现出强烈的非标准化、高个性化以及高知识含量等特征，并且高度依赖服务人员所掌握的技能，这种技能既包括服务所需要的专业化知识，同时也包括与客户沟通过程中的人际交往技能。对于专门从事服务行业的企业而言，只有实现二者的有机结合，才能真正实现对客户需求的满足。另外，由于所提供的服务中包含某一或某些特定领域的专业化知识，使得其在知识传播过程中的难度增加，这对知识密集型服务企业提出了服务产品生命周期的智力支持要求。事实上，从知识密集型服务企业向客户提供服务的一刻开始，其服务才真正具有本质意义。例如，在高校的实验课程教学过程中，所需要的实验软件往往通过招标形式对外购买，虽然在洽商过程中会针对软件的功能、具体操作等方面进行全面考察，并在适当时间进行相应的软件操作培训，但是，在后续教学开展过程中，经常会遇到软件无法正常运行、实验进入中间阶段却不明缘由的中断、某些功能标签无法正常使用等各种各样的问题。为了保证正常的教学要求，此时软件开发商的介入至关重要，如何保证提供实时的智力解决方案，是衡量其服务水平的重要因素。

## 二、KIBS 企业知识的产生

从知识集聚体系分析展开，KIBS 企业所掌握的知识可以从几个方面来看：第一，知识在 KIBS 企业内部衍生；第二，在同一知识体系内，不同生产要素相互作用衍生新知识；第三，在促进不同知识体系联结过程中产生的新知识。

### （一）KIBS 企业内部知识的衍生

魏江（2004）在对知识密集型服务企业的内部知识产生以及传播的作用机制深入研究时发现其产生途径主要包括三个层次：企业员工之间的相互交流而产生的新知识，企业相互之间的信息共享产生的新知识以及员工和企业的关系产生的新知识。一方面，知识密集型服务企业的员工专业化水平高，同类人才的相互交流容易导致隐形知识的产生，这也为后面显性知识的输出打下了基础。另一方面，知识密集型服务企业依据客户的特定需求在制定服务方案时，员工在结合特定需求的背景下运用现有的知识储备进行整合、创造、转化以及输出。这里关于员工的知识储备不仅包括企业提供的现有知识，即显性知识，还包括专业化背景下员工相互交流催生的隐形知识。因此，在这种关系中，企业所积累的知识贮备是逐渐增加的。

### （二）在知识体系内要素相互作用衍生的新知识

国外学者 Strambach（2001）认为在知识集聚体系中，新知识的产生和传播通常分为两个步骤：第一步，新知识的搜寻与获取；第二步，在现有知识背景下，对新知识进行恰当的处理、转化及输出。在当今不断追求效率的时代，不同的企业对于如何提高效率问题都十分重视。在这种背景下，知识密集型服务企业面临的客户自然也是多元化的。这使得知识性密集服务企业在为客户提供咨询方案时，在现有知识体系中需要涉及更多不同领域的要素资源。因此在这样的一种长期过程中，企业基础知识得到了很好的补充，创新能力自然得到了进一步提高。

### （三）连接不同知识体系所获得的新知识

相比知识密集型服务企业在同一知识体系内显性知识和隐性知识间的相互促进与转化，在不同知识体系中同样也会衍生出新知识。知识密集型服务企业不仅对企业内部知识具有促进和传播作用，对于不同知识体系的新知识产生和传播所带来的积极影响也不容忽视，而在这一知识传递的过程中，知识密集型服务企业自然而然地成为知识的集聚地（参见图 4－2）。

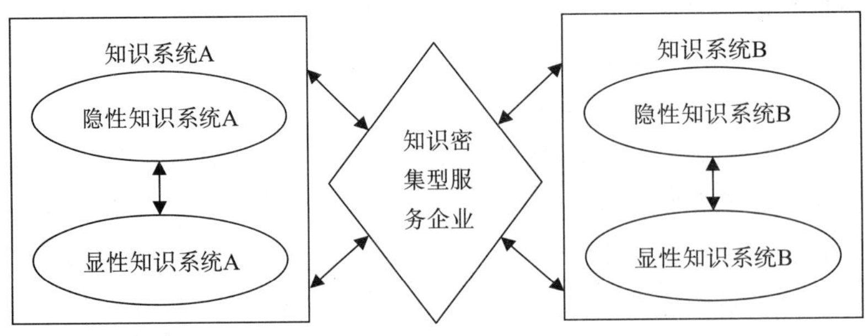


**图 4－2　知识密集型服务企业在不同知识系统之间的知识扩散机制**

从知识密集型服务企业在知识系统中的作用机理可以看出，知识密集型服务企业正是通过促进自身和各主体、各系统之间的知识流动来发挥其作为创新系统中的创新生产者、创新扩散者和创新促进者等作用的（Miles，1995）。知识密集型服务企业一方面饰演着知识产品和专业化产品的制造者和使用者，另一方面也扮演着为其他产业提供以知识产品和专业化产品为中间产品的供给者，在后者知识密集型服务企业在提供这种中间产品时可形成显著的“知识溢出效益”，这种由知识密集型服务企业所特有的为其他产业生产提供中间产品产生的知识溢出效应可以分为直接知识溢出效应和间接知识溢出效应这两种效应。

第一，直接知识溢出效应。在制造业的生产过程中，知识密集型服务企业通过提供中间投入因素作为其生产环节的一环，这种专业化的知识和服务即是直接知识溢出效应。这种直接溢出效应在给客户带来一定的知识需求的同时，也给制造业发展所需要的技术及生产上的支持，进而带来制造业产品的价值增值。反过来，也相应地推进了知识密集型服务企业所提供的知识产品与服务的传播。在如今的知识时代，制造业已经初具规模，甚至渐入瓶颈阶段，目前绝大部分的制造企业其产品附加值与产品竞争力在产品营销策划、产品研发和技术研发等领域里的投入比重越来越大。这表明了当今制造业愈发需要知识密集型服务企业的加入与合作。不仅因为知识密集型服务业科学地使制造业产业链的延伸成为现实，更将更多的专业化的服务与知识产品完美地契合在制造业的产前、产中、产后的各个环节。它是制造企业间区别有形产品差异化优势和增值的主要法宝，同时也是制造企业间制定非价格竞争策略的关键因素。同时，知识密集型服务企业产生的这种直接溢出效应对制造业企业的产业进级、管理完善和技术改革起着重要作用。知识密集型服务企业所带来的各类专家与厂商和高度的知识密集产品及高素质的人力资源，使得制造业在定制生产所需私人服务、高端智力服务、产业升级、技术改革等方面所需的成本极大地减免。就像法律会计服务、信息技术服务、产品开发与设计等制造业并不擅长的方面，均可外包给知识密集型服务企业实现产品的价值增值。

第二，间接知识溢出效应。由于知识具备累积性不具备竞争性，这意味着知识不会被生产者独立拥有。用经济学观点看，知识是一种不具有排他性但具有正的外部性的公共物品，这决定了知识在运用的过程中，会被创造出溢出效应。但从知识密集型服务行业本身来看，其所扮演的角色远不止于作为知识与服务产品的中间提供者，更重要的在于在这个过程中可以与客户进行交流，知识会在产品制造的各个环节流通扩散，并进一步创新，一方面提升制造企业的创新能力，另一方面，反哺知识密集型服务企业自身。普遍具有代表性的就是制造业企业内部员工通过实践接触知识密集型服务企业行为，会进行无意识的学习和模拟，近而达到完善自身的实践行动上去。这种无意识模仿和学习的知识简单复制到最后的创新深化的过程被称为知识密集型服务企业的间接知识溢出效应。间接的知识溢出效应最具代表性的作用在于对知识与服务产品的再创新，即激发知识密集型服务业以外的产业人员参与知识的创造过程。在现实中，知识密集型服务企业在与客户的商业交流里，往往会引发新的知识与观念的产生，由于这种知识、观念甚至是一个微小的改动事先并没有被考虑到且这种状况经常发生。从知识密集型服务企业来说，知识间接溢出效应是更加高级的创造过程。在知识密集型服务企业与制造企业间知识产品、服务产品的来往过程中，间接知识溢出效应占据着主导地位。

## 第二节 知识管理对服务创新的促进机制

通过上述关于服务创新知识属性的分析，本书认为服务创新从本质上而言是知识的创新，为了实现创新，企业大量、多元化地进行知识储备至关重要，尤其是差异化隐性知识的储备。相对于企业自身知识储备，对外界知识的获取对企业知识储量影响更为深远。企业之间通过知识的对外转移实现知识共享，通过发挥企业自身的知识整合吸收能力，将外界知识内部化，实现新知识的创造，进而促进知识密集型服务企业知识的不断更新和积累，提升企业服务创新，增强服务客户的能力。在个性化服务定制活动中，知识密集型服务企业与客户之间的频繁沟通交流，易于从本质上实现知识重组，从质量上改善企业的知识结构。

服务创新的过程本质上是一个创造新知识，并应用新知识进行新服务项目开发的过程，为了保证服务创新活动的顺利开展，高效的知识管理所提供的保障至关重要。可以说，知识密集型服务企业高效有序的知识管理流程是其服务创新成功的关键。企业的知识管理活动通过对所掌握的知识资源进行重组以实现新知识的创造，最终实现新服务的开发。对知识进行有效的管理，有助于企业在不同发展阶段，对不同形态、不同类型的知识进行有效整合，提升企业服务创新行为的发生概率和成功的可能性，最终实现知识的价值增值。

## 一、服务创新立项阶段

在服务创新立项阶段，知识的储备十分重要，大量的知识易于企业分析该服务创新项目的可行性，是服务创新的基础阶段。企业自身所掌握的知识只是促进企业服务创新的一个方面，更重要的是从组织外部获取自身匮乏的战略性知识。为了实现知识的有效获取，企业会对市场进行深入分析，包括消费群体、经济环境、现有服务提供商的竞争状况等，信息的广泛全面性有助于企业对现有服务以及潜在服务需求进行准确评估，从而有针对性地开展企业服务创新活动，并可大大提高创新成功的可能性。另外，企业会对所得到的知识进行甄选、筛查、重组，力争实现与企业内部知识的有效结合，将复杂的隐性知识显性化，这样做有利于服务创新团队运用新知识开发新服务。再者，知识共享在服务创新立项阶段同样表现出积极的促进作用。从外部来说，企业在对外联络的过程中，一方面实现了自身所掌握知识的对外扩散，同时也在企业网络中获得了其他企业对外共享的内部知识资源，相比较于显性知识，隐性知识的对外共享更能够提高企业对经济、社会的贡献程度，隐性知识的获得也更能够弥补企业自身资源的不足，对于企业服务创新活动的开展更加关键。从内部来看，在信息技术高度发达的今天，企业通过搭建各种各样的知识共享、交流平台，实现知识在企业内部的上下充分流通、共享，有助于头脑风暴的开展，对新服务开发的可行性进行充分的论证，并有助于新知识的产生，从而促进企业服务创新。知识密集型服务企业高效的知识管理既能够为创新团队提供庞大的知识基础，同时，如前所述，知识密集型服务企业创新主体——知识型员工在企业服务创新过程中的能动作用无可替代。因此，企业优良、宽松创新环境的提供和营造对于激发员工的工作热情、创新积极性同样至关重要，并且在很大程度上决定了企业服务创新绩效。可以说，在服务创新立项阶段，企业的知识获取和知识整合发挥着重要的支持作用。

## 二、服务创新开发阶段

服务创新立项之后，正式进入服务创新的开发阶段。这一阶段主要是将服务创新立项阶段的具体思想落实到服务创新的行动上，从而促进新服务产品的诞生。在这一阶段，企业内部的知识交流与对外的知识共享同样影响着企业的服务创新。在新服务开发过程中，虽然在前期已经经历了较为完善的论证，但是，随着企业经营状况以及市场环境的变化，在具体的服务创新过程中，仍然需要结合实际情况进行适当地调整，补充新知识。知识在创新团队以及企业各部门之间的无障碍流通可以大大提高企业的创新绩效。一项新服务产品的开发，往往是企业众多员工多样化隐性知识共同作用的结果，知识的充分共享增强了员工对企业发展及经营活动的参与感，主人翁意识的提高促进了工作效率的提高，有助于激励员工将其掌握的核心知识（技术、成果等）应用在服务创新的开发中。另外，很多企业忽视了知识对外共享的重要性，从互惠的角度出发，企业如果想要从组织外部的企业网络中获得企业发展所需要的重要知识，则必须对外界市场或企业网络有所贡献，正所谓没有“免费的午餐”。因此，企业知识的对外传播同样也是其知识获取的途径和手段。在知识密集型服务业，知识的时效性要求往往要高于其他传统行业，这就要求企业即使在服务创新的开发阶段，同样重视知识的获取。通过对所掌握知识资源配置的不断优化，创造新知识，将其应用在新服务产品的开发中，实现知识向创新产品的转化。这一过程往往会遇到各种各样的问题，因此，创新过程中的全面记录对于完善新服务意义重大，出现的问题及解决方案成为企业知识库中非常珍贵的内容。知识的获取、交流、共享、应用在各个方面支持着知识密集型服务企业服务创新活动的开展。

## 三、新服务项目实施阶段

进入新服务项目的实施阶段，代表着同时进入知识的应用阶段。该阶段是对知识管理前三个阶段效果的重要衡量，也是对服务创新团队新知识转化为新服务能力的考察。一般而言，为了提高新服务项目大范围推广成功的概率，在正式进入市场之前，企业往往会在小范围进行试推广，并仔细认真收集这一过程中从消费者反馈给企业的信息，逐步对新服务项目进行完善。这一过程是一个企业和消费者充分互动的过程，有助于企业更加深刻地了解和掌握产品的优点和缺陷，结合组织自身丰富的知识与经验，对新服务项目的缺陷进行修订，从而创造出真正满足市场需求的优质服务新项目。另外，正如服务创新知识属性中分析的那样，一项服务只有进入市场之后，才意味着企业提供服务的真正开始，虽然表现上看客户消费的是企业所提供的服务产品，但是在产品的整个生命周期中，企业所提供的跟踪服务和即时的问题解决方案对于提高消费者的满意度至关重要，对于新服务的市场大范围普及同样起着极大的推动作用。而在这一过程中，消费者会不断地提出新要求、新标准、新需求，从而实现服务创新最初的市场需求拉动的起点，促进知识密集型服务企业知识的对外搜集和获取，实现知识管理的良性循环。可以说，服务创新的过程本质上体现了知识管理的动态过程，知识管理通过知识获取、知识整合、知识共享、知识创造应用等不同功能的发挥促进了服务创新的顺利开展。

由此可见，企业的服务创新活动从最开始的立项到最终的市场推广实施的整个过程，知识管理的支持是至关重要的。而企业在这一过程中，不断积累知识，并对知识管理提出更高的要求，同样促进企业知识管理活动的高效开展，通过服务创新实现知识增值。

## 第三节　网络嵌入对服务创新绩效的影响机理

从理论内涵的角度来看，网络嵌入主要是指企业或组织在长期的业务经营过程中，与社会上其他组织机构发生往来，彼此之间逐渐形成或稳定或松散的联系。在开放度越来越高的市场环境中，不管实力多么雄厚的企业，单纯依靠企业自身所掌握的资源是很难实现长远发展的。就像“社会人”一样，企业也是“社会的企业”，其不可避免地与市场中的其他经济主体发生各种各样的联系。企业资源的有限性、专业化分工水平的不断提高以及市场竞争不断激化使得企业必须融入社会经济发展的宏观网络中。网络中的成员类型众多，既包括企业，也包括政府机构，同时还有科研单位、高等院校、服务机构。各单位通过发挥自身的优势，在网络中实现优势互补，提高资源配置效率，从而促进企业收益增加。对于网络中的成员而言，其在信息共享、资源互补、企业创新等方面具有众多网络外部企业不具备的优势。学者们普遍认为，企业所嵌入的外部网络深刻影响着企业的经营绩效及行为战略。网络嵌入极大地提高了企业之间的信任程度，对于隐性知识网络内部的传播至关重要，而隐性知识往往在促进企业创新方面作用突出。对于企业而言，重视通过内部资源的研发创造新知识，从而促进创新活动开展的同时，更应该充分认识到从企业外部获取有效知识资源对企业服务创新的重要意义。实现内外部知识资源的有效整合，是企业提高新知识创造的效率和服务创新绩效的重要途径。网络嵌入对服务创新的影响可以说是深刻而长远的。

在长期的关于网络嵌入的研究中，逐渐形成了关于网络嵌入类型的代表性观点。大多数学者都认同将网络嵌入分成关系嵌入和结构嵌入两大类，本研究在参考众多文献资料以及结合自身研究对象特点基础上，将资源嵌入列入本书网络嵌入的维度范畴，分析三大维度如何影响网络嵌入企业知识管理活动，从而对服务创新绩效产生影响的内在机理。

## 一、关系嵌入对服务创新绩效的影响机理

在企业服务创新活动开展的过程中，企业对外部资源和信息的利用比例在不断增加，企业外部的差异化资源能够有效弥补企业自身资源的不足。为了提高创新绩效，企业和市场中的其他成员建立了各种各样的关系，这些关系都是企业创新资源的获取渠道。企业与其他成员之间所建立关系的强度、质量、持久度都会影响企业获取网络资源的效果，从而影响其服务创新绩效。对于知识密集型服务企业而言，知识的积累对其开展服务创新至关重要，关系嵌入对其服务创新绩效产生的作用也主要是通过影响企业知识管理活动而实现的。关系嵌入对 KIBS 企业服务创新绩效影响基本模型如图 4 -3 所示。

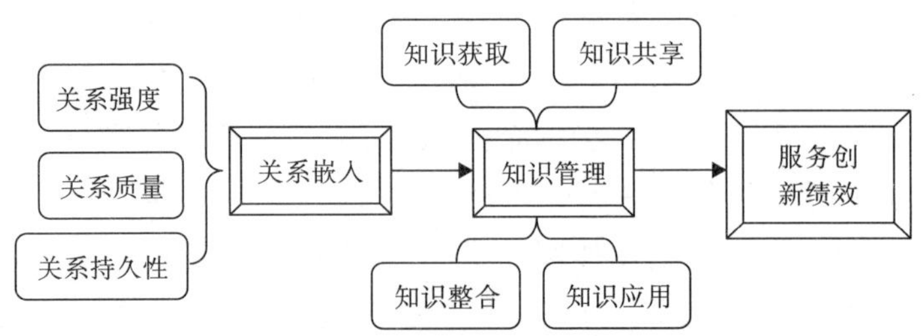


**图 4 -3 关系嵌入对 KIBS 企业服务创新绩效影响基本模型**

考虑到企业作为网络关系中的一员，其既作为网络的受益者，同时又是贡献者，因此，本书对于知识管理活动的考察既包括其从网络中实现的知识获取，又包括自身掌握知识在网络中的共享，以及通过自身能力发挥所实现的内外部知识整合以及知识创造。对于嵌入在经济网络中的成员企业而言，其对外知识获取需要考虑三个方面的因素：第一，知识获取的源泉，也就是说，网络中要存在愿意向外进行知识扩散的企业组织；第二，知识传递的渠道，即知识输出企业所传递的知识能够通过某些渠道向网络中的成员企业流通；第三，知识整合的能力，企业知识整合的能力直接影响着企业知识获取的绩效。

**（一）关系强度对服务创新绩效的影响机理**

关系强度的概念一经提出，很快成为研究关系嵌入的重要变量。关系强度主要用来反映网络成员之间联结的紧密程度，一般可以分为强联结和弱联结。相比较于弱联结，强联结有助于增强网络成员之间的信任程度，这种信任机制的建立极大地促进了网络优势的建立。第一，有助于降低成员企业对自身所掌握资源、信息、知识的保护力度，使知识的对外扩散和共享成为可能，网络中的成员企业均基于这样的信任机制，极大地丰富了网络中的知识储量，为嵌入网络中的企业对外获取知识提供了重要源泉。网络成员之间强联结的建立往往是企业长期频繁互动的结果，这种频繁互动有助于从本质上拉近彼此之间的亲密关系，在促进显性知识对外传播的同时，促进隐性知识的内部传播，而隐性知识往往是促进企业创新的关键资源。由于关系密切，输出企业知识扩散与输入企业知识吸收的效果往往更加显著。可以说，关系嵌入中的强联结为嵌入企业对外知识获取提供了数量和质量上的保障，为网络成员企业服务创新活动的开展以及创新绩效的提升提供了强有力的智力支持。第二，信任机制有利于网络内部行业规范的自觉形成，对成员企业形成基本的行为约束，降低投机行为发生的概率。处于强联结的企业能够实现更好的互惠关系，共赢局面促进了企业知识共享行为的实施，为企业对外知识扩散提供了动力。强联结所形成的网络企业内部规范，为知识、信息、资源的有效流通提供了和谐、开放的网络环境，为成员企业进行企业内外部知识整合、知识创造并促进企业服务创新提供了环境保障。第三，强联结有助于企业共同愿景的建立。处于强联结状态下的企业组织往往在企业文化、经营理念等方面具有共通之处，企业发展所需知识的交互性较高，由于彼此较为投机，为双方频繁合作提供了可能和有利条件。这种状态下企业之间知识交流的效率和效益往往更为显著，对促进企业知识整合、知识创造作用明显，同时也就更有利于企业服务创新活动的开展和服务创新绩效的提升。

强联结在促进网络中企业间知识传播方面作用突出。但是，由于企业之间的共通性，其所掌握的知识同质化程度较高，造成成员企业之间共享知识的冗余程度较高。鉴于此，本书认为，强联结在促进企业渐进式创新方面作用更加突出，而对于企业突破式创新的贡献力度相对较小。与强联结相对应的弱联结则恰恰相反。有学者提出，由于企业之间的关系较为疏远，彼此所掌握的资源、知识、信息方面的差异性较大，这种异质性资源的传播能够为企业提供更具价值的外界资源输入，从而促进新知识的创造，促进企业服务创新。然而，正如前面提到的那样，企业想要获得外界知识，网络中必须存在愿意对外知识扩散的企业，即知识源，而彼此之间的弱联结却恰恰限制了这一点。理论界一直以来都高估了弱联结在企业创新中的贡献。

### （二）关系质量对服务创新绩效的影响机理

关系质量客观上反映了网络成员对过去一段时期彼此之间交往状况的评价，较高地评价有助于促成企业未来开展深层次合作、建立更密切关系的主观意愿，对提高彼此之间合作绩效具有显著作用。关系质量对网络内企业间知识扩散、知识共享具有重要影响，同时也决定了知识共享的数量和质量。实际上，网络成员之间较高的关系质量主要是建立在双方较高的信任、良好有效的沟通基础之上的，相当于在知识传递企业之间构架了一座知识转移的桥梁。信任作为考量网络内企业间关系质量的重要指标，是企业间实现知识交换、知识共享的前提，彼此之间的信任程度直接影响着知识源企业知识输出的意愿。当建立较高的信任时，知识源企业更加愿意向对方企业输出高价值的知识和信息，而知识的接受方也会由于较高的信任减少对知识的过滤和筛查，降低知识转移成本，提高知识获取的有效性。另外，较高的信任和频繁的沟通有利于避免企业之间在面临不确定性事件时对彼此之间的猜忌行为，能够集中力量致力于核心问题的解决。事实证明，投机行为和彼此不信任往往是企业合作断裂的直接原因。对于隐性知识而言，其往往要比显性知识复杂，对于建立在较高信任和有效沟通基础之上的隐性知识传播，在知识输入企业获取之后，在促进知识有效吸收方面同样需要加强与知识源企业之间的交流，从而促进企业对知识的有效整合和知识创造，并将其应用在企业服务创新上。这在知识源、知识传播渠道、知识有效吸收三方面均实现了知识的有效转移，对于企业吸收外界新鲜知识，提高企业知识管理水平提供了保障，进而有效促进了企业服务创新绩效的提升。

### （三）关系稳定性对服务创新绩效的影响机理

从深层次的角度来看，网络成员企业之间的稳定性表明关系各方始终处于一个动态变化的环境中，一方面新成员的加入会带来新关系的建立，另一方面由于各种各样的原因也会存在旧关系的解除。对于企业而言，维持与合作伙伴之间的关系稳定性是其愿意投入成本（时间、精力、货币等），甚至不计短期得失来经营的重要业务。企业之间关系的建立往往是由于彼此掌握着对方所需要的关键资源，这种资源的依赖性可以促成“你中有我，我中有你”状况的出现，实现关系的稳定性长期发展。关系的稳定性有助于增强企业开展创新活动过程中对所需知识进行对外搜索的广度和深度，提高知识获取的数量和质量。具有较强关系稳定性的网络成员之间保有彼此信任的社会资本，并可以获得企业创新所缺乏的关键性资源。关系的稳定性有利于促进网络内知识的转移和流动，并且提高知识转移和流动绩效以及知识使用效率，促进企业对知识的真正整合吸收，创造新知识，实施企业服务创新活动。这种状态下的创新活动具有企业联合创新的特征，一方面促进了创新发生的概率，另一方面也提高了创新成功的可能性和创新绩效。这也印证了目前服务创新网络化的发展趋势。

## 二、结构嵌入对服务创新绩效的影响机理

企业自身规模、实力以及成为网络成员时间的长短等因素的影响会使企业在网络中的位置有所差异。网络密度影响网络成员企业获取知识的纽带、渠道的丰富程度，网络规模直接决定着网络内部知识含量的丰缺程度，甚至一个企业在不同两个企业之间所承担的沟通桥梁的角色同样影响着其从网络中知识获取的量与质。结构嵌入的不同维度通过影响企业的知识管理活动，同样对企业的服务创新绩效发挥着作用。结构嵌入对 KIBS 企业服务创新绩效影响基本模型如图 4－4 所示。

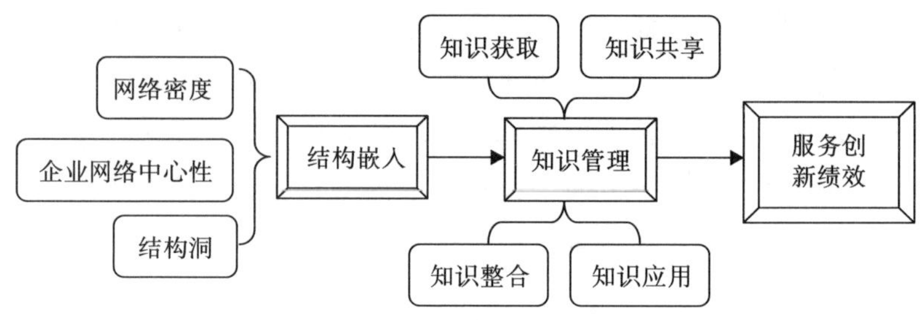


图 4-4　结构嵌入对 KIBS 企业服务创新绩效影响基本模型

### （一）网络密度对服务创新绩效的影响机理

从内涵上来说，网络密度主要是指处于网络内的企业与其他企业之间彼此相互联结的疏密程度，能够客观真实地反映网络内实际发生联系的企业数量在所有网络成员中的比例。如果该比例较高，说明该网络的密度较大，企业之间的联结越多；否则，网络密度较小，企业之间的联结也较少。网络成员间各种联结的建立为知识的流通及共享提供了丰富的渠道，较高的网络密度通常代表着网络内部成员企业之间高效、规范的知识传递机制，相当于为彼此开展有效的知识学习、信息交流提供了良好的平台。高密度的网络易于形成成员之间相对一致的行为规范，并建立有效的互相监督机制。这种监督机制有效约束了网络企业的行为，使其对外界知识的获取和应用符合网络规范的要求，有效增强了知识源企业知识扩散的信心和意愿，最为关键的是，高密度的网络为成员企业对外知识获取提供了源泉，为企业服务创新活动的开展不断注入新鲜血液。从知识整合的层面看，较高的网络密度扩大了企业对外联系的广度，为企业获得互补性知识资源创造了可能，通过自身知识管理能力的发挥，实现外界知识与内部知识的有效整合，促进新知识的产生，企业的创新绩效随之提高。

### （二）企业网络中心性对服务创新绩效的影响机理

企业的网络中心性表明了企业在网络中居于核心位置的程度，处于网络中心位置的企业往往具有其他成员企业不具备的优势，网络中心性程度较强的企业在网络知识资源交换中具有更高的活跃性。第一，知识的汇聚点和中转站。网络中心性较强的企业，其在规模、品牌、示范效应方面通常更加突出，同时也往往处于行业“领头羊”的位置。由于与众多的企业保持着繁杂的普遍联系，更容易得到大量的、多元化的知识、信息资源，与此同时，企业的对外知识输出也在进行，促进了网络内部企业间的知识流通。另外，网络成员企业在发展过程中遭遇技术障碍等问题时，处于网络中心的企业往往扮演着咨询师、顾问的角色。这种交流在帮助成员企业解决问题的同时，也为网络核心企业注入了新的知识，而成为其知识的来源之一。第二，易于获得合作机会。网络中心程度较强的企业与其他成员之间的联系更加密切，这使得其更容易开展企业的对外合作，这种紧密的联系和频繁的合作有助于彼此之间隐性知识的传播与共享，为企业内外知识的整合和新知识的创造提供便利条件，为新服务产品的开发提供知识保障和智力支持。并且，这种建立在合作基础之上的知识流通，更有利于知识输入企业的消化吸收，有效提高了知识的传播效率。这种知识有效配置创造出来的新知识能够提高企业服务创新绩效。

### （三）"结构洞"对服务创新绩效的影响机理

"结构洞"中的"洞"可以形象地理解为网络成员企业之间未直接达成联系的关系断裂。事实上，网络中的所有成员企业并不会发生两两联结，而未发生直接联系的两个企业就为其他企业占据关系断裂位置提供了条件。相比网络中的其他节点企业，处于"结构洞"位置上的企业往往在知识的对外传播和获取上优势更加明显。一方面，由于其两端所连接的企业之间由于各种各样的原因无法发生联系，使得结构洞企业在发挥桥梁作用的过程中，能够获得来自两端的大量差异化知识资源，有效补充企业知识储量。另一方面，"结构洞"企业掌握着知识是否对外扩散的主动权。企业所占据的"结构洞"位置越多，其所获得的异质资源数量越多，企业创新的知识基础越坚实，越有助于服务创新绩效的提升。

## 三、资源嵌入对服务创新绩效的影响机理

对于资源嵌入的考察主要是从其两个维度——企业战略资源占有和合作企业战略资源占有两个方面进行的。企业通过发挥自身资源的优势，嵌入网络的不同程度，直接影响着企业服务创新行为。资源嵌入对 KIBS 企业服务创新绩效影响基本模型如图 4－5 所示。

### （一）企业战略资源占有对服务创新绩效的影响机理

知识密集型企业网络中的战略资源是成员长期赖以生存的差异化知识

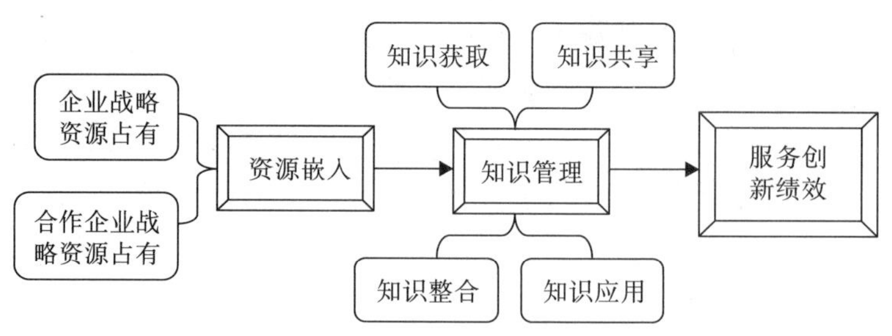


**图 4－5 资源嵌入对 KIBS 企业服务创新绩效影响基本模型**

资源，知识管理的所有环节无外乎是各网络成员对战略性差异化知识资源的管理。一方面，通过自身所具有的与众不同的知识储备，成员企业将其对外网络共享和传播对网络作出重要贡献，但同时，企业也从网络中吸取其富含的自身所匮乏的异质性知识，并通过自身吸收能力的发挥，促进企业原著知识与外来知识的整合，实现新知识创造。网络成员企业战略资源的占有有助于整个网络开展资源交换行为，网络成员之间通过知识的互通有无，为彼此企业服务创新提供知识基础，促进服务创新的发生及创新绩效的提升。另一方面，知识密集型服务企业对网络知识共享的质量和数量，影响着其在网络中所处的位置。在关于结构嵌入维度——企业网络中心性的分析中已经说明，处于网络中心位置能够给企业带来知识获取和控制的优势，这种优势决定了其能够从网络中获得的知识资源的数量和优质程度。再者，企业所占有的战略性基础知识资源决定了其对外知识整合并进行重新配置的能力，进而决定了企业知识再生产并将其转化为现实生产力的能力。

**（二）合作企业战略资源占有对服务创新绩效的影响机理**

合作企业战略资源占有是考察资源嵌入对服务创新影响的另一重要维度。对于经济社会活动中的任何一个企业而言，对于合作对象的选择往往决定了其自身的长远发展，掌握某种战略性差异化资源的合作伙伴能够实现对自身资源的合理补充。美国学者迈克尔·波特在对企业竞争战略及优势的分析中指出，企业在复杂的外部产业环境中，往往面临着同业竞争者、潜在进入者、替代者、客户等多方面的压力，并提出了通过“价值链”这一工具来扬长避短，促进企业自身独特优势的发挥，并实现竞争力的提升。对于价值链的考察，除去企业内部基本活动（主要包括产品设计、生产、营销和交货等独立领域）以及辅助活动（采购、技术开发、人力资源管理和企业基础设施）之外，更为关键的是企业价值链的外部延伸，对于制造企业而言，这一价值链往往包括了处于企业上下游供应商和营销商。具有积极进取精神的供应商作为制造企业的重要合作伙伴，为制造业降低企业成本提供了可能，为制造企业获得成本优势奠定了基础，而处于下游的营销企业为制造企业实现产品价值向使用价值的转移，最终实现资金回笼提供了重要保障。在企业网络化发展的今天，单打独斗、一枝独秀的企业发展模式已经不能适应时代的特征，一个优秀企业的成长一定离不开优秀合作伙伴的支撑。对于知识密集型服务企业而言，优秀合作伙伴所掌握的战略性知识资源是其能够与企业开展高效合作的基础。

## 第四节 本章小结

本章在系统构建本研究三大理论基础的层面上，从运行基础、产品属性以及员工特征三个方面对 KIBS 企业服务创新的知识属性进行了分析，并由此引入知识管理作为网络嵌入影响 KIBS 企业服务创新绩效的中间变量，系统分析网络嵌入的三个维度——关系嵌入、结构嵌入以及资源嵌入是如何通过影响 KIBS 企业的知识管理活动进而影响其服务创新绩效的，并构建网络嵌入——知识管理——KIBS 企业服务创新绩效三者间关系的理论模型。其中，关系嵌入对 KIBS 企业服务创新绩效的影响主要从关系质量、关系强度、关系持久度三个方面系统展开，并且认为企业间良好持久的关系建立对知识互通有无至关重要，这种知识的扩散传播极大地促进了 KIBS 企业服务创新知识基础的有效积累，从而对促进服务创新绩效的提升意义重大；结构嵌入对 KIBS 企业服务创新绩效的影响主要从网络密度、企业网络中心性、结构洞三个方面展开，并且宏观上认为企业处于网络中心或者密度较大的网络中有助于企业知识量的积累，但同时增加了企业同质化知识资源的过滤压力，差异化知识获取能力有待提升，而结构洞位置的企业则更易于获得差异化知识资源；资源嵌入对 KIBS 企业服务创新绩效的影响主要从企业战略资源占有以及合作企业战略资源占有两个方面展开，并且认为资源作为企业对外业务拓展的基础，对企业知识获取、知识整合、知识应用等均具有重要意义。

# 第五章

# 网络嵌入对 KIBS 企业服务创新绩效影响机制探索性案例分析

网络嵌入所涉及的关系嵌入维度、结构嵌入维度、资源嵌入维度通过影响 KIBS 企业知识管理活动，进而影响其服务创新绩效的研究是本章的核心。但鉴于现有文献对于网络嵌入与创新的研究理论多出现在制造业领域，这使得相应理论应用在 KIBS 企业服务创新研究上存在一定的缺陷，但仍然可以从现有文献、理论中摸索嵌入。因此，在本章中主要选择了 3 家不同行业的 KIBS 企业，通过深度访谈的方式对企业状况进行深入了解，并通过规范的案例研究方法，总结出初步研究设想，基于此，建立网络嵌入以知识管理为中介变量 KIBS 企业服务创新绩效影响机制的概念模型，并深入解析其内在关系。

## 第一节 探索性案例分析过程设计

为了更好地说明网络嵌入对 KIBS 企业服务创新绩效的影响机制问题，参考学术界关于案例研究的一般方法，本研究对探索性案例分析的基本过程进行了设计说明。第一，围绕研究主题与研究目标选择合适的目标案例；第二，为案例资料的收集做好充分准备，反复进行访谈提纲的设计修订，与目标受访人员进行充分地沟通，就访谈时间、地点以进行商定，为保证访谈充分，尽量选择对方较为空闲的时间进行；第三，数据收集，对访谈资料进行及时整理、汇总，防止有效信息丢失；第四，数据分析，选择合适的分析方法对案例相关数据进行分析；第五，依据上述分析总结案例研究的基本结论。

## 一、案例企业选择

案例研究主要考虑应用相应的数据、资料的搜集方法，从目标案例中挖掘、整理需求信息的过程，其在学术界一直有广泛的应用。但是，单一案例对象的研究往往会存在解释性不强，普适性不足的质疑。考虑到本案例研究的目的在于构建理论模型，因此，选择各自背景不同的多案例进行综合分析，案例之间相互补充，提高案例研究的有效性。另外，本研究在具体的案例选择方面重点考虑了以下因素：第一，由于本研究的特定对象要求，所选企业首先应属于知识密集型服务业的宏观范畴，并隶属于知识密集型服务业内的不同行业，这使得案例研究在保证特定研究对象设定的同时，避免了由于不同行业之间服务创新研究的外部差异（服务业与制造业的服务创新具有本质上的不同要求）；第二，所选企业分属于不同的知识密集型服务业，既有金融企业，同时又包括商务服务业以及计算机服务与软件业，分散的行业选择保证案例企业代表性的同时，实现了研究成果对整个知识密集型服务业一定程度的覆盖；第三，出于相关数据、信息的可获得性，所选择的探索性案例企业均相对较为成熟；第四，所选企业应该能在一定程度上代表行业的整体状况，不能过于极端，从而影响研究成果的普遍适用性。

结合案例企业选择的基本原则以及本书重点考察 KIBS 企业服务创新问题的研究目的，以案例企业实施服务创新活动并已形成良好的长效创新机制为基本导向，选择了分属于知识密集型服务业中三大类型的三个企业作为目标案例。在案例企业数量的选定方面，业界认为三个案例可以有效抵消由单一案例企业个性化特征显著所造成的普适性降低问题，从而提高了案例研究的实践指导价值。

### 二、数据收集方法

出于便利性、研究成本等因素的综合考量，探索性案例企业研究的相关信息、数据收集主要通过采取现场访谈的形式实施（文档收集数据），考虑到对于企业服务创新方面的相关信息、知识、战略等方面，中高层管理人员往往比基层员工具有更为深刻的认识和全面的掌握，访谈对象设定为所选择企业的中高层管理人员，事先设定好访谈提纲及调研问卷，约定较为充裕的下班时间，并选择环境舒适轻松的茶餐厅等地点进行聊天式的访谈，最大程度地收集信息。考虑到在写作过程中可能遇到某些突发性的不解问题，因此，在访谈后仍坚持与受访人员保持愉快、良好的沟通，并就后续可能遇到的补充问题进行有效地沟通。

### 三、数据分析方法

提取访谈案例数据对于有效分析案例深层次的内容至关重要。本研究在案例数据提取方面选择学术界普遍运用的分析性内容归纳的方法，设定不同的层次，对不同案例企业的数据进行编码。结合本研究涉及的几个重要方面——案例企业与合作企业之间的关系质量、合作持久性、双方在合作中的主导地位以及企业资源的占有情况、案例企业的知识管理状况以及服务创新绩效等主要变量进行恰当编码，并仔细分析考察三个变量之间的内在变化关系，为初始假设的提出做好准备。

## 第二节 探索性案例企业简介

综合探索性案例选择的基本原则以及本研究案例选择的特殊要求，选择宁波某股份制银行（金融类）、中国电信某分公司（信息传输类）、宁波某税务师事务所（商务服务业）作为探索性案例进行分析，在后续的行文中，考虑到案例研究的基本规范，用字母代替企业名称进行说明（详见表 5 - 1）。

表 5 - 1　　探索性案例企业基本情况简表

| | A - 金融类企业 | B - 信息传输类企业 | C - 商务服务类企业 |
|---|---|---|---|
| 成立年份 | 1997 | 2002 | 2000 |
| 企业性质 | 股份制商业银行 | 国有通信企业 | 私营企业 |
| 主营业务 | 资产业务、负债业务、中间业务等 | 通信 | 税务、会计、资产评估、工程造价咨询、企业管理咨询等 |
| 企业优势 | 中小企业客户群体、中高端客户服务、完善的公司治理 | 网络、品牌、技术、人才等 | 多网点布局、复合型人才、一站式服务 |
| 企业文化 | 诚信敬业、合规高效、融合创新 | 用心服务，用户至上 | 诚信、专业、创新、求实 |

## 一、A - 金融类企业

A 公司成立于 1997 年，是一家在当地较为知名的股份制商业银行。为了促进公司更大的进步和发展，其在 2006 年对外引进了战略层面的合作伙伴——新加坡华侨银行，继而在 2007 年实现挂牌上市，从而成为国内城市商业银行上市第一家。并于同年在上海建立了分公司，这使得 A 企业形成了引进外资、跨区域经营以及上市相结合的综合发展蓝图。公司主营资产业务、负债业务、中间业务等。作为典型的知识密集型服务企业，A 公司在发展道路上不断追求技术和管理上的创新，努力创造企业多元化的业务和盈利模式。2014 年，在专业类杂志《银行家》关于“全球千强银行”及“全球银行品牌五百强”的评选中，A 公司分别居第 220 位和 264 位。

该企业成立至今，虽然时间不长，但是由于其明确的目标市场定位（中小企业客户群体）、缜密的风险控制体系（外部风险管理与内部控制流程再造相结合）、专业团队培养（与外资银行合作，推行“五年百人培养交流计划”，与台湾金融研修院合作创办银行大学）以及有效的员工激励机制（员工持股计划）、先进的 IT 技术支撑、扁平化的组织架构以及完善的公司治理使得企业以改革的精神、开放的心态、坚定的信念，塑造了良好的社会形象，形成了独具体色的竞争优势。

## 二、B - 信息传输类企业

该企业是全球规模最大的电信运营企业之一的中国电信首批在海外上

市的四家省级电信公司之一，到 2012 年，该公司已经建立了 11 个市分公司、62 个县（市、区）分公司、3 个专业分公司、2 家控股公司，形成了规模庞大的业务发展体系，并成为当地通信业的龙头企业。

B 企业在长期的发展过程中，形成了网络、品牌、技术、人才等方面独具特色的综合竞争优势，使其在全国同类企业中名列前茅。作为通信服务商，企业长期秉承“用心服务，用户至上”的理念，并坚信网络为技术之磐石，从铜缆到光缆，从窄带到宽带，从有线通信到无线信息传输，建立了业内领先的多元化智能通信网络，过硬的技术、优质的服务也使得消费者享受着信息时代所带来的各种改变。

## 三、C－商务服务类企业

该企业成立于 2000 年，在经过脱钩改制、优化重组和规模发展，目前已发展成为一家由税务师事务所、会计师事务所、企业管理咨询公司、工程造价咨询公司、资产评估公司等组成的专业中介服务公司，以及财经教育培训学校。截至 2014 年底，公司拥有一批在业内具有广泛影响力的专家和具备多种执业资格的复合型人才，能为广大企业提供从验资—涉税服务—资产评估—财务审计—财税培训，以及所得税鉴证、纳税筹划、资产重组、上市规划等系统性专业服务，实现“委托一家、服务到家”。特别是公司在总部城市下属的各乡镇设立了 36 个分公司，形成了布局广泛、选点合理的公司网络，为业务的广泛拓展、更好地服务市场奠定了重要基础。

该企业是目前所在城市规模最大的中介服务企业之一，中国十大税务师事务所之一。经过六年的不懈努力，从 2006 年开始，公司先后被评为业内“十佳企业”“文明单位”，连续四年（2009—2012 年）被中税协首批认定为“AAAA 级税务师事务所”，在中税协公布的 2012 年、2013 年全国税务师事务所经营收入排名中，该税务师事务所分列第三、第六位，在业界和社会具有良好的声誉和一定的影响力。企业以“诚信”“专业”“创新”“求实”为立所之本，以高效的管理机制、严谨的质量保证体系和规范的行为方式，实现了企业长期可持续快速发展。

## 第三节 探索性案例分析

探索性案例的定性描述分析能够系统反馈访谈、调研过程中收集到的各种信息，基础信息的系统化有利于其内在共性的发现。结合本研究中围绕网络嵌入、知识管理、服务创新绩效的基本主线，对探索性案例企业的基本情况进行初步的定性分析，目的在于得出结构化、编码化信息，为后续各变量间逻辑关系的深入分析验证奠定基础。

### 一、网络嵌入性分析

网络嵌入性的三个重要维度——关系嵌入、结构嵌入、资源嵌入分别考虑了组织成员间的关系、个体成员在企业网络中的位置（地位）以及企业所掌握的战略性资源对其开展商业活动的影响。结合前文文献研究，本研究中将关系嵌入设定为关系强度、关系质量以及关系持久度三个子维度；结构嵌入设定为网络密度、企业网络中心性以及结构洞三个子维度；资源嵌入设定为企业战略资源占有、合作企业战略资源占有两个子维度。通过访谈企业在各维度方面的具体情况，分析探索性案例企业的网络嵌入性。

#### （一）A－金融类企业

A 企业在本地建立了完善的服务网络，同时为了扩大业务范围，提高企业国际化发展水平，与新加坡银行合作，建立了引进来、走出去的国际化发展战略。A 企业所在城市中小企业的发展是当地经济发展的重要特征及支撑。而中小企业业务“风险大、成本高、盈利难”的特点一直以来都使各类金融机构望而却步。随着银监会《银行开展小企业贷款指导意见》的实施，金融机构的放贷风险大大降低，凭借着“船小好掉头”的独特优势，中小企业逐渐成为中外资银行力争的对象。A 企业在该项竞争中充分发挥“近水楼台先得月”的地利优势，敏锐抓住当地经济发展特色，通过向中小企业提供量身定制的特色服务，实现与企业之间的有效对接，成为中小企业融资的重要渠道以及发展动力的重要来源。而为了推广企业的国际化发展战略，企业开始逐渐加强与外资银行的合作，并成功引入新加坡银行成为其第二大股东。这种战略合作伙伴关系的建立首先实现了二者之间作为金融机构发展资本金的有效互补，业内竞争优势不断提升。另外，金融业是一个典型的高智慧、高专业化的知识密集型服务行业，需要优秀的管理者和优秀的员工作为其持久发展的智力支撑。与外资银行的合作解决了 A 金融企业国际化高级管理者的来源问题，一方面，合作外资银行自身高层管理者向 A 企业输入，另一方面，发挥自身在国外的社会网络，邀请、介绍优秀金融管理人才输入 A 企业。同时，双方还建立了有效的人才交流培训机制，在交流培训提供专业技能的同时，增强互信机制建立，促进全方位、多层次合作关系的建立，为彼此之间的长期合作以及合作绩效的提升奠定了坚实基础。

### （二）B－信息传输类企业

B 企业在长期的发展中，尤其注重与代理商之间良好合作关系的建立，将代理商从单独的代理营销功能逐渐转化成业务营销与终端服务两者结合同步进行，建立起长期的合作伙伴关系，形成了“销售以代理商为主，服务支撑以 B 企业为主”的双赢局面。通过此种模式的实施，在当地广设网点，成为地方通信业发展的核心力量。另外，B 企业与手机供应商合作进行云时代背景下的联合创新，将手机软件定义存储的 IT 基础设施投入商用，并将其结合应用在 B 企业核心业务上。手机供应商为 B 企业提供的新软件，有效地解决了 B 企业所面临的核心业务存储性能瓶颈，促进 B 企业实现面向下一代的数据中心转型。在网络时代发展的背景下，消费者的消费模式已经发生了极大的变化。面对新形势，B 企业不断创新营销模式，推出更适合网络时代消费者需求的 O2O 营销模式，利用其网络全覆盖的巨大优势，推出“微信厅”等新产品，并通过扩大与电商企业的合作伙伴关系建设，逐步形成了网络经济背景下企业更加开阔的社会企业关系网络建设。

### （三）C－商务服务类企业

作为一家专门从事工程造价、税务、会计、管理咨询等服务的综合型商务服务企业，在长期的发展过程中，通过为各类企业提供专业化一站式的优质服务，与众多企业建立了稳定持久的合作伙伴关系，形成了自身稳定的企业合作网络。目前，公司业务占比较大的主要是税务和会计，工程造价排在第三位，管理咨询业务相对次之。其中税务和会计业务收入占公司业务收入的70%左右，工程造价业务占20%左右。客户源包括制造企业、销售企业等各种类型，与所在地区90%以上的企业达成服务协议。C企业还广泛开展校企合作，本着"互惠互利，优势互补"的基本原则，与当地高等院校在大学生实习实训实践基地建设、人才互聘培训等多方面展开深度合作。并通过定期培训的方式选派优秀员工到高校开展多种形式的交流活动。一方面，为企业优秀人力资本的培养、输入建立了后方大本营，另一方面，企业所提供的实习实践机会有效解决了高校学生动手能力较差、理论与实践相脱节的实际问题，为高素质专业人才培养提供了实践基地。校企合作成为当地培养财会专业人才、推动共赢发展的重要模式和途径。

## 二、知识管理分析

在KIBS企业服务创新活动中，由于KIBS企业自身高专业化、高知识密集的特性，知识成为其服务创新能否成功至关重要的要素。企业在对外服务的过程中，由于服务对象专业化的差异，有利于企业获得大量优质信息、知识，并且在长期工作经验的积累中，也会形成企业大量隐性知识的叠加。而对于KIBS企业而言，大规模同质或异质知识的储备虽然为服务创新奠定了智力资本，但是要想使其真正转化为新的服务产品、新的服务流程、新的营销手段，则依赖于企业对知识的有效管理。

### （一）案例A－金融类企业

作为典型的知识密集型服务企业，A金融企业在长期的发展实践过程中，建立了大型的知识库体系，尤其是建立了客户服务知识库以及合作伙伴知识库，为A企业整个业务体系的运转提供了强有力的智能保障。一方面，企业丰富的知识库相当于一个强大的智囊团，能够为客户提供迅速、准确的问题解决方案；另一方面，岗位知识库的构建，使得业务程序标准化，避免了因人员流动引起的知识或服务断档。为了加强企业的知识管理，其具体做法是：第一，A企业专门设立了具体的知识管理机构

(知识管理委员会)，作为知识库项目的协调组织机构，制定知识管理细则制度。第二，内部提拔任命知识管理主管，负责知识库整体框架建立，统筹协调知识信息初始化工作，具体处理、审核知识库内容，整体培训推广知识库应用，并对此进行考评。设立知识维护岗，要求相关业务部门增设知识管理岗，或增加知识管理岗职能，负责整理、维护本部门的知识内容，及时更新到知识库系统，并确保其准确、有效。第三，企业定期开展各类知识竞赛活动，如金点子活动，充分听取所有员工对知识库系统的使用需求和创新建议，进一步完善知识库系统功能，为业务咨询提供系统支持。第四，建立了知识考评制度，对突出知识贡献的员工给予荣誉及金钱上的鼓励、表彰，对知识管理比较消极的予以惩罚（如取消评优、评先进资格等)，逐步通过奖惩规定将知识管理纳入日常考核体系，通过知识管理相关制度的建立，把知识库从单纯的知识积累转化为企业知识的运营。

### (二) 案例 B－信息传输类企业

由于涉及的知识面较为广阔，B 企业在包括知识的定位、分类处理、知识的系统整合等方面，构建了一个有效的企业知识传输平台，促进知识共享的同时，实现知识持续更新、整合，促进新知识的创造，从而实现知识管理的良性循环，实现企业智力资本的不断升级。B 企业的知识管理主要体现在内外两个层面。对外知识管理主要以 B 企业的服务热线为载体，实现信息的大量收集，为了对大量庞杂的信息、知识进行有效管理，B 企业建立了企业独有的知识库目录树结构，对知识进行清晰分类，规范目录，将这些非结构化的文档与结构化的文档进行分类管理，这也是 B 企业知识管理最基础也是最重要的部分。另外，B 企业对其知识进行了模块化管理，并系统开发了有效的知识检索方法，提高了知识应用的效率和频率。对内知识管理主要通过构建 OA（Office Automation）系统，以“门户”技术为手段实现组织成员知识获取、传播、共享，并不断整合各种信息资源，使其成为企业知识管理的重要平台。

### (三) 案例 C－商务服务类企业

C 企业在与客户开展合作的过程中，基于自身所掌握的原有知识，通过与客户互动，不断吸取各行各业的差异化知识，自身知识存量不断增加，而在为不同客户提供个性化服务的同时，积累了更为丰富的经验等隐性知识，从而使其在后续业务开展过程中更加游刃有余。在知识管理过程中，企业通过定期召开典型案例讨论会的方式，针对业务开展过程中涉及的服务方式、服务流程、个性化服务方案合理性与普适性以及在服务过程中的问题、感受等各方面进行充分总结、分析，并进行系统整理，对员工展开有针对性的培训，增强员工解决问题的能力。可以说，C 企业对知识的有效管理是其从 2000 年成立以来到 2014 年发展成为业内排名第九位的知名企业的重要因素。

## 三、服务创新绩效分析

本研究对于服务创新的认识主要从宏观广义层面进行，所包含的创新类型广泛，既包括服务流程创新，同时也包括新服务产品开发以及服务提供方式的创新，并且在新服务产品开发过程中所涉及的新技术应用、管理方式及理念的变革、服务推广过程中的营销创新等，都在本研究所表达的服务创新范畴之内。对服务创新绩效的考察则可以考虑从消费者满意度、企业利润、市场占有率、市场拓展等方面进行。

以下是作者对相关案例企业访谈涉及服务创新绩效方面的内容进行的整理和分析。

### （一）A－金融类企业

A 企业的服务创新主要体现在新服务产品的开发上，在关于服务创新的五级分类中，属于二级创新的范畴。在与外资银行合作不断加强的基础上，A 企业的竞争力不断提高，基于当地经济发展的特色以及自身业务特征，不断推出新的金融服务产品。双方合作开发的“跨境盈”金融产品，为当地中小企业的跨国业务开展提供了可能和机会，解决了其困扰极大的资金问题。这一产品的推出受到当地企业的极大欢迎，这主要是因为，一方面，当地企业多以中小企业为主，另一方面，独特的地理位置为对外贸易的发展提供了极大的便利，而该企业开发推出的金融信贷服务又有效解决了中小外贸企业融资难的问题。该产品的推出为企业带来了大量的新客户，同时也促进了企业其他相关产品市场份额的提升。

### （二）B－信息传输类企业

B 企业作为国内通信行业 IT 架构发展转型的先行典范，特别重视服务产品开发技术的创新，率先完成了集团关于软件定义存储在运营商核心业务领域商用的重要课题，云资源池建设开始朝“分布式敏捷数据中心”转型，并以此实现“按需分配”的核心理念。在过去的 2014 年，手机生产企业为 B 企业提供的技术支持有效地促进了 B 企业市场竞争力的提升，实现了单系统 2PB 存储能力，高达 130 万次的 IOPS。B 企业与华为联合创新开发的 FusionStorage 平均单盘性能是普通 SATA 盘的 5 ~ 10 倍，SAS 盘的 3 ~ 5 倍，时延比业界高端 SAN 存储低 30% 以上。这也是该行业首次在实时业务中应用软件定义存储技术，推动了 B 企业云资源池建设进程。B 企业的此项创新行为在服务创新的五级分类法中，可界定为第四级，处于较高级别。

### （三）C - 商务服务类企业

比较 A、B 企业，C 企业的此项创新属于一级创新，通过与合作单位之间的头脑风暴，实现了原有服务产品的提升和改进，并在后续的服务过程中取得了很好的效益。该企业以“委托一家、服务全到家”的口号，开展多元化服务形式，并不断开发新的服务产品，将企业逐渐打造成综合性的专业化咨询服务公司。可以说，服务产品的创新是该企业创新的最主要形式。该企业与客户合作开发的新服务产品——会计内部审核，虽然在实施过程中经历了各种各样的困难，如时间紧、任务重，企业个性化要求高，但在开展服务的过程中，不断地加强与客户之间的深入沟通，实现信息充分对称，并不断地对审核方法、方式进行适时调整，顺利按时保质地完成了该创新性服务产品的市场初期推广。据了解，在过去一年中，购买了该服务的 8 家企业中，已经全部续签了下一年度该项业务的服务外包合同。为 C 企业该新型服务产品的进一步推广以及开展服务创新注入了更大的动力。

## 四、案例定性总结

对于 A 企业，由于其与国外银行在地理位置上距离较远，二者之间的业务往来主要在于内外资金的互补以及国际化人才交流培养的项目方面。在内外资金的互补问题上，创新推出了“跨境盈”金融服务平台，大力引入境外资金为国内企业“输氧”。项目实施以来，宁波当地各类企业获益匪浅，一些原本由于缺乏国外金融机构资金支持，很多难以快速启动的“走出去”项目，在该项目的支持下得以顺利实施。目前，该项目已受到了众多国际化战略企业的热捧，多家企业已经开始前期对接洽谈。尤其是在国际化人才培养方面取得了良好的效果，双方在长久合作的基础上，形成了较为完善的人才互惠机制。二者之间的网络嵌入类型主要表现为关系嵌入型，并且关系强度并不大，但建立在双赢基础上的利益机制使得双方的关系质量和持久性较好，并实现了彼此资源的互通有无，为自身业务的对外拓展提供了重要的平台。随着双方合作深度和广度的不断加强，彼此合作创新的频率会不断提高，此次跨境金融服务创新的成功为后续深度合作的开展创造了“开门红”。

对于 B 企业，伴随着电子信息技术的快速发展，企业实现了跨越式的发展。由于在当地信息传输行业中占据着极其重要的地位，其在长期发展过程中建立了广泛的市场联系，市场份额较高，并且与开展业务的企业之间能够维持较为稳定的关系，在其业务网络中通常处于核心地位，为不同类型的企业提供信息技术支持。在这一过程中，不断接触合作企业的最新业务，对市场所需要的信息技术产品类型十分清楚，这为企业开发新技术、新产品提供了重要的行业前沿信息，且在与企业合作过程中，针对企业的个性化服务需求，实现了对合作企业内部知识的最大化获得和掌握，有效促进了自身企业知识管理能力的提升。在与手机生产企业的合作中，对方所提供的支持有效实现了 B 企业对其资源的共享，推进了 B 企业云项目的建设拓展，这对于 B 企业来说是一次巨大的突破。综观 B 企业社会网络关系的建立，其在网络嵌入类型方面表现出了关系嵌入、结构嵌入、资源嵌入并存并且均较为深刻的特点，这与其不断进取的创新精神是分不开的，同时良好的后续技术服务支持也是其能够长久立足的重要原因。

对于 C 商务服务类企业，其社会网络嵌入类型中，相比较于关系嵌入与结构嵌入，资源嵌入表现得更为直接，尤其是在与高等院校相关专业开展合作的过程中，由于彼此资源能够实现专业人才需求与供给的良好衔接，使得企业拥有源源不断的高知识密集型专业人才储备。在企业推出的会计内部审计服务项目中，由于 C 企业与合作企业专门抽调相关人员组成合作小组，针对企业的实际情况制定个性化审计方案，极大地提高了企业对该服务项目的满意度，市场推广效果显著。C 企业的服务产品创新行为具有目的性强的特点。由于客户情况差异，面临的问题各不相同，在对外提供服务的过程中，需要针对实际情况不断调整完善服务方案，这为企业积累了大量的经验，企业针对此特别建立了“问题库”，并将其发布在企业内部论坛上，从而有效实现了知识共享，这也成为企业巨大的“知识蓄水池”，为企业创新提供了重要的知识源泉。

## 五、案例数据信息编码

基于以上案例分析，本研究针对三个案例中涉及的网络嵌入、知识管理以及服务创新绩效方面的具体表现进行了初步评判，并将结果反馈给案例企业受访人员进行反复修订，并采用 2、1、0、－1、－2 分别代表很高、较高、一般、较低、很低五个等级表示其在各方面的表现。结果如表 5－2 所示。

**表 5－2　案例企业网络嵌入、知识管理与服务创新绩效水平**

| 变量 | | | A 金融类企业 | B 信息传输类企业 | C 商务服务类企业 |
|---|---|---|---|---|---|
| 网络嵌入 | 关系嵌入 | 关系质量 | 1 | 2 | 1 |
| | | 关系强度 | 0 | 1 | 0 |
| | | 关系持久性 | 1 | 2 | 1 |
| | 结构嵌入 | 网络密度 | 1 | 2 | 1 |
| | | 企业网络中心性 | 0 | 2 | 0 |
| | | 结构洞 | 0 | 1 | 0 |
| | 资源嵌入 | 企业战略资源占有 | 1 | 1 | 1 |
| | | 合作企业战略资源占有 | 0 | 1 | 1 |
| 知识管理 | | 知识获取 | 1 | 2 | 0 |
| | | 知识共享 | 0 | 1 | 1 |
| | | 知识整合 | 1 | 2 | 1 |
| | | 知识应用 | 0 | 2 | 1 |
| 服务创新绩效 | | 服务创新绩效 | 0 | 2 | 1 |

## 第四节 深入讨论与命题提出

综合上述案例分析，将网络嵌入各维度、知识管理中介变量以及KIBS企业服务创新绩效之间的变化关系总结、归纳、提炼出研究假设。

### 一、网络嵌入与服务创新绩效

基于本研究的整体思路及想法，认为网络嵌入对KIBS企业服务创新绩效存在着直接或间接的重要影响。在表5-2中，B企业的关系嵌入性以及知识管理的水平相对其他两个企业均较高，同时其服务创新绩效也表现出较高水平；而A金融企业关系嵌入性相对较强，但结构嵌入、资源嵌入相对处于较低水平，其服务创新绩效同时表现出低于B企业的水平；而对于C企业而言，虽然关系嵌入性与A、B企业差异不大，但是在结构嵌入性与资源嵌入性方面的得分较低，因此，表现出其服务创新绩效也要低于A、B企业。因此，本研究认为网络嵌入的三个维度与KIBS企业服务创新绩效之间存在着正向的变化关系。结果如图5-1所示。

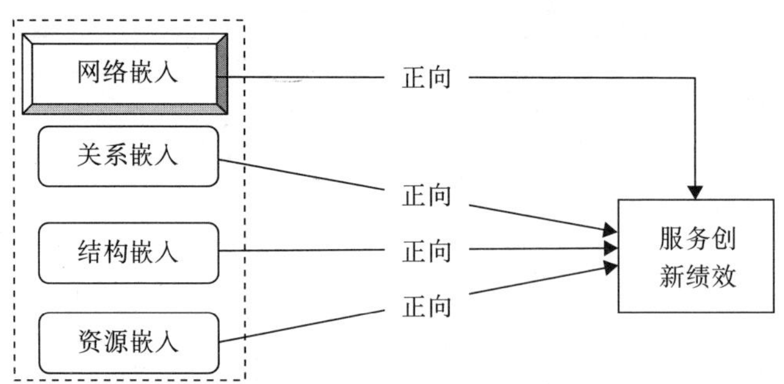


**图5-1 网络嵌入与KIBS企业服务创新绩效变化关系**

由此，提出本研究理论假设之一：网络嵌入对KIBS企业服务创新绩效存在正向的影响。在此基础上提出三个子假设：关系嵌入对KIBS企业服务创新绩效存在正向的影响；结构嵌入对KIBS企业服务创新绩效存在正向的影响；资源嵌入对 KIBS 企业服务创新绩效存在正向的影响。

## 二、网络嵌入与知识管理

### （一）关系嵌入与 KIBS 企业知识管理

对表 5－2 进行规律总结发现，如果 KIBS 企业与业务合作企业之间保持较高的关系嵌入性，那么由于较高的关系质量、关系强度以及关系的长久稳定性会促进企业之间各个层次上的深度合作，有利于优质知识信息的传递，使得企业之间的知识获取、共享以及 KIBS 企业对其进行有效整合与开发应用意义重大。在三个案例企业中，B 企业在这方面的表现尤为显著，其在与合作单位关系质量、关系强度以及关系持久性三个方面的表现均较为突出，这也使得其在知识管理所涉及的知识获取、共享、整合以及应用四个方面成效显著。而对于 A 企业和 C 企业来说，由于与合作伙伴之间的关系强度表现一般，使其在知识的对外获取上存在一定的难度，并且彼此之间的知识共享不够充分，使得其在知识管理整体的有效性上效果打折。

基于以上案例总结分析，提出关系嵌入与 KIBS 企业知识管理之间的理论假设：关系嵌入对 KIBS 企业知识管理存在正向影响。在此基础上提出三个子假设：关系强度对企业知识管理存在正向影响；关系质量对企业知识管理存在正向影响；关系持久性对企业知识管理存在正向影响。

### （二）结构嵌入与 KIBS 企业知识管理

对前面的表 5－2 进行分析后发现，如果 KIBS 企业所建立的合作企业网络庞大，即网络密度较大，并且能够在该企业网络中占据核心地位，一方面保证了知识信息的广泛来源，另一方面，处于核心位置的企业成为创新知识的集散地，为企业服务创新活动的有效开展提供了强大的智力支撑，从而促进企业服务创新绩效的提升。这一点在案例企业 B 上体现得尤为明显，该企业由于在信息传输类行业中的优良表现，使得其与各行业的企业建立了广泛的业务联系，并且关系稳定，在为业务合作伙伴提供网络支撑、技术支持方面，B 企业起着至关重要的作用。相比之下，案例企业 A 虽然也建立了自身广泛的合作网络，但由于金融市场竞争的激烈，使得其在网络中心性方面优势较低，在搭建合作企业金融知识传递方面桥梁作用不显著，尽管引入外籍银行极大地提高了企业竞争力，提高了对外知识获取能力，知识应用能力也表现良好，但整体上并不能很大程度地提高知识管理水平，从而使得其服务创新绩效的提升受到限制。对于案例企业C而言，尽管其在所处的网络密度上的表现差强人意，但却表现出良好的网络中心性，在业界的声望和地位表现优良，其在知识的对内、对外共享以及知识整合上均具有良好表现，并且能够通过有效途径和手段（如定期召开案例讨论会议）促进知识的有效整合及应用。这使得其在服务创新上的表现要优于案例企业A。

基于以上案例总结分析，提出结构嵌入与KIBS企业知识管理之间的理论假设：结构嵌入对KIBS企业知识管理存在正向影响。在此基础上提出三个子假设：网络密度对企业知识管理存在正向影响；企业网络中心性对企业知识管理存在正向影响；结构洞对企业知识管理存在正向影响。

### （三）资源嵌入与KIBS企业知识管理

从表5-2中进行规律总结发现，如果KIBS企业自身占有业内战略性资源，则更有利于其在有效创新的实施以及创新绩效的提升，这主要是由于战略性资源通常是企业竞争力的核心来源，如案例企业B，其所掌握的核心网络技术以及庞大的消费群体是其他同类企业不能及的，这使得其在战略性资源的深度开发，从而促进新服务产生方面遥遥领先。从表5-2中以及结合三个企业资源嵌入的基本情况观察发现，三个企业在知识整合方面的表现相对较佳，尤其是案例企业B，其知识整合处于“很高”水平，案例企业A和案例企业C知识整合也处于“较高”水平。企业B在与合作伙伴维持长期合作的过程中，为了提高自身的竞争实力，合作企业经常会力争上游，从而提出信息传输上的新要求，并要求企业B提供定制化的服务，在新服务开发过程中，二者之间的紧密协调沟通至关重要，促进了双方知识的有效整合，提高合作企业满意度的同时，企业B的服务创新绩效得到大幅提升。这一点在案例企业C上的表现也较为明显，在于合作企业长期合作过程中，合作企业经常就自身业界的发展趋势提出新的服务要求，这使得企业C在第一时间收集到市场对于新产品的需求信息，并不断开发新的服务项目。

基于以上案例总结分析，提出资源嵌入与KIBS企业知识管理之间的理论假设：资源嵌入对KIBS企业知识管理存在正向影响。在此基础上提出两个子假设：企业战略资源占有对企业知识管理存在正向影响；合作企业战略资源占有对企业知识管理存在正向影响。

## 三、知识管理与服务创新绩效

在基本概念模型的构建中，知识管理起着至关重要的中介作用，网络嵌入的不同维度主要通过影响 KIBS 企业的知识管理活动进而对其服务创新绩效产生影响。在本章中所进行的三个探索性案例分析中，三个企业都存在自身的知识管理活动，并在其服务创新实施以及服务创新绩效的提升方面发挥作用。表现最为突出的是案例 B 企业，其在知识管理上的表现明显优于企业 A 和企业 C，尤其是其在知识整合上的表现，由于企业建立了独树一帜的知识管理体系，使得有效的知识管理极大地促进了企业服务创新绩效的提升。而 C 企业通过知识管理活动促进服务创新绩效提升上的表现则要相对于 B 企业略弱，这主要是由于其在知识整合上的表现要低于 B 企业，而对于 A 企业而言，其在知识的获取方面存在一定的不足之处，使得其知识管理的整体水平下降，这也是其服务创新绩效低于 B、C 企业的主要原因。

在上一章关于知识管理对服务创新绩效作用机制的分析中，对大量文献的综述也表明，知识管理对企业服务创新绩效的积极影响已经得到业界的普遍认可。因此，提出本研究的理论假设之一：知识管理对 KIBS 企业服务创新绩效存在积极的正向促进作用。并提出四个子假设：知识获取、知识共享、知识整合以及知识应用均对 KIBS 企业的服务创新绩效存在正向促进作用。如图 5－2 所示。

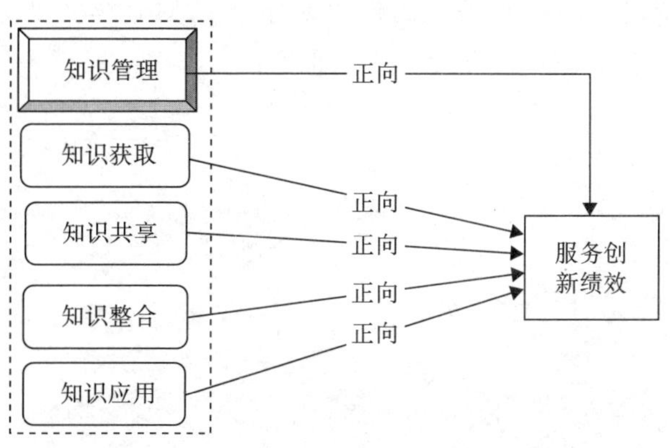


**图 5－2　知识管理对服务创新绩效变化关系**

## 第五节 本章小结

本章通过对所在城市 3 个 KIBS 企业案例的探索性分析，推导出网络嵌入视角下的关系嵌入、结构嵌入、资源嵌入与 KIBS 企业知识管理以及服务创新绩效之间的初始关系假设，即：关系嵌入对 KIBS 企业服务创新绩效存在正向的影响；结构嵌入对 KIBS 企业服务创新绩效存在正向的影响；资源嵌入对 KIBS 企业服务创新绩效存在正向的影响。关系嵌入对 KIBS 企业知识管理存在正向影响；关系强度对企业知识管理存在正向影响；关系质量对企业知识管理存在正向影响；关系持久性对企业知识管理存在正向影响。结构嵌入对 KIBS 企业知识管理存在正向影响；网络密度对企业知识管理存在正向影响；企业网络中心性对企业知识管理存在正向影响；结构洞对企业知识管理存在正向影响。资源嵌入对 KIBS 企业知识管理存在正向影响；企业战略资源占有对企业知识管理存在正向影响；企业战略资源占有对企业知识管理存在正向影响。知识管理对 KIBS 企业服务创新绩效存在积极的正向促进作用。知识获取、知识共享、知识整合以及知识应用均对 KIBS 企业的服务创新绩效存在正向促进作用。

以上各变量之间初始关系的假设是本研究的后续实证分析的重要基础，在后续章节中将对其进行一一检验论证。

# 第六章

# 网络嵌入对 KIBS 企业服务创新绩效影响机制理论假设及模型构建

瞬息万变的社会发展实践中，经济活动的顺利开展所涉及的因素越来越多，而任何一个参与经济运行的企业都不可能穷尽所有的资源，组织单打独斗的发展模式已经不能满足企业创新发展的实际需要。企业服务创新活动中所涉及的知识范畴也在不断扩大，创新活动通常会涉及许多不同的参与者。创新资源的有限性制约了企业创新能力的发挥，越来越多的企业开始从外部获取、整合创新的关键性资源。因此，企业如何运用其长期以来所建立的经济网络获取战略性知识资源，便成为服务创新绩效的重要源泉。这一现象我们称之为网络嵌入。网络的嵌入是组织间联系的重要特征，其在组织间知识转移以及创新绩效方面具有重要的调节作用。在适度的网络嵌入状态下，知识密集型服务企业能够通过对知识的有效管理，促进企业创新绩效的提升。因此，知识管理在网络嵌入对 KIBS 企业服务创新绩效的影响中起着十分重要的作用。

# 第一节 理论假设

## 一、网络嵌入对知识管理影响理论假设

### （一）关系嵌入对知识管理影响理论假设

企业之间关系强度的差异直接影响着彼此之间的交流程度以及网络内部知识转移及知识共享的类型。建立在频繁交流基础之上的较强联系，使得彼此之间形成了战略行为默契，并在企业之间建立了有助于达成共识的信任机制，有效地促进了企业知识转移从而提高网络成员间信息的共享程度。相比较于弱联结下，网络成员企业之间所转移及共享的主要是易于获取的公共知识资源，基于强联结关系背景下建立起来的高度信任感和互惠意识，强联结主要促进了隐性知识及战略性知识的共享和传播。这种高质量、深层次信息资源和隐性知识在组织间的流通共享，开通了成员企业对外知识获取的渠道，有效满足了企业创新对于新知识的需求，企业在充分发挥自身知识整合能力的条件下，有利于企业知识创造，提高内外部知识资源的有效产出，促进创新的产生以及创新绩效的提升。Granovetter（1985）指出，网络成员之间的强联结有效地促进了企业之间的知识交流，为知识在网络中的有效转移创造了机会和可能，提高了知识共享的程度。Uzzi（2003）认为，网络企业之间关系的密切程度以及合作频率与知识转移、知识获取以及知识共享等知识管理活动呈现明显的正向相关性，强联结对于彼此之间的合作创新有直接的影响，并对企业评估知识有效性，实现知识的有效吸收整合具有促进作用。Ingram & Roberts（2000）通过对悉尼的酒店深入调查后指出，行业内企业间的关系强度以及关系持久性对企业之间的知识转移、知识共享等知识管理活动产生深刻影响，并通过影响知识管理活动进而影响企业的创新绩效。Lin & Gulati（1999）指出企业之间建立的网络关系为彼此之间的信息传输和交流架起了桥梁，但是彼此关系的连接程度会对传递知识的数量和重要程度产生影响，进而

影响网络成员企业的知识管理活动。Anand 和 Kharma（2000）分析了网络成员企业通过外部知识获取，并加强知识管理对自身绩效的影响，并认为成员企业之间建立的关系形式通过影响企业知识管理活动，对企业创新绩效产生作用。魏江（2003）研究后指出，网络企业中不同层级人员之间的高频率沟通交流，对技术、知识、信息在网络内部的流动具有直接的促进作用。国内其他学者的研究也证实，网络成员之间的强联结以及连接的持久性对组织学习及知识管理活动均具有正向影响（韦影，2006；王晓娟，2007；彭新敏，2009）。

在关系嵌入影响知识管理的相关研究中，强联结促进企业知识管理的思想受到绝大多数学者的推崇。但是，也有学者认为企业之间保持强联结一方面加大了人力、物力的投入，另一方面会使企业之间产生同质化信息、知识传递的冗余，并在网络内部形成刻板的行为模式，对创新产生了障碍。而弱联结则更加有助于新鲜知识的传播，促进企业差异化知识的获得及知识创造，从而激发企业创新活动的开展。

事实上，不管是强联结还是弱联结，都会促进网络内部知识的传播及共享。网络成员之间的关系强度越高（强联结），越有利于企业知识的对外获取、彼此之间的知识共享等相关知识管理活动的有效开展。按照 McEvily（2003）的说法，强联结状态下知识获取、知识共享、知识整合以及知识创造等知识管理活动较低的不确定性风险以及信任机制的建立使得网络成员各方不再为知识共享忧心忡忡（详见图 6－1）。基于以上分析，本书提出以下假设：

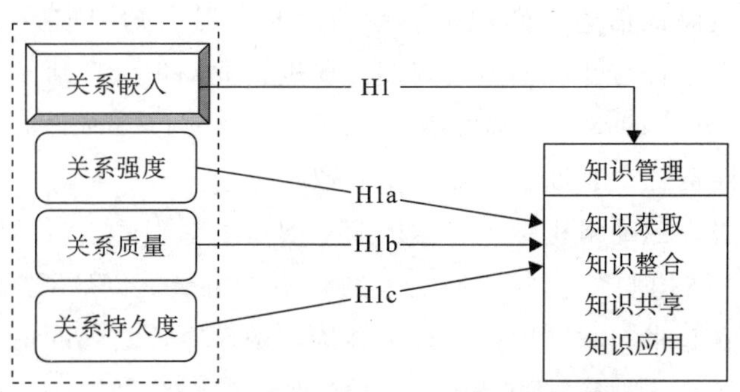


**图 6－1　关系嵌入对知识管理的影响模型**

假设 H1：关系嵌入对企业知识管理存在显著正向影响。

假设 H1a：关系强度对企业知识管理存在显著正向影响。

假设 H1b：关系质量对企业知识管理存在显著正向影响。

假设 H1c：关系持久性对企业知识管理存在显著正向影响。

### （二）结构嵌入对知识管理影响理论假设

学者们经常用网络密度来描述网络成员间彼此发生连接的数量。在一个密度较高的网络中，企业之间的彼此往来较为频繁，长期合作有利于双方默契的形成，并有助于建立协调一致的企业发展目标，从而减少知识转移及共享的不确定性风险，并降低交易成本。但是，网络企业之间较为松散的联系促进了网络成员多样性的形成，企业不被固定的地位和角色限制，利于打破陈规，突破了众多企业之间发生频繁连接所造成的同质化信息和知识等资源的重复传递，提高了企业在知识获取、筛选等方面的效率，对企业进行外来知识信息与企业原有信息的整合，并进行探索式的知识创造和企业创新具有较强的促进作用。

企业在网络中的位置差异体现了其处于网络中心的程度，客观反映了企业之间的联结关系，当某些成员企业与其他众多参与者之间建立并保持庞大且密切的联结时，我们认为其处于网络中心位置。TSai（2001）认为，较强的网络中心性往往代表了较高的网络地位和较大的影响力，处于这一中心位置的企业由于具有多渠道的对外联结，其在知识对外获取、促进知识转移共享、实现内外知识有效整合以及进行知识创造等知识管理活动方面均具有其他企业无可比拟的优势。彭新敏（2009）指出，网络成员企业与其他企业之间建立的直接联系越多，越有助于提高信息获取的数量，在有效地保证信息、知识可靠性的同时，提高知识搜索及过滤的效率，缩短知识整合与知识创造的周期，促进企业知识管理活动及创新活动的开展。Monge（1998）等学者指出，处于网络中心位置的企业，其更易于获得共享性资源，有助于企业知识获取与创造。

在结构嵌入的网络构型中，结构洞对网络内知识管理活动同样具有重要的影响。“结构洞”较好地反映了网络不同成员之间联系的缺乏问题，这种没有建立起来的联结削弱了处于结构洞两端企业之间的信息、知识转移及共享。但是这种知识的流通可以通过处于结构洞位置的企业桥梁作用的发挥来实现。相比较于其他处于较高网络密度环境下的企业而言，处于结构洞位置的企业所接触的是具有一定差异化的组织，这使得其具有更加便利的条件接触异质的外界信息、知识，为知识有效获取并控制知识的对外转移创造了优势。网络中的结构洞数量越多，差异化信息与知识越丰富，对于网络成员企业整合不同的知识资源进行知识创造越有利，从而促进知识管理活动的效率提升（详见图 6－2）。

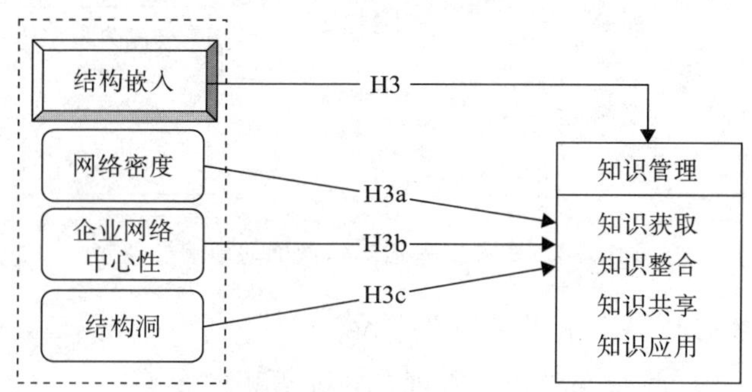


**图 6－2　结构嵌入对知识管理的影响模型**

基于上述分析，本书提出如下假设：

假设 H3：结构嵌入对知识管理存在显著正向影响。

假设 H3a：网络密度对企业知识管理存在显著正向影响。

假设 H3b：企业网络中心性对企业知识管理存在显著正向影响。

假设 H3c：结构洞对企业知识管理存在显著正向影响。

### （三）资源嵌入对知识管理影响理论假设

如前所述，企业的资源嵌入主要涉及企业自身战略资源的占有和合作企业战略资源的占有。战略资源对企业的发展往往至关重要，是企业形成自身独特竞争优势的差异化资源。从其对知识管理影响的角度看，战略性资源的占有有利于企业进行知识创造并促进新产品、新服务的开发。对于知识密集型服务企业而言，知识创造是其最本质特征的体现。在网络中，一些战略资源丰富的企业往往同时具有较强的知识获取及知识整合能力，并且具有创新的领头羊地位，较强的知识创造应用能力为网络成员的知识共享提供了新鲜血液。可以说，企业战略资源的占有为其有效开展知识管理活动提供了物质保障。网络成员的创新绝大多数情况下属于合作创新，从合作企业网络资源占有的层面看，企业自身某些资源的匮乏往往可以从合作企业身上得到弥补，这对于实现资源的有效配置十分有利，也提高了创新的可能性和成功的概率（详见图 6－3）。

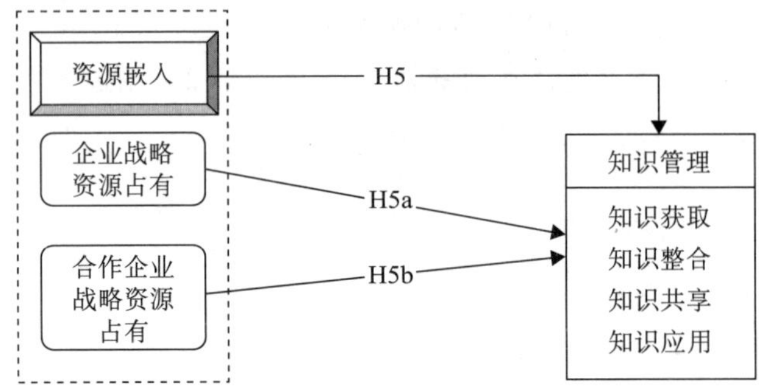


**图 6-3 资源嵌入对知识管理的影响模型**

基于上述分析，本书提出如下假设：

假设 H5：资源嵌入对知识管理存在显著正向影响。

假设 H5a：企业战略资源占有对知识管理存在显著正向影响。

假设 H5b：合作企业战略资源占有对知识管理存在显著正向影响。

## 二、网络嵌入对服务创新绩效影响理论假设

### （一）关系嵌入对服务创新绩效影响理论假设

通过在知识获取、知识共享以及知识传播方面的桥梁作用，企业所处的网络关系能够对企业的创新绩效产生深刻的影响。

本书从关系强度、关系质量和关系持久度三个维度来说明关系嵌入与服务创新绩效之间的关系。事实上，这三个维度之间是相互影响的，网络成员之间关系越长久，彼此发生合作的频率越高，越能够加深彼此之间的联系，并且促进彼此长期战略合作伙伴关系的建立。从相关研究资料整理分析中发现，对于关系质量和关系持久度与服务创新之间的关系，学者们普遍认为，网络成员之间保持友好的长期合作，有助于企业发展理念的融合，促进彼此战略性资源的共享，和谐稳定的协作关系有助于促进企业创新活动的开展并促进创新绩效的提升。一个稳定的网络对于强化企业之间的关系，促进知识在网络中的共享流通并提高创新产出具有重要正面推动作用。而对于关系强度对服务创新绩效的影响，学者们一直以来主要从强联结和弱联结两个角度来分析，并且普遍认为，强联结关系的企业之间往往保持较高的默契，从而促进其开展统一战略，促进彼此之间的学习和交流，减少关系不稳定所带来的不确定风险，对企业创新绩效会产生积极的促进作用。也就是说，强联结由于在促进企业合作稳定性、利于建立持久

的互信机制以及有效促进知识共享等方面的优越性，为成员企业创造了巨大的无形价值。由于组织的创新活动过程必须依赖多元化相关信息的整合创造（Dicken，1998），而企业的强联结关系正好为实现企业之间的有效沟通、促进知识在不同组织间的转移创造了优越的条件（Larson，1992），这种组织间的频繁互动为企业成功实施创新活动、提高创新绩效提供了更大的空间和可能。

理论界对于关系嵌入与创新绩效的研究主要是从制造业开始的。Uzzi（1997）对纽约服装产业的研究后提出，具有较强连带关系的企业之间往往存在频繁的交易活动，这种关系成为交易企业外界知识、信息的重要来源。通过建立规范的互信机制，能够有效促进隐性知识的传播、促进企业创新绩效的提升。Ranft 和 Lord（2002）的研究表明，网络成员保持较好的关系强度有助于降低彼此之间冲突的发生，减少合作伙伴对自身资源的保护，促进资源共享和有效利用，对提高整个网络组织的竞争力以及创新绩效均具有正向推动作用。Dyer 和 Nobeoka（2000）对日本的汽车制造业进行了分析，认为日本丰田汽车公司生产网络的知识转移效率非常高，成员之间所形成的较强的连接关系促进了资源和知识的共享，这使得其能够很好地应对市场变动；Bengtsson 和 Solvell（2004）将供应商关系、顾客关系引入对企业创新绩效的分析中，通过对瑞典 144 家制造企业的实地调查、实证研究后指出，企业与供应商、顾客之间保持稳定、持久的关系会对企业创新绩效产生明显的积极影响。

Burt R. S（2004）的研究表明，企业之间保持较高的关系强度对于增强彼此之间的信任、促进隐性知识的有效传播至关重要。Lancaster（2003）、Capaldo（2007）也认为具有强联结特征的关系嵌入，对于建立长久的战略伙伴关系作用关键，战略伙伴关系能够有效促进资源、信息、经营理念等在企业间的传播和共享，形成互信的长久合作机制，从而促进创新以及创新绩效的提升。在国内方面，池仁勇（2004，2007）通过对浙江省 264 家中小企业的调查研究后提出，网络成员企业之间保持较高的联结强度对于企业新产品的开发具有显著的正向影响。另有学者通过相关研究指出，企业开放的网络关系嵌入性能够有效促进企业外部资源的获取，从而弥补自身资源的不足，企业内外知识的整合和交换为企业发展注入了新鲜血液，促进了创新的发生以及成功的可能性。王家宝（2011）围绕关系嵌入性如何影响服务创新绩效这一基本问题，从学习能力的视角，对三者关系进行理论分析与实证检验，并得出关系嵌入性通过促进组织学习能力，进而正向作用于服务创新绩效的机制。许冠南、周源、刘雪锋（2011），通过对5个中国制造企业的案例内分析与案例间分析，探讨和考察了关系嵌入性如何通过影响企业的探索型学习进而影响其技术创新绩效，构建了关系嵌入性影响企业技术创新绩效的理论框架，并得出全球制造业网络中的企业间信任、信息共享与共同解决问题能通过促进企业的新知识获取和新知识利用，进而提升企业的技术创新绩效。另外，国内学者魏江（2003）、韦影（2005）、嵇登科（2006）等均通过自身的研究，提出了网络成员企业之间的强联结关系对企业创新绩效的正向影响。

与关系嵌入中的强联结相呼应的，一些学者认为相比较于强联结对创新绩效的作用，弱联结要显得更为突出。Granovetter（1973）、Hansen（1999）提出弱联结的关系嵌入形式具有非冗余性的特征，由于网络成员所掌握的信息、技术和资源等方面具有更强的多样化特征，重叠性小，使得弱联结成为企业创新差异化知识的重要来源。Lancaster（2003）也认为尽管强联结在建立企业互信机制、促进成员之间信息传递方面表现突出，但信息、资源等同质化现象也较为严重。相反的，弱联结由于企业之间的差异化较强，有助于产生异质性资源和知识、信息，从而更加有利于组织创新活动的开展。Rhee（2004）通过研究指出，网络嵌入中的弱联结使得网络成员多样化程度提高，并且不受强联结环境下所形成的规范限制，处于相对自由状态的成员企业更易于进行开创式的学习与创新。

本书认为，网络成员企业之间保持较高的联结强度，易于彼此之间信任机制的建立，通过频繁的互动促进双方更深层次信息及资源的传播及共享，也为彼此之间的合作创新和创新绩效的提升提供了重要保障。基于以上分析，提出关系嵌入对服务创新绩效影响的基本模型（见图6-4），并提出如下假设：

假设H2：关系嵌入对服务创新绩效有显著的正向影响。

假设H2a：关系强度对服务创新绩效有显著的正向影响。

假设H2b：关系质量对服务创新绩效有显著的正向影响。

假设H2c：关系持久度对服务创新绩效有显著的正向影响。

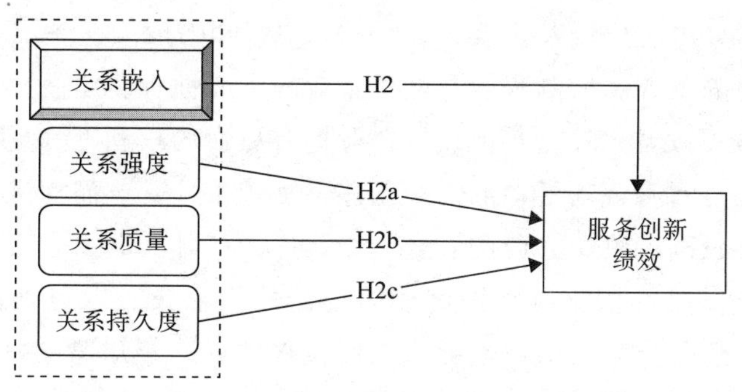


**图 6－4　关系嵌入对服务创新绩效的影响模型**

### （二）结构嵌入对服务创新绩效影响理论假设

结构嵌入能够描述网络的整体显性特征，主要用来考察企业在网络中的位置影响知识在网络中的分布状况，进而对网络成员企业的经济行为和创新产生影响。本章对于结构嵌入的衡量主要通过网络密度、企业网络中心性和结构洞三个维度来进行。

1. 网络密度

网络密度主要用来衡量网络内部成员之间相互发生联系的密集程度，具体从微观层面来看，网络密度主要反映企业与网络中其他组织之间的联系数量占到其所有可能发生的联系数量的比例。这一比例越高，彼此之间的关系越交错，相互联结程度越高，则说明网络密度越大。Coleman（1988）将社会资本和网络密度相结合，认为网络密度深刻反映了网络中社会资本的存量，高密度网络所蕴含的社会资本存量较大。这种高社会资本存量促进了企业之间各个层面关系的发生，彼此之间的连接增强，深层次信息和战略性资源流动路径缩短，从而有利于知识转移和创新成果的传播推广。吴结兵、徐梦周（2008）在对网络密度和企业竞争优势的研究后指出，密集网络高效的信息流通极大地促进了网络内部资源的有效整合，并促成共同行为模式的形成，从而对服务创新产生积极的正向推进作用。也有学者认为网络密度过于稠密会增加企业关系管理的负担，大量同质化信息、知识的涌入加大了企业信息过滤、整合的工作量，降低知识整合与知识创造的效率，从而影响了企业创新绩效。

2. 企业网络中心性

在网络嵌入的相关研究中，企业网络中心性主要被用来衡量个体组织在网络中所处的位置以及重要性，并进一步引申为其所能达到的对信息、技术等资源的掌握和控制程度。网络企业的中心性程度越高，表明其越处于网络的核心位置，较之其他成员企业拥有更大的权利，为更好地获取创新资源、满足自身创新活动的需求创造了优越条件，进而促进创新绩效的提升。处于较高网络中心度的企业借助其广泛的外界联系，建立了多渠道的信息来源，保证企业所掌握信息的全面性，企业可以对其进行充分筛选、去伪，进行更为有效的整合，在此过程中创造新知识，并将其应用在产品、服务的开发设计当中，促进创新行为的发生以及创新绩效的提升。另外，中心度较高的企业更容易获得其他企业的互补性资源。随着专业分工的不断深化，企业可以充分利用其在网络中的核心地位，从网络成员中获得企业需要的差异化资源，弥补自身资源有限对企业发展带来的阻碍。双方往往通过这种行为建立一种合作开发的战略关系，在提高资源有效配置的同时促进创新活动的大力开展。另外，网络中心度较高的企业在合作伙伴的选择上同样具有其他企业无可比拟的优势。处于网络中心位置的企业通常能够更快发现网络成员中哪些企业正在开展前景广阔的创新活动，加之其本身往往具有庞大的发展规模和雄厚的资金实力，能够为创新活动提供重要的资金支持，易于实现和创新企业之间的合作，促进创新的发生及创新绩效的提升。国内学者的相关研究也证明企业在网络中的位置对企业学习效果会产生重要影响，具有良好中心性的企业所拥有的网络资源往往比自身的内部资源对企业的发展更为关键，内外资源的有效结合对促进企业创新至关重要。

3. “结构洞”

伯特认为，企业在复杂的经济网络中可以通过与其他企业建立非重叠性的联结以促进自己在网络中处于中心位置，并且限制其他企业彼此之间的信息交流和资源流通。这种情况在现实经济中是普遍存在的，网络中的成员之间不可能都存在联结。而具有结构洞的企业则相当其他不具备连接企业之间的桥梁，其具有信息、知识集聚并可以控制其是否向外流通的优势及权利。在经济网络中，处于“结构洞”位置的企业能够更好地接触异质性信息和资源，并对其进行有效细致的过滤揉合，促进新知识的创造和新服务、产品的开发。拥有较多结构洞的企业能够更直接地发现网络中潜在的优质合作伙伴，有效辨识具有较强创新能力的组织，大大缩减对企业发展非关键合作伙伴关系管理的人力、物力支出，有利于更有效的建立企业知识学习网络，提高创新绩效。在经济网络中，企业拥有的结构洞越多，意味着其获得知识、信息等各种资源的机会越多，企业发生创新的可能性越大，在创新成果的推广及传播中越有利，即创新的绩效越高。本书认为，处于“结构洞”位置的企业处于自身资源集聚、对外知识扩散方面优势的控制考虑，往往限制知识在“结构洞”两端企业组织之间的传播，这与网络创新的初衷是相违背的。因此，本书认为，在网络视角下关于企业创新的研究中，主要考察的是成员企业如何构建自身的“结构洞”位置，以促进其资源集聚中心地位的获得，从而促进企业创新活动的开展以及创新绩效的提升。

基于以上分析，本书提出如下基本假设及结构嵌入对服务创新绩效的影响模型（见图 6－5）。

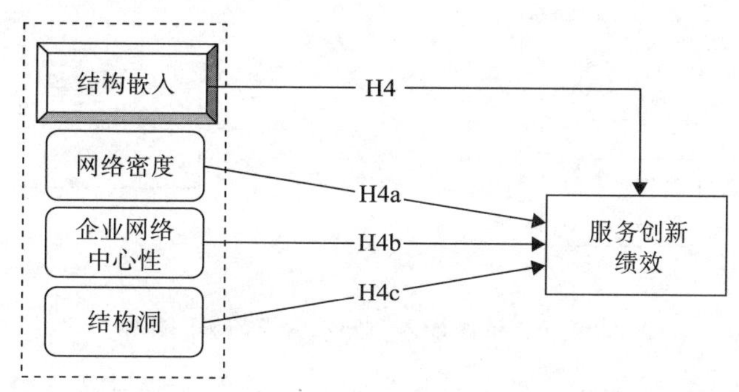


**图 6－5　结构嵌入对服务创新绩效的影响模型**

假设 H4：结构嵌入对服务创新绩效有显著的正向影响。

假设 H4a：网络密度对服务创新绩效存在正向影响。

假设 H4b：企业网络中心性对服务创新绩效有显著的正向影响。

假设 H4c：结构洞对服务创新绩效有显著的正向影响。

### （三）资源嵌入对服务创新绩效的影响理论假设

资源嵌入主要描述网络成员企业所占有的资源对企业竞争优势以及塑造企业形象的影响。企业资源包括用于实施企业计划的所有方面，既包括传统意义上有形的人力、物力、财力，在瞬息万变的知识时代，又包括了无形的时间、信息等方面。每个企业在长期发展过程中都会建立自己独特的竞争优势，这种竞争优势的获得很大程度上来源于企业对于特殊资源的占有。因此，企业战略资源的占有是促进企业战略转化的前提条件和物质保证，是企业赖以生存和发展的基础。Barney（1991）认为，每个企业对其所掌握的战略资源的未来市场价值预期是不同的，从而促成了这种资源的不完全市场和不完全竞争。因此，企业可以通过充分发挥其战略资源的优势，提供优质的产品和服务来提高竞争力，并通过实施恰当的管理策略以提高企业生产效率和经济效益。企业通过战略性资源的占有，易于形成差异化竞争优势，并在网络中建立特殊的吸引力，为促进其与网络其他成员之间的合作创造机会。网络成员企业差异化战略资源的拥有在促进彼此之间合作的同时，不同知识、资源之间的碰撞易于产生创新的火花，促进创新的实施，并提高创新成功的可能（见图6－6）。

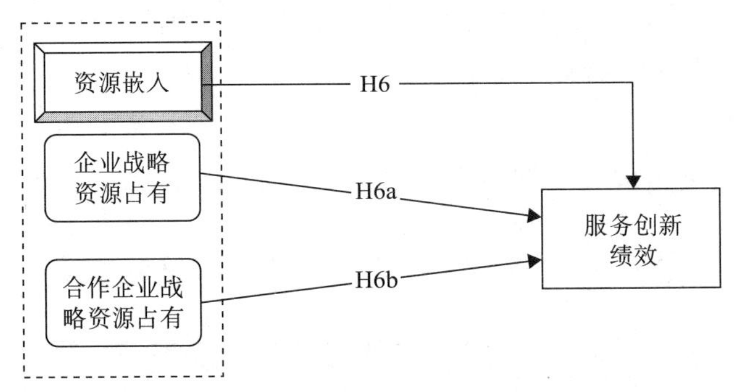


图6－6 资源嵌入对知识管理的影响模型

资源嵌入主要通过企业战略资源占有与合作企业战略资源占有两个维度来进行衡量，其与服务创新绩效的关系可提出如下假设：

假设H6：资源嵌入对服务创新绩效有显著的正向影响。

假设H6a：企业战略资源占有对服务创新绩效有显著的正向影响。

假设H6b：合作企业战略资源占有对服务创新绩效有显著的正向影响。

## 三、知识管理对服务创新绩效的影响理论假设

在新经济时代，知识在提升企业竞争力、提高企业经济效益方面的作用越来越大。作为经济发展新要素的知识资源已经逐渐打破经济活动对传统生产三要素的单纯依赖，成为企业获得持久发展动力的重要源泉。在不断变化的竞争环境中，企业之间的竞争演变成了在知识资源驱动下的创新行为的竞争，企业如何利用一切有利的条件和渠道获取新知识，并进行有效的消化吸收，并将其应用在新服务、新产品的开发当中，成为企业提高

创新绩效的关键。

许多研究文献显示，有效的知识管理对企业服务创新绩效具有广泛的积极影响。高效的知识管理能够使企业有效规避创新风险，提高创新绩效。Kiessling（2009）就知识管理对企业的影响进行了深入研究，他认为有效的知识管理对企业人力资源管理创新、产品及服务创新都存在积极影响。Liao 和 Wu（2010）以制造业和金融业为研究对象，并提出通过发挥组织学习的中介作用，知识管理对组织创新会产生正向促进作用。马小勇、牛东晓（2009）指出企业特有的知识管理能力是开展企业创新以及提升创新绩效的重要源泉，为企业市场地位的提升注入源源不断的动力。

Gold（2001）将整个知识管理过程分割成知识获取、知识保护、知识转化和知识应用四个基本维度，并认为四个维度对企业创新活动及创新绩效均会产生重要影响。本书基于 Gold 关于知识管理的分割办法，结合网络嵌入背景下企业服务创新绩效的实际情况，将其进一步整理为知识获取、知识共享、知识整合和知识应用四个维度。

有效的知识管理一个重要体现是对知识的有效获取。Heide（1994）指出企业无法穷尽发展所需要的所有知识资源，其必须不断从组织外部获取知识以满足企业创新的知识需求。企业对外部知识的获取有效弥补了内部资源有限性对企业开展创新活动的制约，对于降低企业产品、服务研发投入、缩短创新周期至关重要。知识获取一方面表现为对企业内部知识的深入挖掘，另一方面表现为对组织外部知识的大范围搜索、筛选、识别及整理，知识资源作为企业发展的重要战略资源，及时高效地获取直接决定了其与时俱进的能力，是企业开展创新活动面临的首要问题。

学者许世英（2005）从社会资本观点的角度探讨了知识共享对创新绩效的影响，认为知识共享通过提高组织的学习兴趣对企业创新绩效产生重要影响。企业之间在开展业务交流与合作的过程中，不知不觉中实现了知识在组织间的转移，促进了知识在网络组织中的共享，有利于碰撞出创意的火花，促进创新的产生。胡明等（2009）从社会资本理论的角度，以酒店连锁企业为研究对象实证分析了组织间知识共享对知识资本以及企业绩效的影响，并得出企业间的知识共享对酒店业的服务创新绩效具有显著的正向影响。

有效的知识管理的另一个重要体现是知识整合能力。企业对从组织外界获取的知识往往会通过适当的重新编码、有效融合等一系列行为之后加以利用，这就体现了企业的知识整合能力。企业较强的知识整合能力能够实现外界获取知识与企业内部知识的有效结合，促进知识效用的发挥，并在此基础上实现知识创造，并将新知识应用在企业新服务的开发当中，促进服务创新活动的大力开展以及服务创新绩效的有效提升。可以说，知识整合能力是企业知识管理的重要阶段，起着承上启下的作用，为企业从知识获取到知识创造架起了桥梁。Nonaka（1994）也提出，对于从组织外界获取的知识，只有在其与企业内部资源相融合的条件下，才能体现外部知识资源的有效性，促进其在企业内部经济效应的发挥，否则就是无效的知识获取。

能不能实现外来知识为我所用，对企业的知识整合能力提出了切实的要求。企业对知识的应用能力体现组织通过知识的运用解决实际问题的能力。对于企业而言，知识管理的最终目的，就是将其自身掌握的知识资源最大限度地投入企业的运营当中，促进经营效率及创新绩效的提升（见图 6－7）。

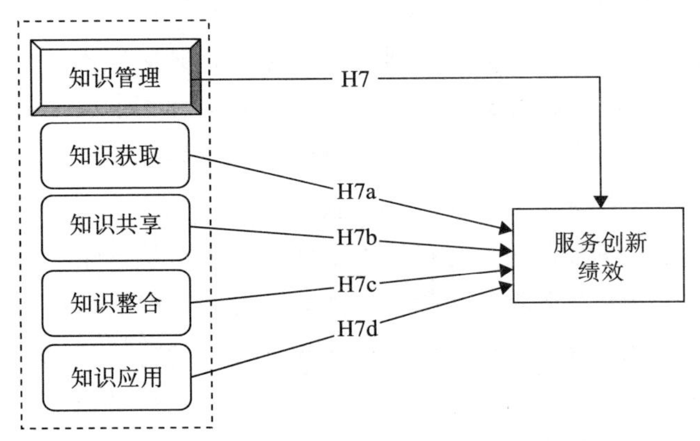


**图 6－7　结构嵌入对知识管理的影响模型**

基于以上分析，提出以下理论假设：

假设 H7：知识管理对企业服务创新绩效有显著的正向影响。

假设 H7a：知识获取对企业服务创新绩效有显著的正向影响。

假设 H7b：知识共享对企业服务创新绩效有显著的正向影响。

假设 H7c：知识整合对企业服务创新绩效有显著的正向影响。

假设 H7d：知识应用对企业服务创新绩效有显著的正向影响。

# 第二节 模型构建

企业创新本质上是其对知识进行高效管理的行为转化，关系嵌入、结构嵌入和资源嵌入作为企业网络嵌入的三个重要维度，通过知识管理的中介作用，对企业服务创新绩效产生重要影响。本书通过上述理论假设解析，构建网络嵌入通过影响企业的知识管理活动，进而影响企业服务创新绩效的基本关系模型，反映关系嵌入、结构嵌入、资源嵌入、知识管理与企业服务创新绩效之间的关系。其中，可以将网络嵌入的三个维度界定为影响企业服务创新绩效的外部因素，企业知识管理是影响其服务绩效的内部因素，外部因素主要通过内部因素间接作用于企业服务创新绩效。

本研究的理论框架如图 6－8 所示。

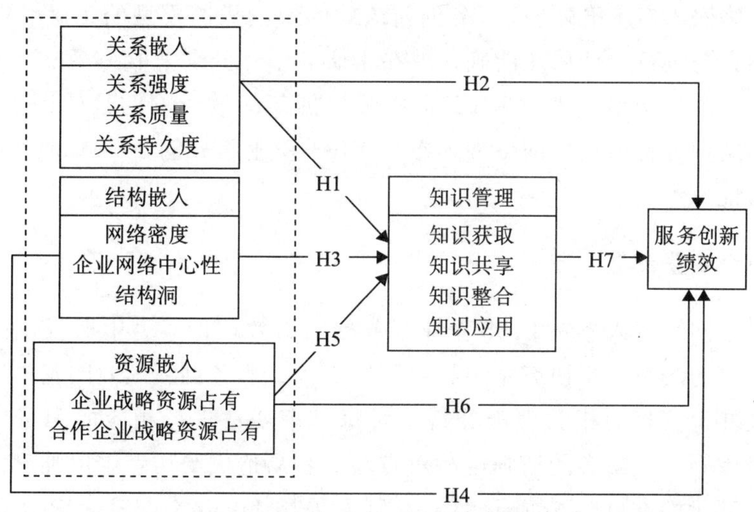


**图 6－8 本研究理论概念模型**

在网络嵌入通过知识管理影响服务创新绩效的模型中，H1 至 H7 分别表示各变量之间的假设关系（如表 6－1 所示）。

表 6-1 研究理论假设

| 关系假设 | 假设内容 |
| --- | --- |
| H1 | 关系嵌入对知识管理存在显著正向影响 |
| H2 | 关系嵌入对服务创新绩效有显著的正向影响 |
| H3 | 结构嵌入对知识管理存在显著正向影响 |
| H4 | 结构嵌入对服务创新绩效有显著的正向影响 |
| H5 | 资源嵌入对知识管理存在显著正向影响 |
| H6 | 资源嵌入对服务创新绩效有显著的正向影响 |
| H7 | 知识管理对服务创新绩效存在显著正向影响 |

## 第三节 模型验证

网络嵌入对 KIBS 企业服务创新绩效的影响机制模型的正确性需要通过科学方法进行验证后才能确认。在本研究中，分别采取 Linker 5 点量表记分法来测量网络嵌入对 KIBS 企业服务创新绩效影响的具体因素构成，并借助结构方程模型对网络嵌入影响 KIBS 企业服务创新绩效的理论模型进行验证。

### 一、单个变量测量

对于网络嵌入影响 KIBS 企业服务创新绩效理论模型中所设定的五个基本变量的测量，本研究主要根据网络嵌入、服务创新绩效的基本影响因素以及知识管理的相关理论分析，对每一个变量进行相应的测量题项设计。考虑到 7 点量表的清晰度相对较弱，容易造成受访者难以准确区分识别，对调研的准确性造成影响，本研究采用 Likert 5 点量表对其进行记分，其中：1 表示完全不符合，2 表示比较不符合，3 表示不确定，4 表示比较符合，5 表示完全符合。测量涉及的任意题项均为单项选择题，请调查对象结合自身企业的实际情况与题项的相符程度进行客观打分，从而实现对基础数据的广泛收集。

### （一）关系嵌入的测量

本书主要从关系强度、关系质量、关系持久度三个基本维度对关系嵌入进行测量。这也是目前关于网络关系嵌入方面最为普遍认可的基本维度划分。关系强度一直以来都是学者们分析企业网络关系的着眼点，并在长期的研究和实践中提出了强联结和弱联结两大方面。因而，对于关系嵌入的测量也主要从这三个方面展开。Granovetter（1973）虽然提出企业之间的强联结关系可以从彼此合作时间的长短、感情深厚性、联系密切程度以及双赢互惠四个方面进行考量，但并没有给出测量四个因素的具体可操作方案。然而，这仍然不妨碍后续学者围绕这四个方面所作出的一系列探索性研究。Nelson（1989）通过考察企业之间的接触频率，并将其作为唯一一个考量因素，来分析企业之间的关系状况。虽然这种单一因素的考察具有一定的局限性，但却为企业之间关系的测量提供了很有效的依据和基础。Rindfleisch 与 Moorman（2004）从强联结的视角对新产品开发联盟中信息、知识的获取和利用的重要性进行了分析，并提出可以通过企业之间的亲密关系、继续合作的意愿、对彼此关系的满意度三个方面测量企业关系的质量、强度以及持久性。张文贤、张文信（2007）在关于企业网络能力对服务创新绩效影响的研究中，也提出用企业之间合作关系的时间长短、交流合作频率以及合作的深度三个方面来判断企业之间的关系状况。Capaldo（2007）在关于网络结构与创新之间的研究中，从时间、资源、社会三个方面考察企业之间的关系状况，并指出具有强联结关系的企业之间具有弱联结的坚实信任基础，而且强联结往往是通过长期稳定的互惠合作、双赢机制建立起来的，形成了企业关系的一种良性循环，为了维护这一良好关系，企业愿意投入人力、物力、财力，并开展多层次、全方位的广泛合作。池仁勇（2007）在关于创新网络结点联结及其效率评价的研究中，总结出企业之间的关系可以通过技术合作、亲友关系、项目共同开发建设、信息传递、人员流动、资本投入、分工合作七个方面建立，多层面的关系建立有助于增进彼此之间关系质量以及联结强度，促进双方长期合作发展，形成战略合作伙伴关系，从而实现组织间战略资源共享，提高创新绩效。

基于相关学者关于网络关系嵌入的研究及思考，结合本研究独特性，围绕关系质量、关系强度、关系持久度三个基本维度，设计关于关系质量的5个基本测度题项、关系强度的3个基本测度题项以及关系持久性的2个基本测度题项，共计10个题项，对网络嵌入的第一个基本维度——关系嵌入进行综合测量（见表6-2）。

**表6-2　关系嵌入的变量测度**

| 变量 | 维度 | 测度题项 | 参考依据 |
| --- | --- | --- | --- |
| 关系嵌入 | 关系质量 | RE1 本企业与合作企业经常开展深层次的交流研讨 | Zaheer et al.（1998）；Dhanaraj et al（2004）；McEvily 和 Marcus（2005）；Rindfleisch 和 Moorman（2004）；Capaldo（2007）；张文贤（2007） |
| | | RE2 合作企业在本企业的服务创新活动中起着重要作用 | |
| | | RE3 本企业能够共享合作企业的战略性资源 | |
| | | RE4 合作企业提供的信息等资源十分真实可靠 | |
| | | RE5 本企业与合作企业建立了双赢的互惠合作关系 | |
| | 关系强度 | RE6 本企业与合作企业之间保持着频繁的交流 | |
| | | RE7 本企业与合作企业之间的交流体现在市场、管理等多个方面 | |
| | | RE8 本企业在与合作企业的合作中投入了大量的资源（如人力、物力等） | |
| | 关系持久性 | RE9 本企业与合作企业之间具有一致的长远目标 | |
| | | RE10 本企业与合作企业彼此之间具有开展持久稳定合作的承诺 | |

### （二）结构嵌入的测量

对于网络嵌入的另一重要且关键维度——结构嵌入的问题，众多学者大同小异地从网络密度、企业网络中心性和结构洞三个基本维度进行了大量的研究。本研究中关于结构嵌入的测量主要围绕这三个方面展开。Bart Nooteboom（2004）从网络学习能力角度出发研究企业间的合作，并指出结构嵌入可以从网络成员企业间彼此的联系方面来进行衡量，因为企业间的联系形成了网络的基本规模、网络密度，彼此之间联系的紧密程度决定了网络的稳定性，而单一企业与网络成员企业之间关系的多寡又表明了企业在网络中的具体位置。李志刚（2007）在关于网络结构对产业集群创新机制和创新绩效影响的研究中，通过考察高新技术园区内目标企业与上、下游企业、同业企业、中介机构、政府机构、科研机构、金融机构等不同类型企业的联系频繁程度来考察网络密度。李文博（2008）在关于产业集群中知识网络结构的测量研究中，宏观上也延续了李志刚（2007）的题项设计思路，结合自身产业集群的独特性，也从上下游企业之间联系频繁程度方面对网络结构进行了测量。李莉（2008）在充分借鉴 Bart Nooteboom（2004）关于结构嵌入测度研究的基础上，结合其对网络嵌入背景下、网络核心企业知识扩散方式对知识获取绩效影响的研究，从双方合作稳定性、技术转移效果、彼此合作成效、合作企业在业界的地位以及保持紧密联系的企业数量五个方面设计了题项，对结构嵌入进行了充分的度量。王志玮（2010）在其他学者的研究基础上，分别从相比之下企业从外界网络获取知识的数量、企业外部网络关系稳定性、作为其他企业交流的桥梁、业界地位四个方面设置了相应的题项，来衡量结构嵌入。

作者基于相关学者关于网络结构嵌入的研究及思考，结合本研究独特性，围绕网络密度、企业网络中心性、结构洞三个基本维度，设计关于网络密度的 2 个基本测度题项、企业网络中心性的 3 个基本测度题项，以及结构洞的 3 个基本测度题项，共计 8 个题项，对网络嵌入的第二个基本维度即结构嵌入进行综合测量（见表 6－3）。

**表 6－3　　结构嵌入的变量测度**

<table>
<tr><th>变量</th><th>维度</th><th>测度题项</th><th>参考依据</th></tr>
<tr><td rowspan="8">结构嵌入</td><td rowspan="2">网络密度</td><td>SE1 本企业所处网络中的大多数成员企业之间均存在直接的联系</td><td rowspan="8">Nooteboom（2004）；<br>Tsai（2006）；<br>李志刚（2007）；<br>李文博（2008）；<br>王志玮（2010）</td></tr>
<tr><td>SE2 与本企业保持联系较为频繁的合作企业数量比例较大（联系密切企业占所有建立联系企业的比例</td></tr>
<tr><td rowspan="3">企业网络中心性</td><td>SE3 相比较于其他企业，本企业从外部网络中获得资源和知识更为便利其数量更多</td></tr>
<tr><td>SE4 本企业在网络中具有较高的市场影响力和地位</td></tr>
<tr><td>SE5 本企业在与其他企业开展合作谈判过程中具有明显的优势</td></tr>
<tr><td rowspan="3">结构洞</td><td>SE6 其他企业之间的知识交流活动必须通过本企业才能得以实现</td></tr>
<tr><td>SE7 本企业获得资源、知识的差异化程度较高</td></tr>
<tr><td>SE8 本企业能够为其他企业之间的合作牵线搭桥</td></tr>
</table>

### （三）资源嵌入的测量

本研究中对资源嵌入的测量主要从企业战略资源占有、合作企业战略资源占有两个方面展开。Lai G（1998）在关于网络资源、关系资源与社会地位获得之间关系的研究中指出，一个企业所拥有的社会资源或关系资源是企业发展过程中必不可少的，对企业内部资源配置发挥重要的作用。由于自身所掌握的战略性资源往往只局限在某一特定方面，此时，企业所建立的外部关系网络以及合作企业所拥有的战略性资源享用便成为其愿意投入成本（人力、物力、财力）维持彼此长期合作关系的原动力。Dyer J. H（1998）从关系视角，对企业间的合作战略以及组织间竞争优势的来源进行了系统分析，并提出从资源共享层面考察企业间的合作深度与广度。Sandy. D. J（2001）在关于买卖双方联合竞争优势的研究中也指出，企业所拥有的资源为其创造了网络中的竞争优势和吸引力，这也是资源嵌入性的真谛。组织间的深度合作有利于资源的优化配置以及效率的提升，掌握优质战略资源的企业往往会成为其他企业市场合作伙伴搜索的目标，从而提高自身的影响力和知名度。Gallouj F（2002）在关于服务创新测量维度的研究中，对新旧维度进行了对比，并加入了资源嵌入的新维度，提出企业战略资源占有以及合作企业战略资源占有作为衡量资源嵌入的子维度，并认为差异化资源作为企业的关键资源对促进企业市场优势的建立意义重大。因此，差异化资源在衡量企业资源嵌入方面是不可或缺的关注点。Hooley G. J（2005）在关于营销资源对企业服务创新绩效的影响中也提到，单个企业的服务创新推广往往受到规模上的限制，企业所建立的广泛的社会网络以及丰富的关系资源能够促进新服务产品以几何倍数的形式向外扩展，尤其是当合作企业掌握丰富的营销资源（如产品推广平台等）时，会极大地促进企业市场份额的提升。Enns S（2008）从空间角度提出，企业在合作对象选择的过程中，除了考察企业的市场地位、资源状况、企业规模等基本因素之外，同时还要深入了解其在网络中的具体位置。正如作者在论述结构嵌入时提到的那样，企业在网络中所处的不同位置，代表了其能够掌握的资源数量与质量，处于企业网络中心性或者结构洞位置的企业所能够接触和获得的网络差异化资源更加丰富和关键。可以说，具有差异化战略资源的网络合作企业的搜寻与关系建立，对弥补企业自身资源限制，促进企业服务创新以及绩效提升作用关键。Jung – Tang

Hsueh（2010）在关于网络嵌入对企业服务创新绩效影响的研究中，沿用了 Gallouj F（2002）的基本观点，将网络嵌入分成关系嵌入、结构嵌入、资源嵌入等诸多维度，选择台北 500 家 B2B 软件服务企业作为研究对象，以此来检验网络嵌入与服务创新绩效之间的概念模型，并分别对其进行了系统测量，其中关于资源嵌入的测量主要选择了企业差异化战略资源占有的指标，为了突出网络关系的基本研究视角，同时选择了网络合作企业战略资源占有的指标。

基于以上相关学者关于网络资源嵌入的研究及思考，结合本研究独特性，围绕企业战略资源占有、合作企业战略资源占有两个基本维度，设计关于企业战略资源占有的 2 个基本测度题项、合作企业战略资源占有的 2 个基本测度题项，共计 4 个题项，对网络嵌入的第三个基本维度——资源嵌入进行综合测量（见表 6－4）。

**表 6－4　　资源嵌入的变量测度**

<table>
<tr><th>变量</th><th>维度</th><th>测度题项</th><th>参考依据</th></tr>
<tr><td rowspan="4">资源嵌入</td><td rowspan="2">企业战略资源占有</td><td>RE1 企业掌握着大量的行业差异化资源</td><td rowspan="4">Lai G（1998）；Dyer J H（1998）；Sandy D J（2001）；Gallouj F（2002）；Hooley G J（2005）；Enns S（2008）；Jung－Tang Hsueh（2010</td></tr>
<tr><td>RE2 企业所掌握的战略资源创造了企业的核心竞争力</td></tr>
<tr><td rowspan="2">合作企业战略资源占有</td><td>RE3 企业的合作单位通常也掌握着丰富的行业差异化资源</td></tr>
<tr><td>RE4 企业合作单位的差异化资源为其创造了核心竞争优势</td></tr>
</table>

### （四）知识管理的测量

对于本研究的中介变量——知识管理的测量，参考学术界的相关研究，作者主要从知识获取、知识共享、知识整合、知识应用四个方面展开。在量表使用及题项设置方面，相关学者的研究都给出了重要的参考。Yang 和 Yu（2001）在关于新产品开发阶段的研究中，着重提出了知识管理的重要性，并将其从知识获取、知识整合、知识创造三个层面进行了量表的开发测量，量化分析知识管理各方面活动对新产品开发的关键作用。Teresa L. Ju，Chia－Ying Li，Tien－Shiang Lee（2006）在关于知识管理能力与企业创新绩效的耦合模型研究中，通过设置相应的测度题项，结合针对企业知识管理者的 800 份问卷调查，对知识特征、知识管理策略、知识整合、知识管理能力与组织学习、企业创新之间的相关性进行了系统分析，验证了文章提出的11个假设，并得出具有较高模块和专有性的知识可以有效提高组织学习能力，并有效促进知识整合，对企业创新绩效具有显著的影响的重要结论，也成为本研究关于知识管理测量题项设置的重要参考。Bou - Wen Lin 和 Chung - Jen Chen（2006）在关于促进企业网络中产品创新的研究中，着重指出了知识整合的中介作用，提出资源互补、市场定位与信息共享共同影响着组织跨边界的知识整合，并通过调查研究得出其进一步影响企业产品创新活动以及创新绩效的结论。Jansen J 和 J. Frans A. J. V. D. B（2006）在关于外界环境以及组织发展历程对企业突破式创新及其绩效的影响研究中，深入分析了外界环境中隐性知识获取以及企业自身知识整合及新知识创造对其企业突破式创新的重要影响，并给出企业应对外界环境的变化以促进企业创新及其绩效提升的具体策略。钱锡红、杨永福、徐万里等（2010）在关于企业网络位置、吸收能力与创新绩效之间关系的研究中，以深圳121家IC企业为调研对象，将企业的知识吸收划分成知识获取、知识消化、知识转换、知识应用四个基本维度，有针对性地设计了22个测度题项，对企业的知识吸收能力进行了考察，并深入分析了企业吸收能力与企业创新绩效之间的关系；蒋天颖（2011）在关于工程项目群知识管理绩效影响机制的研究中，对知识管理及知识运作进行了细致深入的分析，并设置了14个题项对工程项目群企业的知识运作进行了系统测量。

基于相关学者关于知识管理的研究及思考，结合本研究独特性，围绕知识获取、知识整合、知识共享、知识应用四个基本维度，设计关于知识获取的5个基本测度题项、知识整合的4个基本测度题项、知识共享的3个基本测度题项，以及知识应用的4个基本测度题项，共计16个题项，对知识管理这一网络嵌入影响KIBS企业服务创新的中介变量进行系统深入的综合测量（见表6-5）。

### （五）服务创新绩效的测量

关于服务创新绩效的测量题项设置，除正常的商业经济活动所涉及的企业市场份额的增加、收益成本分析、企业竞争力的提升等普适性的要求之外，要考虑到服务这一无形产品区别于有形产品的特殊性，同时还需要特别考虑其供给与消费的同时性以及消费者在服务评价中的主体地位。

**表 6-5　　知识管理的变量测度**

| 变量 | 维度 | 测度题项 | 参考依据 |
|---|---|---|---|
| 知识管理 | 知识获取 | KM1 企业对行业新知识具有较高的灵敏度并能够迅速获得 | Jansen et al.（2005）；Lin，Bou - Wen 和 Chen，Chung - Jen（2006）；Ju，T. L.，Li，Chia - Ying.，Lee，Tien - Shiang（2006）；钱锡红等（2010）；蒋天颖（2011） |
| | | KM2 企业非常重视通过以往服务创新成功及失败经验的总结以挖掘新知识 | |
| | | KM3 企业擅于通过与合作企业的频繁互动获取新知识 | |
| | | KM4 企业经常组织参观访问活动进行实地调研 | |
| | | KM5 企业经常通过非正式渠道获取行业新知识和相关信息（如企业之间的联谊活动） | |
| | 知识共享 | KM6 企业提供足够的平台促进知识的内部充分共享 | |
| | | KM7 企业在促进知识的对外共享方面具有较高的意愿 | |
| | | KM8 企业与合作单位之间建立有通畅的交流渠道 | |
| | 知识整合 | KM9 企业员工对新知识具有较强的消化、吸收能力 | |
| | | KM10 企业比较擅长外部获取的新知识与内部知识进行有效整合 | |
| | | KM11 企业知识整合后的创新能力显著提高 | |
| | | KM12 企业能够对获取的新知识举一反三 | |
| | 知识应用 | KM13 企业能够有效应用新知识开展服务创新活动 | |
| | | KM14 企业能够有效结合以往服务创新经验开展当前服务创新活动 | |
| | | KM15 企业能准确捕捉新知识所带来的市场机遇 | |
| | | KM16 企业擅于利用新知识来解决面临的问题 | |

Cooper 和 Kleinschmidt（1987）在对新服务产品开发绩效的研究中，从企业的成本收益、企业开拓市场新局面的可能以及市场份额的提升三个方面提出了考量新服务产品开发绩效。Ulrike de Brentani（1995）在 Cooper 和 Kleinschmidt 研究基础上，开发了服务创新绩效考核的四个重要方面，除了成本收益因素以及促进企业市场份额提高之外，另增加了企业竞争力提升，并将剩余的因素全部归纳为"其他方面"。也有学者识别了财务绩效、关系增强、市场份额三个相互独立的绩效指标。Griffin 和 Page（1993）认为在关于企业新产品开发过程中会涉及五大测量指标，分别是宏观层面企业效益的提升、微观层面单一项目的获利程度、新产品在同行业中的领先水平、企业财务绩效以及消费者满意程度。Storey 和 Kelly（2001）在关于新服务开发绩效的衡量中，通过对英国新服务开发企业

(NSD - Newservice Development) 营销经理的调查提出，虽然新服务是服务企业收入的重要来源，但企业往往都不满意企业自身现有的新服务开发能力。而新服务绩效评价中的关键一环——财务状况虽然看起来必不可少，但研究显示其只在少数创新型企业的服务创新绩效评价中被采用，大多数服务企业更加注重企业竞争力提升、市场份额增加、顾客满意度提升等软条件的考量。Gallouj（2002）在关于对服务创新态度转变的研究中，认为随着服务在社会总产值中的比例以及促进社会就业作用的不断提升，人们对服务的认识已经突破了早期的生产率低下、低资本/知识密集度、缺乏技术含量等的固有印象，其已经成为企业可持续发展的重要来源，他着重提出了企业可持续发展以及顾客满意度是服务创新绩效的考量指标。Prajogo（2006）在关于企业绩效与创新之间关系的研究中，从服务企业与制造企业之间本质区别角度，提出了消费者的信息反馈在促进服务企业创新绩效提升中的重要地位。Love 和 Mansury（2007）选择了美国 206 家服务企业，对其服务创新绩效进行了深入分析，结果显示，企业与消费者、供应商、联盟企业之间所建立的外部联系对企业新服务产品开发阶段企业创新绩效的提升意义重大。同时，高素质的团队提高了创新效率和成功的概率，从而进一步促进了创新绩效的提升，正式和非正式的研发活动都在一定程度上显著提高了企业市场占有率以及企业的创新型程度。张若勇、刘新梅、张永胜（2007）在对顾客参与和服务创新关系研究中提出，企业的服务创新活动不仅可以改善财务状况，还可以在企业形象塑造、市场拓展等方面取得显著效果，具体归纳了财务绩效、顾客关系、企业市场地位三个方面对企业的服务创新绩效进行考核。并在此过程中将知识转移作为中介变量，展开其对企业服务创新绩效具体影响的分析。卢俊义、王永贵（2011）在关于顾客参与与服务创新以及创新绩效之间关系的研究中，同样从顾客知识转移的视角建立了相应的理论模型，并进行了深入分析，指出顾客参与目标、顾客参与模式、顾客参与强度以及顾客参与阶段都是影响企业服务创新绩效的重要因素。Sundbo（2008）在关于服务创新的研究中，特别指出了后创新阶段的重要性，即在新服务产品实施推广环节中，消费者所起的重要作用。Hsueh 和 Lin（2010）在关于网络嵌入对企业服务创新绩效的影响研究中，将企业服务创新绩效分成过程创新绩效与结果创新绩效，并针对过程创新绩效提出了成本标准化水平（即开发一项新服务产品所需投入的平均成本）、效益（每年新服务产品开发的数量和新服务投入）和速度（新服务开发的周期，新服务形成模式并得以实施的时间间隔等）三个测量指标；针对结果创新绩效的衡量，提出了财务指标（包括降低成本、提高成本收益等）、竞争力（增加市场份额、提高销售和增长目标、为企业创造差异化关键竞争优势等）、质量（竞争者的服务质量和顾客体验、更高的可靠性以及人性化的设计）。

综合上述关于服务创新绩效评价的文献归纳，本研究认为服务创新绩效的考量需要从不同的角度综合进行，既能够反映创新的共同特征，同时又能够显示服务创新的独特性。因此，本研究提出从企业财务绩效、市场占有率、消费者满意度以及新市场的开拓四个方面进行服务创新绩效的测量，具体见表 6－6。

**表 6－6　KIBS 企业服务创新绩效的变量测度**

| 变量 | 维度 | 测度题项 | 参考依据 |
|---|---|---|---|
| 服务创新绩效 | 财务绩效 | SP1 服务创新为企业带来了较高的投资回报率 | Cooper 和 Kleinschmidt（1987）；Ulrike de Brentani（1995）；Griffin 和 Page（1993）；Storey 和 Kelly（2001）；Gallouj（2002）；Prajogo（2006）；Love 和 Mansury（2007）；Sundbo（2008）；Hsueh 和 Lin（2010）；卢俊义、王永贵（2011） |
| | | SP2 服务创新降低了企业成本 | |
| | 市场拓展 | SP3 服务创新为企业开辟了新的业务领域 | |
| | | SP4 服务创新为企业带来了新的消费群体 | |
| | 市场份额 | SP5 服务创新提高了企业市场占有率 | |
| | | SP6 服务创新提高了企业市场竞争力 | |
| | 消费者满意 | SP7 服务创新满足了潜在市场需求，消费者对新产品十分满意 | |
| | | SP8 服务创新促使消费者新服务产品实施重复消费 | |

## 二、整体模型检验

本研究中关于 KIBS 企业服务创新绩效影响机制理论模型的验证主要采用结构方程模型（SEM）来实现。结构方程模型的基本思想最初是由 Wright S（1921）在关于相关性和因果分析的研究中提出的，在后续发展过程中，又提出了潜变量的基本概念，这也成为结构方程模型演变过程中最大的突破。到目前为止，学术界已经形成了众多的统计分析方法，如相关分析、因子分析等，但这些方法通常只能对单一的自变量与因变量之间的关系进行分析，而且很难对变量之间的因果关系进行深入探查（如因子分析）；而诸如路径分析的方法尽管能够说明变量之间的因果关系，却无法解决变量之间的测量误差为零、残差之间不相关等基本假设要求。结构方程模型则很好的解决了这些问题，其综合了多元回归分析、路径分析、因子分析等诸多统计分析方法的优点，实现了多变量之间内在数量和方向上的关系解释，深度测量自变量对因变量的直接和间接影响，同时又考虑现实情况的误差。也正是由于其在统计分析上的优越表现，使其成为可同时处理多变量之间关系并帮助学者进行探索性和验证性分析的重要统计方法。

结构方程模型的应用一般包括四个基本步骤：第一，构建概念模型。根据已有的理论基础，结合自身研究的独特性，建立关于各变量之间关系的假设条件，并形成各变量之间关系的基本概念模型。第二，对模型的拟合状况进行测算。利用收集到的相关数据对模型参数进行估计。第三，模型评价。主要考察路径系数或称载荷系数的显著性、各个参数之间的关系合理性、相关拟合指标是否达标，如果各项指标均达标，则说明模型的建立是科学合理的，可以接受。第四，模型修正。如果经过测算之后的各项指标未能达标，则需要对模型进行修正使其更好地拟合数据。

本研究中将使用回归分析与相关分析对关系嵌入、结构嵌入、资源嵌入、知识管理以及 KIBS 企业服务创新绩效等各个因子之间的关系进行分析。考虑到相关分析与回归分析不能解决多变量之间相互影响的问题，因此，借助结构方程模型对其进行更深层次的分析，以验证 KIBS 企业服务创新绩效影响因素的整体结构。

结构方程模型的应用主要通过测量方程和结构方程来实现。测量方程能够显化因子与测量指标之间的关系，结构方程则主要描述因子与因子之间的关系。本研究中 KIBS 企业服务创新绩效影响因素理论模型下所建立的测量方程与结构方程如下：

测量方程为：

$$x = \Lambda_x \xi + \delta$$

$$y = \Lambda_y \eta + \varepsilon$$

结构方程为：

$$\eta = B\eta + \Gamma\xi + \zeta$$

其中：$x$ 表示外源指标组成的向量，$y$ 表示内生指标组成的向量，$\Lambda_x$ 表示外生观测变量与外生潜变量直接的关系，是外生观测变量在外生潜变量上的因子载荷矩阵，$\Lambda_y$ 表示内生观测变量与内生潜变量之间的关系，是内生观测变量在内生潜变量上的因子载荷矩阵；$B$ 表示路径系数，表示内生潜变量间的关系（即 KIBS 企业知识管理因子与其服务创新绩效因子之间的关系）；$\Gamma$ 表示路径系数，表示外生潜变量对内生潜变量的影响；$\zeta$ 表示结构方程的残差项，反映了在方程中未能被解释的部分；$\delta$ 表示外生观测变量 $x$ 的误差；$\varepsilon$ 表示内生观测变量 $y$ 的误差。$\xi$ 表示外源潜变量组成的向量；$\eta$ 表示内生潜变量组成的向量。

本结构方程模型中存在以下基本假设，第一，$\varepsilon$、$\delta$、$\zeta$、$\eta$、$\xi$ 的均值都是0，即 $E(\varepsilon)=0$，$E(\delta)=0$，$E(\zeta)=0$，$E(\eta)=0$，$E(\xi)=0$；第二，$\varepsilon$、$\delta$、$\zeta$、$\eta$、$\xi$ 之间相互独立，均不相关；第三，所有指标和因子均是中心化的，即均值为零。

在结构方程模型应用过程中，需要对模型的拟合度进行系统评价，理论上通常有三个方面，即相对拟合指标、绝对拟合指标和简约指数。简约指数应用较少，因此本研究主要从相对拟合指标和绝对拟合指标两方面对结构方程理论模型进行验证。常用的绝对拟和指标主要包括卡方指数（$\chi^2$/df）、近似误差均方根（RMSEA）、拟合优度指数（GFI），常用的相对拟合指标主要有规范拟合指数（NFI）、非规范拟合指数（TLI）、比较拟合指数（CFI）、增量拟合指数（IFI）。通常认为，$\chi^2$ 取值应在 1～3，且越接近于1，说明模型的整体拟合度越佳。RMSEA 值小于 0.08，且数值越小，说明模型整体拟合度越佳。NFI、TLI、CFI 取值一般在 0～1，1 表示完全拟合，且只有当其值大于 0.90 时，所建立的理论模型方可接受，若其值小于 0.90，则需要重新设置理论模型，增强其科学性。各个指标对结构方程模型拟合度的测量评价往往是进行统一考察，相互结合进行的。

## 第四节 本章小结

基于前面的研究成果，结合探索性案例分析，充分、规范提出关系嵌入、结构嵌入、资源嵌入与 KIBS 企业服务创新绩效之间以及关系嵌入、结构嵌入、资源嵌入与 KIBS 企业知识管理之间的六个假设，加之 KIBS 企业知识管理与服务创新绩效之间的基本假设，共计七个基本假设。同时，作者就关系嵌入的关系质量、关系强度、关系持久性，结构嵌入的网络密度、企业网络中心性、结构洞以及资源嵌入的企业战略资源占有、合作企业战略资源占有与知识管理和服务创新绩效之间的关系建立 20 个子假设，以构建本研究不同变量之间内在逻辑关系的基本概念模型。在系统借鉴、综合相关量表研究成果的基础上，对关系嵌入、结构嵌入、资源嵌入、知识管理、服务创新绩效提出规范、系统的测量指标体系。对结构方程模型在网络嵌入对 KIBS 企业服务创新绩效影响机制理论模型的验证情况进行了说明，为后续实证研究做了准备。

# 第七章

# 网络嵌入对 KIBS 企业服务创新绩效影响机制实证研究与模型检验

## 第一节 实证分析

在本书第五章中，针对网络嵌入对 KIBS 企业服务创新绩效的影响，提出了众多的相关假设，并以此为基础构建了网络嵌入—知识管理—服务创新绩效的基本理论概念模型。本章将根据 KIBS 企业的 4 大具体分类，选择各大类中相应的企业作为调研单位，对网络嵌入对 KIBS 企业服务创新绩效的影响假设关系及理论模型进行实证检验。

### 一、样本选择与数据收集

本书中所选择的样本主要来自长三角地区的上海、苏州、杭州、宁波 4 个城市，其主要原因在于：一方面长三角地区经济的快速发展促进了知识密集型服务业的繁荣，另一方面出于作者调研的便利考虑。被调研对象的企业类型包括了 KIBS 企业的四大基本分类：金融服务类，信息传输、计算机服务和软件类，租赁和商务服务类，科学研究、技术服务与地质勘查类。调研对象的全面覆盖有利于研究普适性的实现。

针对本研究涉及的企业对象，问卷的发放对象主要是知识密集型服务业中的四大类型企业。而为了保证问卷的有效发放和回收，本研究主要采取了三种主要方式：第一，相关行业从业的同学、亲友帮助发放。虽然选择的城市与作者所在城市之间的距离不远，但是考虑到企业对于陌生调研者规避的态度，主要通过从事相关行业的亲友帮助发放及回收问卷，并首先征得企业管理层领导的支持和帮助，通过管理层的干预促进问卷发放范围的扩大以及督促员工的有效参与。为了保证对问题的有效理解，作者与问卷发放人员之间进行了充分的事前沟通，而发放人员在业内较为熟悉的人际关系保证了问卷填写的准确性以及回收数量。第二，问卷的填写时间基本控制在 10 分钟之内。考虑到填写问卷的时间越长，问卷的准确性越差这一基本情况，本研究中问卷的设计基本能够保证问卷填写人员在 10 分钟之内完成，并在问卷的开头声明调研问卷的匿名性和保密性，并保证只为本研究提供基本事实支撑，不会被挪为他用，以打消问卷填写者的顾虑。当然，作为回馈以及实现理论研究的实际价值，可以为被调研企业提供相关分析结果以供计划、战略制定的相关参考，从而提高被调研企业以及被调研人员的参与积极性。第三，对于作者所在城市的知识密集型服务企业的调研，主要由作者自行展开。由于作者本身从事高等教育行业，十余年来，与社会企业形成了一定的联系，另外，毕业学生所从事的相关行业也为本研究的调研工作提供了极大的便利，并且作者所在单位的金融保险研究基地经常开展相关业内人士培训班，主要针对企业中高层人员，这为问卷的发放和回收提供了极大的便利和保证。以上各种方式相结合有效保证了问卷的发放数量和回收质量。

本研究的问卷发放及回收工作主要集中在 2013 年 11 月至 2014 年 8 月期间，在所选择的上海、苏州、杭州、宁波 4 个城市共发放问卷 250 份，其中上海地区发放问卷 50 份，苏州地区发放问卷 50 份，杭州地区发放问卷 50 份，宁波地区发放问卷 100 份。另外，还通过电子邮件的形式发放问卷 39 份，同时在网络调研平台发放问卷。在问卷的回收方面，针对上海、苏州、杭州以及宁波市的问卷主要通过现场填写、现场回收、网上邮件回收、传真回收等不同方式展开，网络平台问卷主要由问卷调查统计服务提供者进行系统统计分析后返回，所有纸质问卷均经过系统的整理分析。对所有问卷进行统计分析，其中金融服务类企业 116 份，信息传输、计算机服务和软件类企业 138 份，租赁和商务服务类企业 104 份，科学研究、技术服务与地质勘查类企业 78 份，回收率为 87.2%。436 份回收问卷中，经统计无效问卷 11 份。39 份电子问卷全部回收。总体而言，本研究最终有效问卷共计 464 份，有效问卷率为 86.1%。

## 二、问卷设计与分析工具

关于问卷的设计，本研究参考了大量国内外已有的相关文献以及成熟量表，并将其与本研究的核心主题相结合，设计出相应的问卷题项，从而形成了本研究调查问卷的最初版本。为了保证问卷设计的有效性和科学性，针对初稿，在本研究团队（包括指导导师、博士生同门及同学）中进行了初步讨论，结合大家的意见对问卷题项的合理性、科学性、表述是否贴切易懂等各方面进行了完善。继而，为了保证数据调查的准确性，作者与相关研究专家学者、小范围 KIBS 企业的中高层管理者以及行业协会（宁波鄞州商会）的相关负责人进行了面对面的深入访谈，对问卷的适用性、全面性、简单易懂等方面进行了补充和修订，并充分考虑到完成时间方面尽量缩短，以降低问卷填写者耐心的丧失对问卷真实性和有效性的负面影响。另外，在大范围发放问卷之前，在作者所在城市选择了 12 家知识密集型服务企业进行了小范围测试，并根据测试过程中出现的问题进行了调整。在综合多方面意见进行修订完善的基础上，调查问卷题项简单明了，篇幅适中，题项表述贴切易懂，为被调查者快速给出客观有效的回答奠定了良好基础，同时也为有效科学数据的获得提供了保障。另外，由于本研究涉及的调查对象为特定的知识密集型服务企业，并且被调查人员主要针对中高层、对企业服务创新、知识管理较为了解的人群，且基本控制一个企业的被调查者在 1～2 人，有效避免了调查问卷的同源性给调查数据的真实性造成负面影响，使得研究结果建立在科学、坚实的实际调研基础之上，为得出科学的研究结论提供了保障。具体题项的设置见第六章相关内容。

对于具体的数据分析，本研究主要选择应用比较普遍的 SPSS22.0 和 AMOSS5.0 软件进行，SPSS22.0 主要对结构模型中各个变量展开描述性统计分析，并进行相关性与回归性分析，而 AMOSS5.0 则主要用来检验假设模型以及各相关假设的拟合度。二者相互结合保证了对问卷的有效分析。

## 三、描述性统计分析

本研究针对问卷进行的描述性统计主要从受访对象以及受访企业两方面展开分析，对于受访对象主要考察性别、受教育程度、年龄、在企业中的职位、工作年限以及对公司业务发展的熟悉程度 7 个方面。针对受访企业的统计分析则主要从企业规模、所属行业、企业建立年限、对外交流合作的经验 4 个方面展开。

### （一）受访人员描述性统计

1. 性别

对所有调查问卷进行整理分析后发现，单从被调查人员的性别来看，男员工的数量为 289 人，占到所有被调查人员的 62.28%；而女员工的数量为 175 人，占所有被调查人员的 37.72%。这主要是因为，本研究的调查对象主要集中于企业管理层的相关人员，而女性由于各方面的原因在管理岗位的数量较之男性略少。

2. 年龄

从所有调查样本中被调查人员的年龄分布来看，年龄层主要分布在 25~45 岁，这一年龄段的被调查人员共为 342 人，占到所有人员比例的 74.71%，其次是 45~55 岁的年龄段，共为 25 人，占比为 14.01%。处于 56 岁以上和 25 岁以下的人员数量共为 55 人，占比共为 12.29%。可以发现，在知识密集型企业中，中青年成为行业的中坚力量，这一部分人群对新知识、新事物、新技术的接受能力更强，思维更活跃，创造性也更强，是 KIBS 企业进行有效知识管理并促进服务创新的核心人群。

3. 学历

从调查问卷的整体情况来看，对相关被调查对象的学历状况进行统计发现，具有本科学历的人员达到 264 人，占所有被调查人员的 56.90%，其次是具有硕士学位的人员为 97 人，比例为 20.91%，具有博士学位的人数为 31 人，而大专以下学历的人数有 72 人，比例为 15.52%。对比发现，具有大专以下学历的人员往往在年龄上也偏高。从这一比例分布来看，具有本科学历的人员在知识密集型服务企业的核心主力，而随着近年服务业在国民经济发展中地位的不断上升，国民教育层次不断提升，企业管理者和员工对自身的素质提升要求不断强化，知识密集型服务业从业人员的学历水平在不断上升。

4. 职位

从对调查问卷的统计分析来看，在所有被调查人员中，由于约谈时间不能满足等各方面原因，处于董事长、总经理位置的人员数量相对较少，人数总额为 29 人，累计比例为 6.25%，处于副总经理、部门经理以及部门经理助理位置的人员为被调查人员的核心组成部分，总人数达到 395 人，占比累计达到 85.13%，处于项目总监位置人员数量为 40 人，占比达到 8.62%。关于相关被调查人员的职位选择限制，主要考虑到被调查人员较高职位对企业知识管理以及服务创新政策制定、宏观战略、对外交流合作等方面的熟悉程度较高，能够更加准确地反映在调查问卷中，从而为研究提供一个真实可靠的数据来源。

5. 工作年限

通过对所有调查问卷的整理，从工作年限方面看，绝大多数被调查人员工作年限集中的 2～10 年，其中 2～5 年的人数为 198 人，占比达到 42.67%。5～10 年的人数为 132 人，占比达到 28.45%，两项合计占比为 71.12%。工作年限在 2 年以下以及 10 年以上的人员共有 134 人，占比累计为 28.88%。对比发现，处于领导层面且工作年限在 2 年以下的人员中，绝大多数具有较高学历，如硕士、博士。这也说明，随着知识更新换代越来越快，刚刚毕业走入工作岗位的年轻人越来越依靠自身所掌握的与时俱进的行业相关知识，由于专业方面的优势，对新环境的适应能力更强，更易于在工作岗位上作出成绩，从而为其职业更好发展打开了局面。

6. 对公司运营的熟悉程度

在对调查人员关于企业以及发展规划熟悉程度的整理分析得出，有 247 人表示对企业的运营状况非常熟悉，比例达到 53.23%，另外 152 人表示熟悉企业业务，比例达到 32.76%，剩余 65 人对企业运营状况的熟悉程度一般，占比为 14.01%。对企业运营状况熟悉的较高比例主要是由于本研究的调查人员选择主要倾向于企业中高层管理者，这也是为满足本研究对企业知识管理、服务创新整体规划调查的需要。详见表 7-1。

### （二）受访企业描述性统计

1. 所属行业

在对有效调查问卷进行整理分析后，对被调查企业所属行业的分类如

**表 7-1　　有效调查问卷受访人员描述性统计**

| 统计类别及分项 | | 频次 | 比例（%） |
|---|---|---|---|
| 性别 | 男 | 289 | 62.28 |
| | 女 | 175 | 37.72 |
| 共计 | | 464 | 100 |
| 年龄 | 25 岁以下 | 32 | 6.90 |
| | 25～35 岁 | 184 | 39.66 |
| | 35～45 岁 | 158 | 34.05 |
| | 45～55 岁 | 65 | 14.01 |
| | 56 岁以上 | 25 | 5.39 |
| 共计 | | 464 | 100 |
| 学历 | 大专以下 | 72 | 15.52 |
| | 本科 | 264 | 56.90 |
| | 硕士 | 97 | 20.91 |
| | 博士 | 31 | 6.68 |
| 共计 | | 464 | 100 |
| 职位 | 董事长 | 3 | 0.65 |
| | 总经理 | 26 | 5.60 |
| | 副总经理 | 68 | 14.66 |
| | 部门经理 | 169 | 36.42 |
| | 部门经理助理 | 158 | 34.05 |
| | 总监 | 40 | 8.62 |
| 共计 | | 464 | 100 |
| 工作年限 | 2 年以下 | 67 | 14.44 |
| | 2～5 年 | 198 | 42.67 |
| | 5～10 年 | 132 | 28.45 |
| | 10 年以上 | 67 | 14.44 |
| 共计 | | 464 | 100 |
| 对公司运营的熟悉程度 | 非常熟悉 | 247 | 53.23 |
| | 熟悉 | 152 | 32.76 |
| | 一般 | 65 | 14.01 |
| | 不熟悉 | 0 | 0 |
| | 非常不熟悉 | 0 | 0 |
| 共计 | | 464 | 100 |

表 7－2 所示。本研究的调查问卷发放对象基本上包括了知识密集型服务企业的所有类别，其中占比较大的为银行，软件、计算机服务业，租赁业，其数量均在 50 个以上，这主要是由本人所从事的教师行业带来的便利。一方面，本校学生毕业后绝大部分比例进入服务行业，尽管属于不同专业，但是通过教师调研之间的互助行为，达到一传十、十传百有针对性的接触企业，这有效地保证了调研的顺利进行，这也是本次调研最为重要且有效的途径。另外商务服务业、研究与试验发展业、证券业、专业技术服务业、科技交流与推广业的数量也相对较多。总之，本研究调查企业覆盖范围较广，这在一定程度上说明本研究具有普适性。

**表 7－2　有效调查问卷受访企业描述性统计**

| 统计类别及分项 | | | 频次 | 比例（%） |
|---|---|---|---|---|
| 所属行业 | 银行 | | 69 | 14.87 |
| | 证券 | | 31 | 6.68 |
| | 保险 | | 7 | 1.51 |
| | 电信等信息传输服务业 | | 54 | 11.64 |
| | 计算机服务业 | | 86 | 18.53 |
| | 软件业 | | 91 | 19.61 |
| | 租赁业 | | 3 | 0.65 |
| | 商务服务业 | | 48 | 10.34 |
| | 研究与试验发展 | | 34 | 7.33 |
| | 专业技术服务业 | | 26 | 5.60 |
| | 科技交流和推广服务业 | | 15 | 3.23 |
| 共计 | | | 464 | 100 |
| 企业规模 | 人数 | 50 人以下 | 110 | 23.71 |
| | | 50～100 人 | 237 | 51.08 |
| | | 100～200 人 | 86 | 18.53 |
| | | 200 人以上 | 31 | 6.68 |
| | 资产 | 2 500 万元以下 | 132 | 28.45 |
| | | 2 500 万～1 亿元 | 259 | 55.82 |
| | | 1 亿～3 亿元 | 48 | 10.34 |
| | | 3 亿元以上 | 25 | 5.39 |
| 共计 | | | 464 | 100 |

续表

| 统计类别及分项 | | 频次 | 比例（%） |
|---|---|---|---|
| 成立年限 | 2 年以下 | 16 | 3.45 |
| | 2～5 年 | 79 | 17.03 |
| | 5～10 年 | 190 | 40.95 |
| | 10 年以上 | 179 | 38.58 |
| 共计 | | 464 | 100 |
| 与其他公司合作经验 | 非常丰富 | 179 | 38.58 |
| | 丰富 | 285 | 61.42 |
| 共计 | | 464 | 100 |

2. 企业规模

对于被调查企业所具有规模的分类主要从员工人数与企业资产两方面展开。从人数来看，50～100 人的企业数量为 237 家，占到总数量的 51.08%，其次是 50 人以下的企业为 110 家，占比为 23.71%，100～200 人企业有 86 家，占比为 18.53%，剩余 200 人以上企业有 31 家，占比为 6.68%。而从企业规模看，资产在 2500 万～1 亿元的企业数量为 259 家，占比为 55.82%。资产在 2500 万元以下的企业有 132 家，占比为 28.45，而资产在 1 亿～3 亿元的企业为 48 家，占比为 5.39%。从这些数据可以看出，大多数企业属于中等规模水平，这也说明服务业的发展相比较于制造业动辄上亿资产的状况还是有很大差别的，而作为直接与消费者打交道的行业，人员配置的重要性显得更为突出。

3. 成立年限

从对被调查企业成立年限来看，绝大多数企业具有较长的发展历史，成立在 5 年以上的企业共计 369 家，占到总数量的 79.53%，其中成立 10 年以上的企业有 179 家，比例为 38.58%。成立年限在 2～5 年的企业有 79 家，占比为 17.03%，成立 2 年以下的企业有 16 家，所占比例为 3.45%。将其与企业对外合作的经验相比照发现，成立年限越久的企业，作为网络成员的时间越长，对外合作的经验也越丰富，这与现实情况是十分相符的。

4. 与其他公司合作经验

对本项的信息整理后得出，企业与其他公司合作经验非常丰富的有 179 家，占比为 38.58%，另外有 285 家企业的受访人员对于这一项选择了“丰富”，占比为61.42%。可见，即使是成立年限较短的的企业也是非常重视对外合作的，并积极开展对外业务拓展及与业内企业建立广泛的合作关系。

## 四、问卷的信度与效度分析

信度（Reliability）即可信程度或称可靠性，主要考察对同一对象进行调查时，问卷调查结果的稳定性和一致性，即测量工具（问卷或量表）能否稳定地测量所测的事物或变量。效度（Validity）即有效性，它是指测量工具或手段能够准确测出所需测量的事物的程度。对问卷信度和效度的分析的必要性及重要意义在于即使是学界已经普遍接受和认可的完善成熟的量表，也会由于经济背景的变化以及受访人员的个体差异而导致量表信度和效度的变动。因此，本研究在进行数据分析之前，首先对调研问卷的信度和效度进行检验，以确保研究基础的科学性。

### （一）问卷的信度分析

本研究中的信度检验主要通过考察李·克隆巴赫于1951年提出的克隆巴赫系数（Cronbach's alpha）进行，或称 Cronbach's α，简称 α 系数。克隆巴赫系数公式 $\alpha = (n/n-1)(1-\sum S_i/S_t)$，其中，α 为信度系数，n 为测验题目数，$S_i$为每题被试得分的方差，$S_t$为所有被试所得总分的方差。一般来说，α 系数愈高，问卷的信度越好。普遍认为，$\alpha > 0.9$时，表示问卷信度非常好；$0.7 < \alpha < 0.9$ 时，表明问卷信度较好；$0.35 < \alpha < 0.7$ 时，表明问卷具有中等信度；而如果 $\alpha < 0.35$ 时，则表明问卷信度较差，处于低信度水平，必须予以拒绝。

同时，为了考察测量题项的内部相关性，选用 CITC（corrected item - total correlation）值来纠正项目总的相关性，并筛选出已经剔除的测量题项，从而使量表更加科学合理。为了提高量表的有效性，本研究选择测量项目总相关系数 CITC < 0.45 为分界点，作为剔除相对应题项的标准，并设定 $\alpha > 0.6$ 作为相应问卷信度测量的分界点。即 CITC < 0.45，且在剔除相应题项后，α 系数更高，则可以提出对应题项。

1. 关系嵌入量表的信度分析

本研究运用 SPSS22.0 软件，对网络嵌入的第一个维度——关系嵌入进行相应的信度分析，结果如表 7 - 3 所示。从数据可以看出，所设定的

10 个题项的项目总相关系数 CITC 值均大于 0.45，最低 RE5 题项的 CITC 值为 0.582，且 α 达到 0.818，远高于 0.6 的水平，说明本研究中关于关系嵌入量表的开发设定满足研究需要，符合标准。

**表 7-3　　关系嵌入量表信度分析结果**

| 变量 | 测度题项编号 | CITC | 题项剔除后 α 系数 | α 系数 |
|---|---|---|---|---|
| 关系嵌入 | RE1 | 0.772 | 0.811 | α = 0.818 |
| | RE2 | 0.629 | 0.833 | |
| | RE3 | 0.779 | 0.791 | |
| | RE4 | 0.762 | 0.744 | |
| | RE5 | 0.582 | 0.777 | |
| | RE6 | 0.653 | 0.776 | |
| | RE7 | 0.668 | 0.788 | |
| | RE8 | 0.692 | 0.722 | |
| | RE9 | 0.655 | 0.814 | |
| | RE10 | 0.666 | 0.772 | |

2. 结构嵌入量表信度分析

将结构嵌入相应问卷数据运用 SPSS22.0 进行信度分析，结果见表 7-4。其中可以看出，在设定的 8 个题项中，SE1、SE8 题项的 CITC 值均低于 0.45，分别为 0.284、0.312，剩余六个题项的 CITC 值均高于 0.45，并且在剔除 SE1、SE8 题项后，α 系数由原来的 0.796 上升为 0.827，说明在剔除相应题项后，结构嵌入的量表设计更加科学合理，满足研究需要。

**表 7-4　　结构嵌入量表信度分析结果**

| 变量 | 测度题项编号 | 初始 CITC | 最后 CITC | 题项剔除后 α 系数 | α 系数 |
|---|---|---|---|---|---|
| 结构嵌入 | SE1 | 0.284 | 删除 | 删除 | 初始 α = 0.796 最后 α = 0.827 |
| | SE2 | 0.625 | 0.623 | 0.785 | |
| | SE3 | 0.560 | 0.628 | 0.734 | |
| | SE4 | 0.581 | 0.605 | 0.834 | |
| | SE5 | 0.675 | 0.697 | 0.827 | |
| | SE6 | 0.671 | 0.618 | 0.809 | |
| | SE7 | 0.628 | 0.657 | 0.776 | |
| | SE8 | 0.312 | 删掉 | 删掉 | |

3. 资源嵌入量表的信度分析

同上，运用 SPSS22.0 软件对资源嵌入的相关数据进行信度分析，所得到的结果见表 7-5。分析来看，所设定的各个题项的 CITC 值均高于 0.45，且 α 达到 0.799，符合要求，即关于资源嵌入的量表设计很好的满足了本研究的需要。

**表 7-5　　资源嵌入量表信度分析结果**

| 变量 | 测度题项编号 | CITC | 题项剔除后 α 系数 | α 系数 |
|---|---|---|---|---|
| 资源嵌入 | RE1 | 0.632 | 0.715 | α = 0.799 |
| | RE2 | 0.736 | 0.810 | |
| | RE3 | 0.570 | 0.732 | |
| | RE4 | 0.588 | 0.776 | |

4. 知识管理量表的信度分析

同理，对 KIBS 企业知识管理量表活动进行相应的信度分析，见表 7-6。数据分析显示，在关于知识管理所设定的 16 个相关题项中，只有 KM2 题项所对应的 CITC 值低于 0.45，其余题项的 CITC 值均高于 0.45，量表的 α 系数为 0.793，在剔除相应的 KM2 题项后，α 系数上升到 0.821，这说明关于 KIBS 企业知识管理量表的开发设计符合研究要求。

**表 7-6　　知识管理量表信度分析结果**

| 变量 | 测度题项编号 | 初始 CITC | 最后 CITC | 题项剔除后 α 系数 | α 系数 |
|---|---|---|---|---|---|
| 知识管理 | KM1 | 0.625 | 0.666 | 0.721 | 初始 α = 0.793<br>最后 α = 0.821 |
| | KM2 | 0.233 | 删掉 | 删掉 | |
| | KM3 | 0.588 | 0.615 | 0.703 | |
| | KM4 | 0.732 | 0.768 | 0.834 | |
| | KM5 | 0.617 | 0.713 | 0.812 | |
| | KM6 | 0.524 | 0.591 | 0.761 | |
| | KM7 | 0.642 | 0.702 | 0.819 | |
| | KM8 | 0.661 | 0.699 | 0.821 | |
| | KM9 | 0.628 | 0.682 | 0.835 | |
| | KM10 | 0.518 | 0.621 | 0.782 | |
| | KM11 | 0.521 | 0.687 | 0.768 | |
| | KM12 | 0.647 | 0.671 | 0.804 | |
| | KM13 | 0.621 | 0.654 | 0.708 | |
| | KM14 | 0.587 | 0.641 | 0.729 | |
| | KM15 | 0.629 | 0.678 | 0.735 | |
| | KM16 | 0.681 | 0.733 | 0.806 | |

5. 服务创新绩效量表的信度分析

运用 SPSS22.0 软件对 KIBS 企业服务创新绩效量表进行运行后得到信度分析数据见表 7－7。从中可以看出，KIBS 企业服务创新绩效各题项的 CITC 值均高于 0.45，且整体量表的 α 系数达到 0.864，说明关于 KIBS 服务创新绩效所开发的量表完全符合本研究需要。

**表 7－7 服务创新绩效量表信度分析结果**

| 变量 | 测度题项编号 | CITC | 题项剔除后 α 系数 | α 系数 |
|---|---|---|---|---|
| 服务创新绩效 | SP1 | 0.706 | 0.804 | α＝0.864 |
| | SP2 | 0.598 | 0.816 | |
| | SP3 | 0.728 | 0.887 | |
| | SP4 | 0.645 | 0.812 | |
| | SP5 | 0.655 | 0.824 | |
| | SP6 | 0.613 | 0.789 | |
| | SP7 | 0.618 | 0.839 | |
| | SP8 | 0.712 | 0.924 | |

根据上述对问卷的信度分析，对于网络嵌入背景下 KIBS 企业服务创新绩效所有量表的测度题项进行筛选后如下：关系嵌入最初设定的所有 10 个题项 RE1～RE10，全部保留，共计 10 个；结构嵌入设定的 8 个题项中除 SE1 和 SE8 剔除外，其余的 SE2～SE7 全部保留，共计 6 个；资源嵌入的 4 个题项 RE1～RE4 全部保留，共计 4 个；KIBS 企业知识管理量表测度题项除了 KM2 剔除之外，KM1、KM3～KM16 全部保留，共计 15 个；KIBS 企业服务创新绩效量表中的题项 SP1～SP8 全部保留，共计 8 个。

### （二）问卷的效度分析

1. 关系嵌入量表的效度分析

对本研究中的关系嵌入量表的 10 个题项分别进行 KMO 样本检测以及 Bartlett 球体检验，结果显示 KMO＝0.836＞0.8，并且 Bartlett 球体检测的 $x^2$ 统计值的显著性概率为 0.000，小于 0.01，即应该拒绝相关系数矩阵为单位矩阵的零假设，换句话说，关于关系嵌入所列题项数据之间具有一定的相关性，可以并适合对其进行因子分析。

由上，运用主成分分析法对关系嵌入量表做因子分析，并且按照特征根大于 1 的基本原则以及最大方差旋转进行因子提取，最终得到 2.984、2.943、1.972 三个特征值，因子解释变量达到 60.554%，大于 60%，同时所有测度题项的因子载荷均处于 0.6 以上的水平。由此说明，本研究中关于关系嵌入量表具有符合研究要求的效度，所提取的三个因子与问卷调查数据收集前所进行的研究预想相吻合。

**表 7－8　关系嵌入探索性因子分析**

| 测度题项编号 | 因子 | | |
|---|---|---|---|
| | 关系强度 | 关系质量 | 关系持久度 |
| Q01 | 0.726 | | |
| Q02 | 0.682 | | |
| Q03 | 0.734 | | |
| Q04 | 0.684 | | |
| Q05 | 0.726 | | |
| Q06 | | 0.883 | |
| Q07 | | 0.756 | |
| Q08 | | 0.692 | |
| Q09 | | | 0.738 |
| Q10 | | | 0.654 |
| 特征值 | 2.984 | 2.943 | 1.972 |
| 解释变量百分比 | 22.875% | 22.561% | 15.118% |

2. 结构嵌入量表的效度分析

同上，对结构嵌入量表的 8 个题项分别进行 KMO 样本检测以及 Bartlett 球体检验，结果显示 KMO = 0.818 > 0.8，并且 Bartlett 球体检测的 $x^2$ 统计值的显著性概率为 0.000，小于 0.01，即应该拒绝相关系数矩阵为单位矩阵的零假设，换句话说，关于结构嵌入所列题项数据之间具有一定的相关性，可以并适合对其进行因子分析。

因此，运用主成分分析法对关系嵌入量表做因子分析，并且按照特征根大于 1 的基本原则以及最大方差旋转进行因子提取，最终得到 3.058、3.608、2.265 三个特征值，因子解释变量达到 67.938%，大于 60%，同时所有测度题项的因子载荷均处于 0.6 以上的水平。由此说明，本研究中关于结构嵌入量表具有符合研究要求的效度，所提取的 4 个因子与问卷调查数据收集前所进行的研究预想相吻合。

表 7-9　　结构嵌入探索性因子分析

| 测度题项编号 | 因子 | | |
|---|---|---|---|
| | 网络密度 | 企业网络中心性 | 结构洞 |
| Q01 | 0.651 | | |
| Q02 | 0.724 | | |
| Q03 | | 0.598 | |
| Q04 | | 0.659 | |
| Q05 | | 0.648 | |
| Q06 | | | 0.816 |
| Q07 | | | 0.731 |
| Q08 | | | 0.724 |
| 特征值 | 3.058 | 3.608 | 2.265 |
| 解释变量百分比 | 23.249% | 27.445% | 17.244% |

3. 资源嵌入量表的效度分析

同理，对资源嵌入量表的 4 个题项分别进行 KMO 样本检测以及 Bartlett 球体检验，结果显示 KMO = 0.879 > 0.8，并且 Bartlett 球体检测的 $x^2$ 统计值的显著性概率为 0.000，小于 0.01，即应该拒绝相关系数矩阵为单位矩阵的零假设，也就是说，对于资源嵌入所列题项数据之间具有一定的相关性，可以并适合对其进行因子分析。

因此，运用主成分分析法对资源嵌入量表做因子分析，按照特征根大于 1 的基本原则以及最大方差旋转进行因子提取，最终得到 3.367、2.136 两个特征值，因子解释变量百分比达到 67.98%，大于 60%，同时所有测度题项的因子载荷均处于 0.6 以上的水平。由此说明，本研究中关于资源嵌入量表具有符合研究要求的效度，所提取的两个因子与问卷调查数据收集前所进行的研究预想相吻合。

表 7-10　　资源嵌入探索性因子分析

| 测度题项编号 | 因子 | |
|---|---|---|
| | 企业战略资源占有 | 合作企业战略资源占有 |
| Q01 | 0.734 | |
| Q02 | 0.765 | |
| Q03 | | 0.863 |
| Q04 | | 0.721 |
| 特征值 | 3.367 | 2.136 |
| 解释变量百分比 | 41.593% | 26.386% |

4. 知识管理量表的效度分析

对 KIBS 企业知识管理相应量表所涉及的 15 个题项进行 KMO 样本检测以及 Bartlett 球体检测，数据显示 KMO = 0.851 > 0.8，并且 Bartlett 球体检验的 $x^2$ 统计值的显著性概率为 0.000，小于 0.01，即拒绝相关系数矩阵为单位矩阵的零假设，说明所设置的各个题项数据之间存在一定的相关性，可以对其进行相应的因子分析。

运用主成分分析法对其进行因子分析，依据特征值大于 1 的基本原则以及对最大方差进行旋转实施因子提取，最终得到 4 个因子，其特征值分别为 3.157、1.112、2.007、1.015，所有因子累计解释变量百分比达到 71.966%，超过 70%，且每个相关题项的因子载荷都大于 0.6。这说明 KIBS 企业知识管理量表的效度符合研究要求，且所提取的 4 个因子也与问卷开展数据调查之前所想要得到的结果相吻合。具体见表 7 - 11。

表 7 - 11　　知识管理探索性因子分析

| 测度题项编号 | 因子 | | | |
|---|---|---|---|---|
| | 知识获取 | 知识共享 | 知识整合 | 知识应用 |
| Q01 | 0.854 | | | |
| Q02 | 0.741 | | | |
| Q03 | 0.754 | | | |
| Q04 | 0.760 | | | |
| Q05 | | 0.778 | | |
| Q06 | | 0.883. | | |
| Q07 | | 0.694 | | |
| Q08 | | 0.756 | | |
| Q09 | | | 0.880 | |
| Q10 | | | 0.803 | |
| Q11 | | | 0.770 | |
| Q12 | | | | 0.711 |
| Q13 | | | | 0.710 |
| Q14 | | | | 0.687 |
| Q15 | | | | 0.624 |
| 特征值 | 3.157 | 1.112 | 2.007 | 1.015 |
| 解释变量百分比 | 31.161% | 10.976% | 19.810% | 10.019% |

5. 服务创新绩效量表的效度分析

对 KIBS 企业服务创新绩效相应量表所涉及的 8 个题项进行 KMO 样本检测以及 Bartlett 球体检测，数据显示 KMO =0.832 >0.8，并且 Bartlett 球体检验的 $x^2$ 统计值的显著性概率为 0.000，小于 0.01，即拒绝相关系数矩阵为单位矩阵的零假设，说明所设置的各个题项数据之间存在一定的相关性，可以对其进行相应的因子分析。

由此，运用主成分分析法对其进行因子分析，依据特征值大于 1 的基本原则以及对最大方差进行旋转实施因子提取，最终得到 4 个因子，其特征值分别为 3.054、1.763、2.153、2.341，所有因子累计解释变量百分比达到 91.953%，超过 90%，且每个相关题项的因子载荷都大于 0.6。这说明 KIBS 企业知识管理量表的效度符合研究要求，且所提取的 4 个因子也与问卷开展数据调查之前所想要得到的结果相吻合。具体见表 7 - 12。

**表 7 - 12　服务创新绩效探索性因子分析**

| 测度题项编号 | 因子 | | | |
|---|---|---|---|---|
| | 财务绩效 | 市场拓展 | 市场份额 | 消费者满意 |
| Q01 | 0.756 | | | |
| Q02 | 0.697 | | | |
| Q03 | | 0.813 | | |
| Q04 | | 0.726 | | |
| Q05 | | | 0.817 | |
| Q06 | | | 0.771 | |
| Q07 | | | | 0.886 |
| Q08 | | | | 0.753 |
| 特征值 | 3.054 | 1.763 | 2.153 | 2.341 |
| 解释变量百分比 | 30.145% | 17.450% | 21.251% | 23.107% |

## 五、一阶因子结构验证

知识管理对 KIBS 企业服务创新活动以及创新绩效提升具有特别重要的意义，知识管理涉及的知识获取、知识共享、知识整合以及知识应用环节渗透在 KIBS 企业服务创新的所有活动中。换句话说，KIBS 企业服务创新的所有活动都是围绕知识要素进行的。因此，知识管理是对 KIBS 企业服务创新绩效影响因素展开探讨的关键核心问题，KIBS 企业知识管理活动科学与否直接决定其服务创新绩效影响机理理论概念模型的准确性。因此，本研究从 464 份问卷中，随机抽取 150 份，对 KIBS 企业知识管理的基本活动通过因子分析作进一步验证，并通过 AMOSS 软件进行统计分析。

### （一）关系嵌入一阶因子验证分析

本研究首先利用 150 份随机问卷对关系嵌入的各因子进行了相关分析，结果见表 7 - 13。

表 7 - 13 关系嵌入因子相关系数

| 因子 | M | SD | 关系强度 | 关系质量 | 关系持久度 |
|---|---|---|---|---|---|
| 关系强度 | 4.215 | 1.328 | 1 | | |
| 关系质量 | 3.985 | 1.253 | 0.738 *** | 1 | |
| 关系持久度 | 3.769 | 1.214 | 0.436 *** | 0.648 *** | 1 |

注：* 表示 $p<0.05$，** 表示 $p<0.01$，*** 表示 $p<0.001$。

从相关分析结果可以看出，关系嵌入涉及的关系强度、关系质量与关系持久性之间具有较高的相关系数。其中关系强度与关系质量之间的相关系数高达 0.738，关系质量与关系持久度之间的相关系数达到 0.648。因此，本研究将关系强度和关系质量合并成一个因子，与关系持久度组成一阶二因子模型 A，将关系质量和关系持久度合并成一个因子，与关系强度组成一阶二因子模型 B，结合关系强度、关系质量、关系持久度所组成的一阶三因子模型，并选择结构方程模型分析软件 AMOSS5.0 对三个模型进行模型拟合度运算，通过对模型拟合状况的分析，确定关系嵌入因子设计的合理性。

由表 7 - 14 所示结果，观察 $\chi^2$/ df、RMSEA 值发现，一阶二因子模型 A、一阶二因子模型 B 都是不准确的。而一阶三因子模型的 $\chi^2$/ df 值为 2.421，处于正常 $\chi^2$/ df 取值在 1 ~ 3，RMSEA 值为 0.056，小于 0.08，而相关的 5 个拟合优度指数 GFI、IFI、CFI、TLI、NFI 的拟合优度指数均在 0.9 以上，处于较高水平，说明一阶三因子模型的整体拟合状态较好。

表 7-14 关系嵌入一阶因子结构拟合度

| K01 | $\chi^2$ | df | $\chi^2/df$ | RMSEA | GFI | IFI | CFI | TLI | NFI |
|---|---|---|---|---|---|---|---|---|---|
| 一阶二因子模型 A | 628.41 | 142 | 4.571 | 0.341 | 0.642 | 0.624 | 0.674 | 0.723 | 0.514 |
| 一阶二因子模型 B | 358.24 | 137 | 3.265 | 0.084 | 0.924 | 0.651 | 0.648 | 0.816 | 0.943 |
| 一阶三因子模型 | 234.12 | 127 | 2.421 | 0.056 | 0.928 | 0.924 | 0.901 | 0.922 | 0.910 |

为了进一步说明各因子之间所建立模型的拟合状况，本研究进一步选择极大似然法对参数进行了估计，并得出完全标准化解，具体见图 7-1。由图可以看出，所有题项的因子载荷均处于 0.64~0.94，测量误差处于 0.14~0.28，也就是说，每一个设定的题项对其所针对的潜变量的解释量较大，同时误差较小，这一结果在更深层面上表明本研究网络背景下的关系嵌入变量的一阶三因子结构模型的数据拟合状态较好。

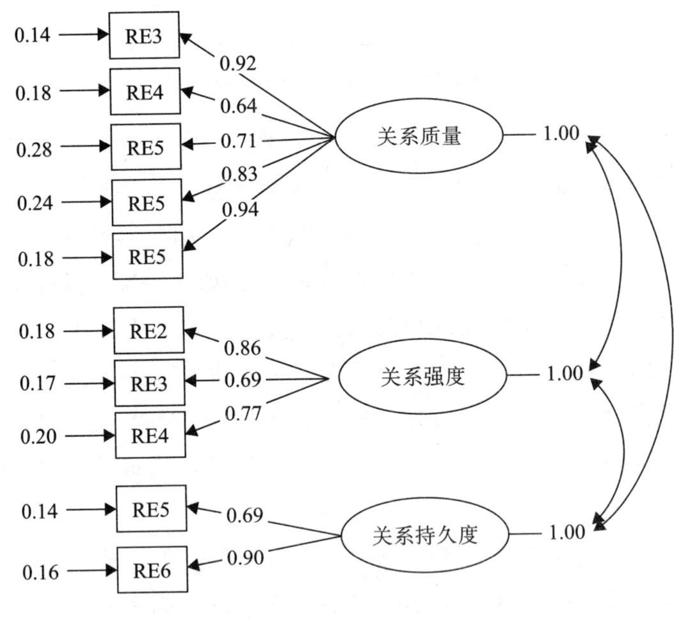


图 7-1 关系嵌入一阶三因子模型结构

## （二）结构嵌入一阶因子验证分析

同样，利用 150 份随机问卷对结构嵌入的各因子进行了相关分析，结果见表 7-15。

表 7-15　　结构嵌入因子相关系数

| 因子 | M | SD | 网络密度 | 企业网络中心性 | 结构洞 |
|---|---|---|---|---|---|
| 网络密度 | 4.253 | 1.324 | 1 | | |
| 企业网络中心性 | 3.489 | 1.027 | 0.768*** | 1 | |
| 结构洞 | 3.135 | 1.053 | 0.321** | 0.435*** | 1 |

注：* 表示 $p<0.05$，** 表示 $p<0.01$，*** 表示 $p<0.001$。

从相关分析结果可以看出，结构嵌入涉及的网络密度、企业网络中心性与结构洞之间具有较高的相关系数。其中网络密度与企业网络中心性之间的相关系数高达 0.768。因此，本研究尝试将企业网络中心性与结构洞三两个因子合并成一个因子，与网络密度共同构成一个一阶二因子假设 A；将网络密度与企业网络中心性合并成一个因子，与结构洞组成一个一阶二因子模型 B；将企业网络中心性、结构洞与网络密度组成一阶三因子模型。并选择结构方程模型分析软件 AMOSS5.0 对三个模型进行拟合度运算，通过对模型拟合状况的分析，确定结构嵌入因子设计的合理性。

由表 7-16 所示，观察 $\chi^2$/df、RMSEA 值发现，一阶二因子模型 A、一阶二因子模型 B 都是存在缺陷的，两个模型的 $\chi^2$/df 值均大于 3。而一阶三因子模型的 $\chi^2$/df 值为 1.749，处于正常 $\chi^2$/df 取值在 1~3，且更接近 1 的较优水平。RMSEA 值为 0.016，小于 0.08，且相关的五个拟合优度指数 GFI、IFI、CFI、TLI、NFI 的拟合优度指数均在 0.9 以上，处于较高水平，说明一阶三因子模型的整体拟合状态较好。因此，可以得出结论，一阶三因子模型应为本研究网络嵌入背景下其重要维度之一——结构嵌入的理想结构模型。

表 7-16　　结构嵌入一阶因子结构拟合度

| K01 | $\chi^2$ | df | $\chi^2$/df | RMSEA | GFI | IFI | CFI | TLI | NFI |
|---|---|---|---|---|---|---|---|---|---|
| 一阶二因子模型 A | 614.41 | 114 | 3.215 | 0.073 | 0.924 | 0.768 | 0.531 | 0.847 | 0.782 |
| 一阶二因子模型 B | 381.24 | 146 | 3.758 | 0.017 | 0.278 | 0.815 | 0.806 | 0.794 | 0.921 |
| 一阶三因子模型 | 284.25 | 135 | 1.749 | 0.016 | 0.917 | 0.928 | 0.904 | 0.932 | 0.908 |

同理，同样应用极大似然法对结构嵌入各因子之间的拟合状况进行深入估计，其完全标准化解具体见图 7-2。从结果分析来看，所有题项的

因子载荷为0.69～0.90，测量误差为0.14～0.24，即表明每一个设定的题项对其所针对的潜变量具有较高的解释量，同时误差较小，即表明本研究网络背景下的结构嵌入变量的一阶三因子结构模型的数据拟合状态较好。

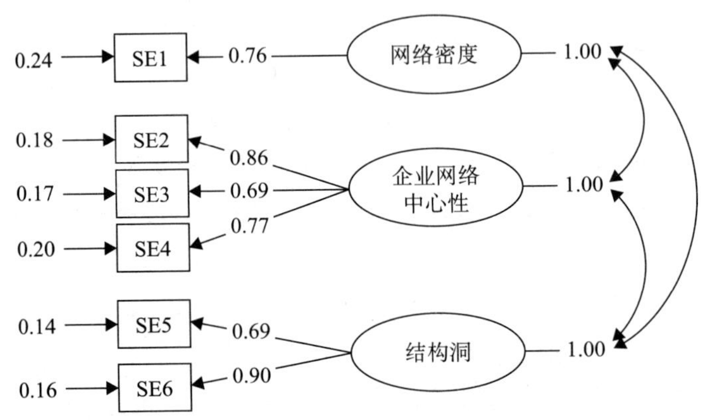


**图7－2 结构嵌入一阶三因子模型结构**

### （三）资源嵌入一阶因子验证分析

同样，利用150份随机问卷对资源嵌入的各因子进行了相关分析，结果见表7－17。

**表7－17 资源嵌入因子相关系数**

| 因子 | M | SD | 企业战略资源占有 | 合作企业战略资源占有 |
|---|---|---|---|---|
| 企业战略资源占有 | 3.958 | 1.542 | 1 | |
| 合作企业战略资源占有 | 3.872 | 1.286 | 0.634*** | 1 |

注：*表示 $p<0.05$，**表示 $p<0.01$，***表示 $p<0.001$。

从相关分析结果可以看出，资源嵌入涉及的企业战略资源占有与合作企业战略资源占有之间具有较高的相关系数。研究进一步选择结构方程模型分析软件AMOSS5.0对这一一阶二因子模型进行拟合度运算，通过对模型拟合状况的分析，确定资源嵌入因子设计的合理性。

由表7－18所示结果，观察 $\chi^2$/df、RMSEA值发现，模型 $\chi^2$/df值大于2.221，模型的RMSEA值为0.046，且相关的五个拟合优度指数GFI、

IFI、CFI、TLI、NFI 的值均在 0.9 以上，处于较高水平，说明该一阶二因子模型的整体拟合状态较好。因此，可以得出结论，一阶二因子模型应该为本研究网络嵌入背景下关于其重要维度之一——资源嵌入的理想结构模型。

表 7－18　　资源嵌入一阶因子结构拟合度

| K01 | $\chi^2$ | df | $\chi^2/df$ | RMSEA | GFI | IFI | CFI | TLI | NFI |
|---|---|---|---|---|---|---|---|---|---|
| 一阶二因子模型 | 203.24 | 114 | 2.221 | 0.046 | 0.908 | 0.910 | 0.924 | 0.906 | 0.913 |

继而，对资源嵌入各因子之间的拟合状况进行极大似然法参数估计，结果见图 7－3。从结果分析来看，所测相关题项的因子载荷为 0.63～0.87，测量误差为 0.09～0.25，也就是说，对每一个潜变量所设置的题项对其均具有较高的解释性，并且误差较小，这说明资源嵌入变量的一阶二因子结构模型的数据拟合状态较好。

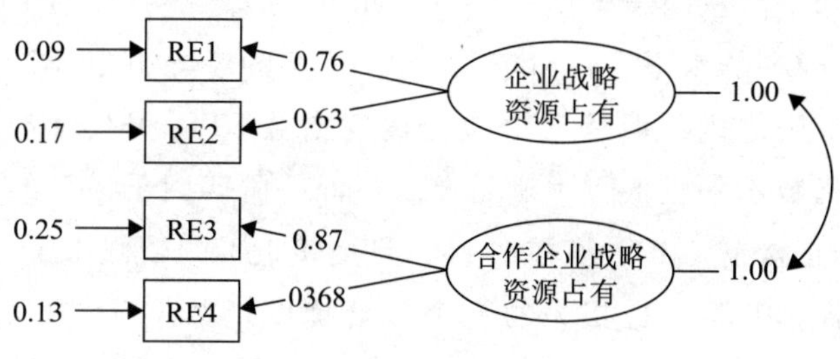


图 7－3　资源嵌入一阶二因子模型结构

### （四）知识管理一阶因子验证

同样，利用 150 份随机问卷对 KIBS 企业知识管理的各因子进行了相关分析，结果见表 7－19。

表 7－19　　KIBS 企业知识管理因子相关系数

| 因子 | M | SD | 知识获取 | 知识共享 | 知识整合 | 知识应用 |
|---|---|---|---|---|---|---|
| 知识获取 | 4.273 | 1.289 | 1 | | | |
| 知识共享 | 3.817 | 1.247 | 0.176* | 1 | | |
| 知识整合 | 3.695 | 1.346 | 0.425** | 0.724*** | 1 | |
| 知识应用 | 3.124 | 1.058 | 0.342** | 0.453*** | 0.628*** | 1 |

注：* 表示 $p<0.05$，** 表示 $p<0.01$，*** 表示 $p<0.001$。

从相关分析结果可以看出，KIBS 企业知识管理涉及的知识获取、知识共享、知识整合、知识应用 4 个因子中，知识共享与知识整合具有相对较高的相关性，其相关系数达到 0.724，知识整合与知识应用之间同样具有较高的相关性，相关系数高达 0.628。因此，本研究尝试将知识共享、知识整合、知识应用三个因子合并成一个因子，与知识获取共同构成一个一阶二因子模型假设；将知识共享与知识整合合并成一个因子，与知识获取、知识应用组成一个一阶三因子模型 A；将知识整合与知识应用合并成一个因子，与知识获取、知识共享组成一阶三因子模型 B；知识获取、知识共享、知识整合、知识应用组成一阶四因子假设模型。并选择结构方程模型分析软件 AMOSS5.0 对四个模型进行拟合度运算，通过对模型拟合状况的分析，确定 KIBS 企业知识管理因子设计的合理性。

由表 7－20 所示结果，观察 $\chi^2$/ df、RMSEA 值发现，一阶二因子模型、一阶三因子模型 A、一阶三因子模型 B 都是存在缺陷的，其中，一阶二因子模型和一阶三因子模型 B 的 $\chi^2$/ df 值均大于 3，且两个模型的 RMSEA 都超过 0.08 的水平。一阶三因子模型 A 的 $\chi^2$/ df 和 RMSEA 值虽然在正常要求范围之内，但是五个拟合优度指数 GFI、IFI、CFI、TLI、NFI 的拟合优度指数水平较低，不满足要求。而一阶四因子模型的 $\chi^2$/ df 值为 1.657，处于正常 $\chi^2$/ df 取值在 1～3，且更接近 1 的较优水平，RMSEA 值为 0.050，小于 0.08，且相关的五个拟合优度指数 GFI、IFI、CFI、TLI、NFI 的拟合优度指数均在 0.9 以上，这表明一阶四因子模型的整体拟合状态较好。因此，研究认为，一阶四因子模型应该为本研究 KIBS 企业知识管理结构模型的理想状态。

**表 7－20　KIBS 企业知识管理一阶因子结构拟合度**

| K01 | $\chi^2$ | df | $\chi^2$/ df | RMSEA | GFI | IFI | CFI | TLI | NFI |
|---|---|---|---|---|---|---|---|---|---|
| 一阶二因子模型 | 756.214 | 171 | 4.422 | 0.212 | 0.757 | 0.787 | 0.742 | 0.655 | 0.564 |
| 一阶三因子模型 A | 342.526 | 134 | 2.556 | 0.075 | 0.825 | 0.713 | 0.882 | 0.712 | 0.912 |
| 一阶三因子模型 B | 638.144 | 125 | 5.105 | 0.092 | 0.904 | 0.826 | 0.765 | 0.605 | 0.856 |
| 一阶四因子模型 | 226.550 | 103 | 1.657 | 0.050 | 0.925 | 0.962 | 0.949 | 0.905 | 0.901 |

进一步，应用极大似然法对 KIBS 企业知识管理各因子之间的拟合状况进行深入参数估计，其完全标准化解具体见图 7-4。从结果分析来看，所有题项的因子载荷为 0.60～0.89，测量误差为 0.08～0.29，即针对每一个潜变量所设计的题项对其自身均表现出较高的解释量，同时表现出较小的误差，这进一步表明 KIBS 企业知识管理变量的一阶四因子结构模型的数据拟合状态较好。

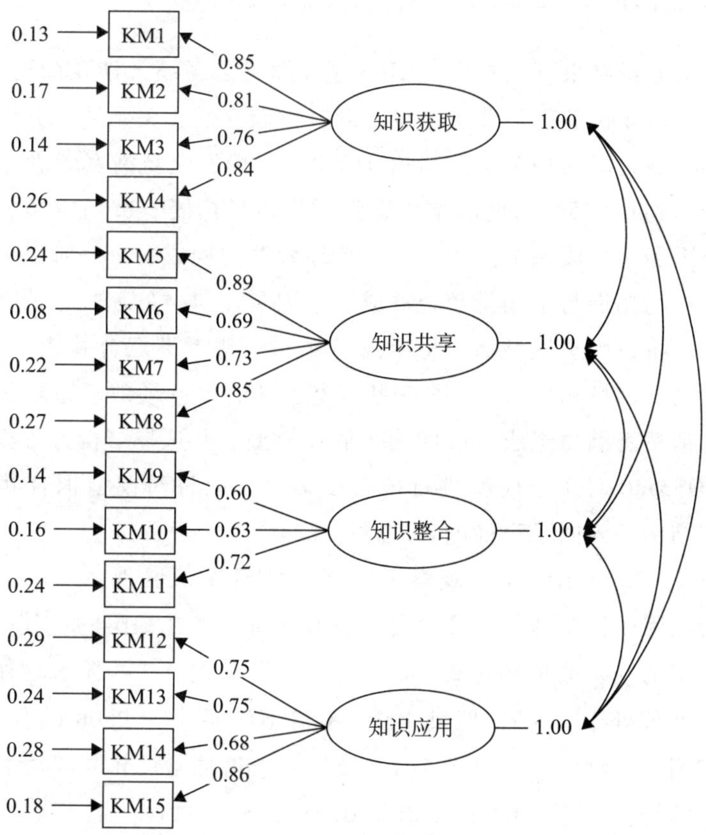


**图 7-4　KIBS 企业知识管理一阶四因子模型结构**

### （五）服务创新一阶因子结构验证

通过应用 AMOSS 软件对 150 份有效问卷进行分析，得出 KIBS 企业服务创新绩效涉及到的财务绩效、市场拓展、市场份额、消费者满意之间的相关分析结果，具体如表 7-21 所示。

表 7-21 服务创新因子相关系数

| 因子 | M | SD | 财务绩效 | 市场拓展 | 市场份额 | 消费者满意 |
|---|---|---|---|---|---|---|
| 财务绩效 | 4.358 | 1.305 | 1 | | | |
| 市场拓展 | 3.849 | 1.238 | 0.172* | 1 | | |
| 市场份额 | 3.482 | 1.047 | 0.526** | 0.762*** | 1 | |
| 消费者满意 | 3.426 | 1.035 | 0.328** | 0.483*** | 0.675*** | 1 |

注：* 表示 $p<0.05$，** 表示 $p<0.01$，*** 表示 $p<0.001$。

从相关分析结果可以看出，KIBS 企业服务创新绩效涉及的财务绩效、市场拓展、市场份额、消费者满意之间具有较高的相关系数。其中市场拓展与市场份额之间的相关系数高达 0.762，市场份额与消费者满意之间的相关系数达到 0.675。因此，本研究尝试将市场拓展、市场份额、消费者满意三个因子合并成一个因子，与财务绩效共同构成一个一阶二因子假设模型；将市场拓展与市场份额合并成一个因子，与财务绩效、消费者满意组成一个一阶三因子模型 A；将市场份额与消费者满意合并成一个因子，与财务绩效、市场拓展组成一阶三因子模型 B；财务绩效、市场拓展、市场份额、消费者满意组成一阶四因子假设模型。并选择结构方程模型分析软件 AMOSS5.0 对 4 个模型进行拟合度运算，通过对模型拟合状况的分析，确定结构嵌入因子设计的合理性。

由表 7-22 所示结果，观察 $\chi^2/df$、RMSEA 值发现，一阶二因子模型、一阶三因子模型 A、一阶三因子模型 B 都是存在缺陷的。其中，一阶二因子模型的 $\chi^2/df$ 值超过 3，而一阶三因子模型 A、一阶三因子模型 B 虽然 $\chi^2/df$ 值处于 1~3，但其 RMSEA 值不满足小于 0.08 的基本要求。而一阶四因子模型的 $\chi^2/df$ 值为 1.685，处于正常 $\chi^2/df$ 取值在 1~3，且更接近 1 的较优水平。RMSEA 值为 0.058，小于 0.08，且相关的五个拟合优度指数 GFI、IFI、CFI、TLI、NFI 的拟合优度指数均在 0.9 以上，处于较高水平，说明一阶四因子模型处于较优的拟合状态。因此，可以得出结论，一阶四因子模型应该为 KIBS 企业服务创新绩效的理想结构模型。

同样应用极大似然法对 KIBS 企业服务创新绩效各因子之间的拟合状况进行深入参数估计，结果见图 7-5。从结果分析来看，所考察所有题项的因子载荷为 0.67~0.93，测量误差为 0.07~0.27，这一结果表明每一个题项对其所对应的潜变量均表现出较高的解释量，同时误差较小，

**表 7－22　　服务创新一阶因子结构拟合度**

| K01 | $\chi^2$ | df | $\chi^2$/df | RMSEA | GFI | IFI | CFI | TLI | NFI |
|---|---|---|---|---|---|---|---|---|---|
| 一阶二因子模型 | 757. 521 | 173 | 4. 826 | 0. 208 | 0. 765 | 0. 764 | 0. 734 | 0. 649 | 0. 570 |
| 一阶三因子模型 A | 341. 505 | 135 | 2. 824 | 0. 083 | 0. 824 | 0. 761 | 0. 888 | 0. 714 | 0. 916 |
| 一阶三因子模型 B | 638. 421 | 128 | 2. 993 | 0. 097 | 0. 902 | 0. 834 | 0. 770 | 0. 606 | 0. 853 |
| 一阶四因子模型 | 228. 513 | 105 | 1. 685 | 0. 058 | 0. 935 | 0. 961 | 0. 954 | 0. 912 | 0. 903 |

这一结果进一步说明 KIBS 企业服务创新绩效的一阶四因子结构模型的数据拟合状态较好。

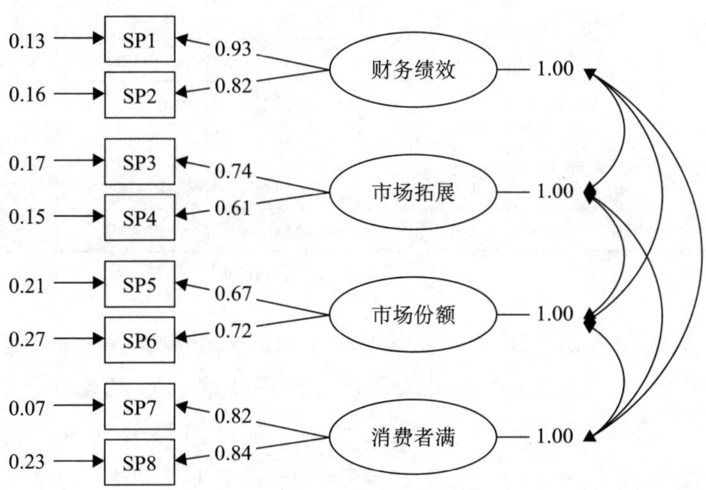


**图 7－5　KIBS 企业服务创新绩效一阶四因子模型结构**

## 六、相关分析与回归分析

本研究应用相关分析探讨网络嵌入背景下 KIBS 企业服务创新所涉及的关系嵌入、结构嵌入、资源嵌入三个变量与知识管理、服务创新绩效之间的相关关系。在此基础上，就前文针对上述五个变量之间的相关理论假设进行科学验证，主要借助回归分析实现。最后，构建五个变量之间的结构方程模型，并以此判定网络嵌入影响 KIBS 企业服务创新绩效机制理论模型的正确性。

### （一）相关分析

相关分析在不同变量之间关系密切程度的研究中应用十分广泛，通过相关系数的考察能够很清晰的发现不同变量之间联系的紧密性。本研究中主要选择 Pearson 相关分析法对变量之间的相关性进行测量。

1. 关系嵌入与 KIBS 企业知识管理的相关分析

经过运算，得出关系嵌入所涉及的关系强度、关系质量、关系持久性三个因子与 KIBS 企业知识管理的知识获取、知识共享、知识整合以及知识应用 4 个因子之间的相关关系分析结果，如表 7－23 所示。

**表 7－23　关系嵌入与知识管理的相关关系**

| 因子 | 系数 | 知识获取 | 知识共享 | 知识整合 | 知识应用 |
|---|---|---|---|---|---|
| 关系强度 | 相关系数 | 0.560*** | 0.604*** | 0.448*** | 0.442*** |
| | Sig.（2－tailed） | 0.000 | 0.000 | 0.000 | 0.000 |
| 关系质量 | 相关系数 | 0.534*** | 0.602*** | 0.190* | 0.166*** |
| | Sig.（2－tailed） | 0.000 | 0.000 | 0.008 | 0.032 |
| 关系持久性 | 相关系数 | 0.526*** | 0.613*** | 0.204** | 0.182* |
| | Sig.（2－tailed） | 0.000 | 0.000 | 0.000 | 0.000 |

注：* 表示 $p<0.05$，** 表示 $p<0.01$，*** 表示 $p<0.001$。

从分析结果可以看出，关系嵌入所涉及的关系强度、关系质量、关系持久性三个因子与 KIBS 企业知识管理的知识获取、知识共享、知识整合以及知识应用 4 个因子之间相关关系的 t 统计量显著性概率值均小于 0.05，并且大多数因子的 t 统计量显著性概率小于 0.001。这表明关系嵌入所涉及的关系强度、关系质量、关系持久性 3 个因子与 KIBS 企业知识管理的知识获取、知识共享、知识整合以及知识应用 4 个因子之间具有明显的相关关系。

2. 关系嵌入与 KIBS 企业服务创新绩效的相关分析

同上，我们可以得到关系嵌入所涉及的关系强度、关系质量、关系持久性三个因子与 KIBS 企业服务创新绩效之间的相关关系分析结果，如表 7－24 所示。

表7-24 关系嵌入与服务创新绩效的相关关系

| 因子 | 系数 | 服务创新绩效 |
|---|---|---|
| 关系强度 | 相关系数 | 0.435*** |
| | Sig. (2-tailed) | 0.000 |
| 关系质量 | 相关系数 | 0.466*** |
| | Sig. (2-tailed) | 0.000 |
| 关系持久性 | 相关系数 | 0.472*** |
| | Sig. (2-tailed) | 0.000 |

注：*表示 $p<0.05$，**表示 $p<0.01$，***表示 $p<0.001$。

运行数据结果显示，关系嵌入所涉及的关系强度、关系质量、关系持久性3个因子与KIBS企业服务创新绩效之间相关关系的t统计量显著性概率值均小于0.001。即表明关系嵌入所涉及的关系强度、关系质量、关系持久性3个因子与KIBS企业服务创新绩效之间具有明显的相关关系。

3. 结构嵌入与KIBS企业知识管理的相关分析

运用同样的方法考察结构嵌入与KIBS企业知识管理之间的相关关系，经过运算，得出结构嵌入所涉及的网络密度、企业网络中心性、结构洞三个因子与KIBS企业知识管理的知识获取、知识共享、知识整合以及知识应用4个因子之间的相关关系分析结果，如表7-25所示。

表7-25 结构嵌入与知识管理的相关关系

| 因子 | 系数 | 知识获取 | 知识共享 | 知识整合 | 知识应用 |
|---|---|---|---|---|---|
| 网络密度 | 相关系数 | 0.442*** | 0.646*** | 0.580*** | 0.612*** |
| | Sig. (2-tailed) | 0.000 | 0.000 | 0.000 | 0.000 |
| 企业网络中心性 | 相关系数 | 0.489*** | 0.579*** | 0.664*** | 0.299*** |
| | Sig. (2-tailed) | 0.000 | 0.000 | 0.000 | 0.000 |
| 结构洞 | 相关系数 | 0.351*** | 0.450*** | 0.489*** | 0.556*** |
| | Sig. (2-tailed) | 0.005 | 0.000 | 0.000 | 0.000 |

注：*表示 $p<0.05$，**表示 $p<0.01$，***表示 $p<0.001$。

从表7-25中显示的数据可以发现，结构嵌入所涉及的网络密度、企业网络中心性、结构洞4个因子与KIBS企业知识管理的知识获取、知识共享、知识整合以及知识应用4个因子之间相关关系的t统计量显著性概率只均小于0.001。这表明网络密度、企业网络中心性、结构洞3个因子与 KIBS 企业知识管理的知识获取、知识共享、知识整合以及知识应用 4 个因子之间具有明显的相关关系。

4. 结构嵌入与 KIBS 企业服务创新绩效的相关分析

同理，可以得出结构嵌入所涉及的网络密度、企业网络中心性、结构洞四个因子与 KIBS 企业服务创新绩效之间的相关关系，结果见表 7－26。

**表 7－26　　结构嵌入与服务创新绩效的相关关系**

| 因子 | 系数 | 服务创新绩效 |
|---|---|---|
| 网络密度 | 相关系数 | 0.523*** |
| | Sig.（2－tailed） | 0.000*** |
| 企业网络中心性 | 相关系数 | 0.439*** |
| | Sig.（2－tailed） | 0.000*** |
| 结构洞 | 相关系数 | 0.460*** |
| | Sig.（2－tailed） | 0.000*** |

注：* 表示 $p<0.05$，** 表示 $p<0.01$，*** 表示 $p<0.001$。

从表 7－26 中显示的数据可以发现，结构嵌入所涉及的网络密度、企业网络中心性、结构洞 3 个因子与 KIBS 企业服务创新绩效因子之间相关关系的 t 统计量显著性概率值均小于 0.001。这表明网络密度、企业网络中心性、结构洞 3 个因子与 KIBS 企业服务创新绩效之间具有显著的相关关系。

5. 资源嵌入与 KIBS 企业知识管理的相关分析

对资源嵌入所涉及的企业战略资源占有以及合作企业战略资源占有 2 个因子与 KIBS 企业知识管理的知识获取、知识共享、知识整合以及知识应用 4 个因子进行相关分析，结果见表 7－27。

**表 7－27　　资源嵌入与知识管理的相关关系**

| 因子 | 系数 | 知识获取 | 知识共享 | 知识整合 | 知识应用 |
|---|---|---|---|---|---|
| 企业战略资源占有 | 相关系数 | 0.179* | 0.423*** | 0.377** | 0.459*** |
| | Sig.（2－tailed） | 0.022 | 0.000 | 0.008 | 0.000 |
| 合作企业战略资源占有 | 相关系数 | 0.534*** | 0.602*** | 0.224* | 0.422*** |
| | Sig.（2－tailed） | 0.000 | 0.000 | 0.014 | 0.000 |

注：* 表示 $p<0.05$，** 表示 $p<0.01$，*** 表示 $p<0.001$。

从表 7－27 中显示的数据可以发现，资源嵌入所涉及的企业战略资源占有以及合作企业战略资源占有 2 个因子与 KIBS 企业知识管理的知识获取、知识共享、知识整合以及知识应用 4 个因子之间相关关系的 t 统计量显著性概率值均小于 0.05，且大多数因子之间相关关系的 t 统计量显著性概率小于 0.001，这表明企业战略资源占有以及合作企业战略资源占 2 个因子与 KIBS 企业知识管理的知识获取、知识共享、知识整合以及知识应用 4 个因子之间具有显著的相关关系。

6. 资源嵌入与 KIBS 企业服务创新绩效的相关分析

进而，考察资源嵌入 2 个因子——企业战略资源占有以及合作企业战略资源占有与 KIBS 企业服务创新绩效之间的相关关系，得出企业战略资源占有以及合作企业战略资源占有与 KIBS 企业服务创新绩效之间相关关系分析，结果见表 7－28。

表 7－28 资源嵌入与服务创新绩效的相关关系

| 因子 | 系数 | 服务创新绩效 |
|---|---|---|
| 企业战略资源占有 | 相关系数 | 0.479*** |
| | Sig. (2－tailed) | 0.000 |
| 合作企业战略资源占有 | 相关系数 | 0.522*** |
| | Sig. (2－tailed) | 0.000 |

注：* 表示 $p<0.05$，** 表示 $p<0.01$，*** 表示 $p<0.001$。

由表 7－28 发现，资源嵌入所涉及的企业战略资源占有以及合作企业战略资源占有两个因子与 KIBS 企业服务创新绩效之间相关关系的 t 统计量显著性概率值均小于 0.001。这表明企业战略资源占有以及合作企业战略资源占有 2 个因子与 KIBS 企业服务创新绩效之间具有显著的相关关系。

7. 知识管理与 KIBS 企业服务创新绩效的相关分析

进一步考察知识管理的 4 个因子——知识获取、知识共享、知识整合以及知识应用与 KIBS 企业服务创新绩效之间的相关关系，具体分析结果见表 7－29。

从表 7－29 中显示的数据可以发现，知识管理的知识获取、知识共享、知识整合以及知识应用 4 个因子与 KIBS 企业服务创新绩效之间相关关系的 t 统计量显著性概率值均小于 0.001。这表明知识获取、知识共享、知识整合以及知识应用四个因子与 KIBS 企业服务创新绩效之间具有显著

表 7-29 知识管理与服务创新绩效的相关关系

| 因子 | 系数 | 服务创新绩效 |
|---|---|---|
| 知识获取 | 相关系数 | 0.572*** |
| | Sig.（2-tailed） | 0.000 |
| 知识共享 | 相关系数 | 0.663*** |
| | Sig.（2-tailed） | 0.000 |
| 知识整合 | 相关系数 | 0.590*** |
| | Sig.（2-tailed） | 0.000 |
| 知识应用 | 相关系数 | 0.637*** |
| | Sig.（2-tailed） | 0.000 |

注：* 表示 $p<0.05$，** 表示 $p<0.01$，*** 表示 $p<0.001$。

的相关关系。

### （二）回归分析

相比较于相关分析主要考察变量之间的相互依存关系，回归分析更能够确定变量间的单向关系，从而说明谁是自变量，谁是因变量。因此，本研究应用回归分析确定个变量间的单项因果关系。

1. 关系嵌入对 KIBS 企业知识管理的影响

前面在网络嵌入基本维度——关系嵌入的理论分析中，提出了关系强度、关系质量以及关系持久性与 KIBS 企业知识管理活动之间存在显著正向影响的基本理论假设，即假设 H1a、H1b、H1c。

为了检验上述假设的正确性，本研究以关系嵌入的 3 个因子为自变量，KIBS 企业知识管理的 4 个因子为因变量，进行多元线性回归分析，结果见表 7-30。

表 7-30 关系嵌入对 KIBS 企业知识管理的多元线性回归分析

| 自变量 | 因变量 | | | |
|---|---|---|---|---|
| | 知识获取 | 知识共享 | 知识整合 | 知识应用 |
| 关系强度 | 0.521*** | 0.206* | 0.406*** | 0.376*** |
| 关系质量 | 0.371*** | 0.347*** | 0.415*** | 0.485*** |
| 关系持久性 | 0.512*** | 0.411*** | 0.348*** | 0.427*** |
| F | 28.638*** | 17.523*** | 17.551*** | 26.322*** |

注：* 表示 $p<0.05$，** 表示 $p<0.01$，*** 表示 $p<0.001$。

数据分析显示，关系嵌入中的关系强度、关系质量、关系持久性对 KIBS 企业知识获取、知识共享、知识整合与知识应用均表现出显著的正向影响。也就是说，理论假设 H1a、H1b、H1c 获得实证数据研究的支持，通过检验。

2. 关系嵌入对服务创新绩效的影响

前文在网络嵌入基本维度——关系嵌入的理论分析中，提出了关系强度、关系质量以及关系持久性与 KIBS 企业服务创新绩效之间存在显著正向影响的基本理论假设，即假设 H2a、H2b、H2c。

为了检验上述假设的正确性，本研究以关系嵌入的 3 个因子为自变量，KIBS 企业服务创新绩效为因变量，进行多元线性回归分析，结果见表 7-31。

**表 7-31　关系嵌入对 KIBS 企业服务创新绩效的多元线性回归分析**

| 自变量 | 因变量（服务创新绩效） |
| --- | --- |
| 关系强度 | 0.425*** |
| 关系质量 | 0.387*** |
| 关系持久性 | 0.431*** |
| F | 10.333*** |

注：* 表示 $p<0.05$，** 表示 $p<0.01$，*** 表示 $p<0.001$。

数据分析显示，关系嵌入中的关系强度、关系质量、关系持久性对 KIBS 企业服务创新绩效均表现出显著的正向影响。也就是说，理论假设 H2a、H2b、H2c 获得实证数据研究的支持，通过检验。

3. 结构嵌入对知识管理的回归分析

同样的，在理论假设部分，本研究提出了网络嵌入的另一重要维度—结构嵌入与 KIBS 企业知识管理之间存在正向影响的理论假设，即假设 H3a、H3b、H3c。为了检验上述 3 条假设的正确性，本研究以结构嵌入的 3 个因子为自变量，KIBS 企业知识管理的 4 个因子为因变量，进行多元线性回归分析，结果如表 7-32。

数据分析显示，结构嵌入中的网络密度、企业网络中心性以及结构洞对 KIBS 企业知识获取、知识共享、知识整合与知识应用均表现出显著的正向影响。也就是说，理论假设 H3a、H3b、H3c 获得实证数据研究的支持，通过检验。

**表 7-32　结构嵌入对 KIBS 企业知识管理的多元线性回归分析**

| 自变量 | 因变量 | | | |
|---|---|---|---|---|
| | 知识获取 | 知识共享 | 知识整合 | 知识应用 |
| 网络密度 | 0.189* | 0.423*** | 0.516*** | 0.313*** |
| 企业网络中心性 | 0.302*** | 0.282*** | 0.468*** | 0.415*** |
| 结构洞 | 0.512*** | 0.188* | 0.389*** | 0.276** |
| F | 24.774*** | 11.154*** | 21.534*** | 18.371*** |

注：* 表示 $p<0.05$，** 表示 $p<0.01$，*** 表示 $p<0.001$。

4. 结构嵌入对服务创新绩效的影响

前面理论分析部分同样提出了网络密度、企业网络中心性以及结构洞与 KIBS 企业服务创新绩效之间存在显著正向影响的基本理论假设，即假设 H4a、H4b、H4c。

为了检验上述 3 条假设的正确性，本研究以结构嵌入的 3 个因子为自变量，KIBS 企业服务创新绩效为因变量，进行多元线性回归分析，结果见表 7-33。

**表 7-33　结构嵌入对 KIBS 企业服务创新绩效的多元线性回归分析**

| 自变量 | 因变量（服务创新绩效） |
|---|---|
| 网络密度 | 0.113* |
| 企业网络中心性 | 0.124* |
| 结构洞 | 0.302*** |
| F | 8.258*** |

注：* 表示 $p<0.05$，** 表示 $p<0.01$，*** 表示 $p<0.001$。

数据分析反映，结构嵌入中的企业网络中心性以及结构洞、网络密度对 KIBS 企业服务创新绩效表现出显著的正向影响的假设没有通过相关检验，即假设 H4a、H4b、H4c 无法获得实证研究数据的有效支撑。

5. 资源嵌入对知识管理的影响

前面理论分析关于网络嵌入的第三个维度—资源嵌入部分，提出了企业战略资源占有、合作企业战略资源占有与 KIBS 企业知识管理之间存在显著正向影响的基本理论假设，即假设 H5a、H5b。

为了检验上述 2 条理论假设的正确性，本研究以资源嵌入的 2 个因子为自变量，KIBS 企业知识管理的 4 个因子为因变量，进行多元线性回归分析，结果见表 7－34 所示。

**表 7－34 资源嵌入对 KIBS 企业知识管理的多元线性回归分析**

| 自变量 | 因变量 | | | |
|---|---|---|---|---|
| | 知识获取 | 知识共享 | 知识整合 | 知识应用 |
| 企业战略资源占有 | 0.448*** | 0.232** | 0.201** | 0.094* |
| 合作企业战略资源占有 | 0.403*** | 0.504*** | 0.450*** | 0.381*** |
| F | 19.884*** | 21.073*** | 16.121*** | 9.668*** |

注：* 表示 $p<0.05$，** 表示 $p<0.01$，*** 表示 $p<0.001$。

上述分析结果表明，资源嵌入对 KIBS 企业知识管理所涉及到的知识获取、知识共享、知识整合以及知识应用 4 个因子均表现出显著的正向影响。即理论假设 H5a、H5b 获得了实证研究数据的有效支撑，通过相关检验。

6. 资源嵌入对服务创新绩效的影响

前面理论分析关于网络嵌入的第三个维度—资源嵌入部分，提出了企业战略资源占有、合作企业战略资源占有与 KIBS 企业服务创新绩效之间存在显著正向影响的基本理论假设，即假设 H6a、H6b。

为了检验上述 2 条理论假设的正确性，本研究以资源嵌入的 2 个因子为自变量，KIBS 企业服务创新绩效为因变量，进行多元线性回归分析，结果见表 7－35。

**表 7－35 结构嵌入对 KIBS 企业服务创新绩效的多元线性回归分析**

| 自变量 | 因变量（服务创新绩效） |
|---|---|
| 企业战略资源占有 | 0.546*** |
| 合作企业战略资源占有 | 0.390*** |
| F | 21.432 |

注：* 表示 $p<0.05$，** 表示 $p<0.01$，*** 表示 $p<0.001$。

研究结果表明，结构嵌入中的企业战略资源占有和合作企业战略资源占有对 KIBS 企业服务创新绩效具有显著的正向影响，即理论假设 H6a、H6b 均获得实证研究数据的支持，通过检验。

7. 知识管理对服务创新绩效的影响

前面理论分析关于知识管理对 KIBS 企业服务创新绩效影响机理的分析中，提出 KIBS 企业的知识获取、知识共享、知识整合以及知识应用与 KIBS 企业服务创新绩效之间存在显著正向影响的基本理论假设，即假设 H7a、H7b、H7c、H7d。

为了检验上述 4 条理论假设的正确性，本研究以知识管理的 4 个因子为自变量，KIBS 企业服务创新绩效为因变量，进行多元线性回归分析，结果见表 7-36。

**表 7-36　知识管理对 KIBS 企业服务创新绩效的多元线性回归分析**

| 自变量 | 因变量（服务创新绩效） |
| --- | --- |
| 知识获取 | 0.679*** |
| 知识共享 | 0.560*** |
| 知识整合 | 0.530*** |
| 知识应用 | 0.498*** |
| F | 107.758 |

注：* 表示 $p<0.05$，** 表示 $p<0.01$，*** 表示 $p<0.001$。

数据分析结果显示，KIBS 企业的知识获取、知识共享、知识整合以及知识应用对企业的服务创新绩效均产生显著的正向影响，即理论假设 H7a、H7b、H7c、H7d 均通过实证分析得到验证，并通过相关检验。

基于上述多元线性回归分析，相关理论假设通过检验的基本情况如表 7-37 所示。

**表 7-37　回归分析假设检验结果**

| 假设 | 假设内容 | 检验结果 |
| --- | --- | --- |
| H1a | 关系强度对企业知识管理存在显著正向影响 | 通过 |
| H1b | 关系质量对企业知识管理存在显著正向影响 | 通过 |
| H1c | 关系持久性对企业知识管理存在显著正向影响 | 通过 |
| H2a | 关系强度对服务创新绩效有显著的正向影响 | 通过 |
| H2b | 关系质量对服务创新绩效有显著的正向影响 | 通过 |
| H2c | 关系持久性对服务创新绩效有显著的正向影响 | 通过 |
| H3a | 网络密度对企业知识管理存在正向影响 | 通过 |
| H3b | 企业网络中心性对知识管理存在显著正向影响 | 通过 |

续表

| 假设 | 假设内容 | 检验结果 |
|---|---|---|
| H3c | 结构洞对企业知识管理存在显著正向影响 | 通过 |
| H4a | 网络密度对服务创新绩效存在正向影响 | 不通过 |
| H4b | 企业网络中心性对服务创新绩效有显著的正向影响 | 不通过 |
| H4c | 结构洞对服务创新绩效有显著的正向影响 | 不通过 |
| H5a | 企业战略资源占有对知识管理存在显著正向影响 | 通过 |
| H5b | 合作企业战略资源占有对知识管理存在显著正向影响 | 通过 |
| H6a | 企业战略资源占有对服务创新绩效有显著的正向影响 | 通过 |
| H6b | 合作企业战略资源占有对服务创新绩效有显著的正向影响 | 通过 |
| H7a | 知识获取对企业服务创新绩效有显著的正向影响 | 通过 |
| H7b | 知识共享对企业服务创新绩效有显著的正向影响 | 通过 |
| H7c | 知识整合对企业服务创新绩效有显著的正向影响 | 通过 |
| H7d | 知识应用对企业服务创新绩效有显著的正向影响 | 通过 |

## 第二节 模型验证

上述回归及相关分析对网络嵌入涉及的关系嵌入、结构嵌入、资源嵌入、知识管理以及服务创新绩效等不同因子之间的关系进行了系统的解析，但由于这些相互关系分析并没有关注多个变量之间的相互影响。因此，本研究引入结构方程模型对网络嵌入视角下 KIBS 企业服务创新绩效影响机制理论模型进行深层次的解析，以此来确认该模型的整体结构，并对相关的 H1 ~ H7 理论假设进行验证。

### 一、结构方程模型设定

本书关于网络嵌入视角下 KIBS 企业服务创新绩效影响机制的结构方程模型如图 7 - 6 所示。具体分解如下：涉及网络嵌入的 3 个主要维度，即：关系嵌入（$\xi_1$）、结构嵌入（$\xi_2$）、资源嵌入（$\xi_3$）作为模型的外生潜在变量；关系质量（$x_1$）、关系强度（$x_2$）、关系持久度（$x_3$）分别作为关系嵌入（$\xi_1$）这一外生潜变量的外生标识；网络密度（$x_4$）、企业网络中心性（$x_5$）、结构洞（$x_6$）作为结构嵌入（$\xi_2$）这一外生潜变量的外生标识；企业战略资源占有（$x_7$）和合作企业战略资源占有（$x_8$）作为资源嵌入（$\xi_3$）这一外生潜变量的外生标识。再者，KIBS 企业知识管理（$\eta_1$）与 KIBS 企业服务创新绩效（$\eta_2$）作为该结构方程模型的内生潜在变量；其中，KIBS 企业知识获取（$y_1$）、知识共享（$y_2$）、知识整合（$y_3$）、知识应用（$y_4$）作为模型中内生潜在变量 KIBS 企业知识管理（$\eta_1$）的内生标识。模型中，椭圆形代表潜在变量，矩形代表观测变量。

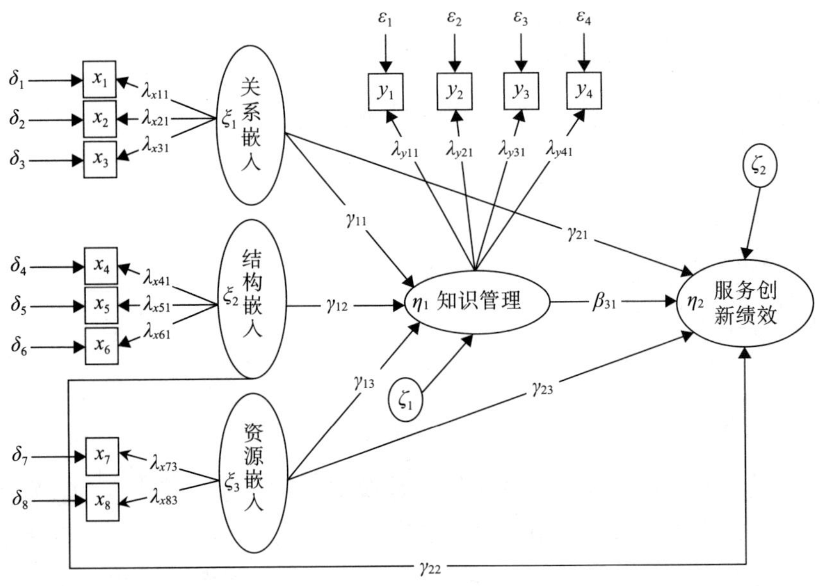


**图 7-6 网络嵌入视角下 KIBS 企业服务创新绩效影响机制结构方程模型**

## 二、结构方程模型拟合度

KIBS 企业服务创新绩效影响机制整体模型检验指标主要包括卡方指数（$\chi^2$/ df）、模型拟合优度指数（GFI、IFI、CFI、TLI、NFI）以及近似误差均方根（RMSEA）。本研究整体理论模型拟合状况见表 7-38 所示。其中，$\chi^2$/ df 为 2.867（介于 1～3 之间），拟合优度指数 IFI、CFI、NFI 各项指标值均处于 0.9 以上水平，GFI、TLI 指标虽然没有达到 0.9 水平，但也基本接近 0.9，说明拟合指标均达到基本可以接受的水平。另外近似误差均方根 RMSEA = 0.060 < 0.080。所有相关指标数值均在可接受范围之内，即说明本研究中所建立的网络嵌入视角下的 KIBS 企业服务创新绩效影响机制理论模型整体结构上具有较好的拟合度。

**表 7－38　KIBS 企业服务创新绩效影响机制结构方程模型拟合度分析**

| 拟合指标 | $\chi^2$ | df | $\chi^2$/df | RMSEA | GFI | IFI | CFI | TLI | NFI |
|---|---|---|---|---|---|---|---|---|---|
| 拟合指标值 | 275.228 | 96 | 2.867 | 0.060 | 0.893 | 0.902 | 0.907 | 0.887 | 0.908 |

## 三、结构方程模型验证结果

通过对相关数据进行运行后，整理网络嵌入视角下 KIBS 企业服务创新绩效影响机制结构方程模型结果见图 7－7 所示。

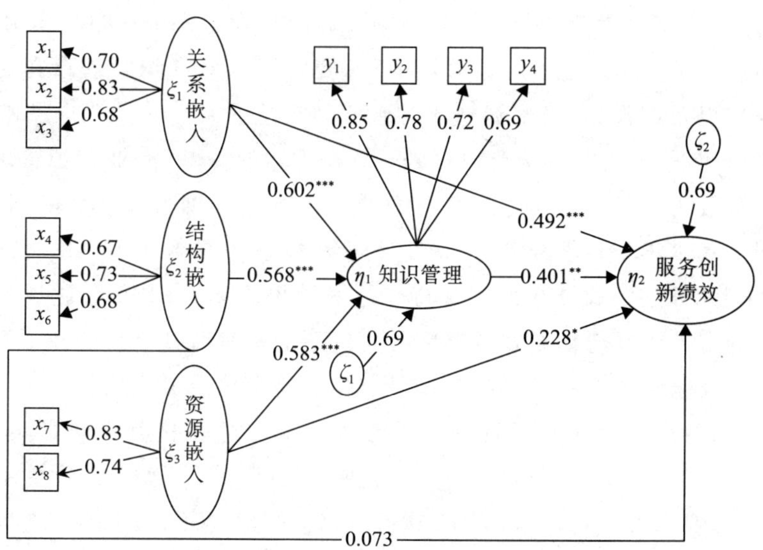


**图 7－7　网络嵌入背景下 KIBS 企业服务创新绩效影响机制结构方程模型结果**

本研究中关于理论假设部分所提出的假设 H1（关系嵌入对知识管理存在显著正向影响）、假设 H2（关系嵌入对服务创新绩效有显著的正向影响）的数据结果分析如下：由图 7－7 所示，关系嵌入对 KIBS 企业知识管理影响的路径系数为0.602，并且具有0.001的显著水平，这说明假设H1获得结果方程模型运作的支持。同理，关系嵌入对KIBS企业服务创新绩效的影响路径系数为0.492，同样具有0.001的显著水平，即假设H2获得数据分析支持。这一结果进一步表明KIBS企业的关系嵌入对其知识管理和服务创新绩效均具有十分显著的正向促进作用，也就是说，KIBS企业与网络成员建立高质量、深入多层次的长久稳定关系，对促进其知识管理以及服务创新绩效的提升非常重要。

对于本研究提出的假设H3（结构嵌入对知识管理存在显著正向影响）、假设H4（结构嵌入对服务创新绩效有显著的正向影响）的数据分析结果如下：由图7－7可以看出，结构嵌入对KIBS企业知识管理影响的路径系数为0.568，并且具有0.001的显著水平，即假设H3得到支持。而结构嵌入对KIBS企业服务创新绩效的影响路径系数为0.073，但该系数没有达到显著水平，也就是说假设H4没有得到结构方程的验证支持，这与前文回归分析的结论是一致的。这一结论从另一层面表明，知识管理在结构嵌入影响KIBS企业服务创新绩效方面起到了完全的中介作用。

同样，对于本研究的理论假设H5（资源嵌入对知识管理存在显著正向影响）以及假设H6（资源嵌入对服务创新绩效有显著的正向影响）的数据显示如下：由图7－7可以得到，资源嵌入对KIBS企业知识管理的影响路径系数为0.583，且达到0.001的显著水平，即假设H5得到支持。资源嵌入对KIBS企业服务创新绩效的影响路径系数为0.228，且达到0.05的显著水平，即H6得到支持。这一结果表明，KIBS企业战略差异化资源的占有以及合作企业战略差异化资源的占有对其自身的知识管理水平提高以及服务创新绩效的提升均具有显著的直接促进作用。

本研究假设H7（知识管理对服务创新绩效存在显著正向影响），由图7－7可知，知识管理对KIBS企业服务创新绩效的影响路径系数为0.401，达到显著性0.01，即H7获得支持。也就是说，KIBS企业知识管理水平越高，对企业的服务创新绩效提升作用越强。

综上，本研究中网络嵌入背景下KIBS企业服务创新绩效影响机制模型结构方程验证的整体结果如表7－39所示。

## 四、分析与讨论

上述网络嵌入背景下KIBS企业服务创新绩效影响机制实证研究结果

表 7－39　　结构方程模型假设检验结果

| 关系假设 | 假设内容 | 检验结果 |
| --- | --- | --- |
| H1 | 关系嵌入对知识管理存在显著正向影响 | 支持 |
| H2 | 关系嵌入对服务创新绩效有显著的正向影响 | 支持 |
| H3 | 结构嵌入对知识管理存在显著正向影响 | 支持 |
| H4 | 结构嵌入对服务创新绩效有显著的正向影响 | 不支持 |
| H5 | 资源嵌入对知识管理存在显著正向影响 | 支持 |
| H6 | 资源嵌入对服务创新绩效有显著的正向影响 | 支持 |
| H7 | 知识管理对服务创新绩效存在显著正向影响 | 支持 |

表明，本研究所提出的假设基本得到实证验证。

从整体来看，在网络嵌入视角下 KIBS 企业服务创新绩效影响机制的理论模型中，KIBS 企业的知识管理是该模型的中心环节，知识管理的水平高低直接决定了 KIBS 企业服务创新的成功与否以及服务创新绩效的高低。而在知识管理的四因子结构模型中，知识获取是最为核心的部分。通过对知识管理的一阶四因子结构模型分析来看，在其所涉及的知识获取、知识共享、知识整合、知识应用 4 个因子中，知识获取的因子载荷系数最高，达到 0.85，也就是说知识获取是知识管理 4 个因子中最为重要的。事实上，这和企业知识管理的实际情况是相符的，知识作为 KIBS 企业服务创新最为密集投入的要素，企业多渠道的知识获取保证了知识储备，为后续企业知识共享、知识整合以及知识应用活动的顺利实施提供基础保证。这也充分说明，在知识经济时代，为了提高企业竞争力，KIBS 企业必须建立多层次、全方位的知识获取渠道，为企业知识以及服务创新资源的输入提供有效保障。

分别从网络嵌入各个因子来看，在网络嵌入背景下 KIBS 企业服务创新绩效影响机制理论模型中，关系嵌入既对 KIBS 企业服务创新绩效产生直接作用的同时，又通过知识管理间接作用于企业的服务创新绩效。根据图 7－7 网络嵌入背景下 KIBS 企业服务创新绩效影响机制结构方程模型结果，关系嵌入对 KIBS 企业服务创新绩效的直接影响效应为 0.492，而关系嵌入对 KIBS 企业服务创新绩效的间接影响效应为 0.241（0.602 × 0.401），将直接影响效应和间接影响效应加总后，即关系嵌入对 KIBS 企业服务创新绩效的整体影响效应为 0.733，这表明，在保持其他条件不变的情况下，“关系嵌入”变量每提升 1 个单位，“服务创新绩效”总共将提升 0.733 个单位。回顾针对关系嵌入与知识管理所进行的回归分析，关系嵌入所涉及的关系强度、关系质量、关系持久性对 KIBS 企业知识管理以及 KIBS 企业服务创新绩效的正向促进作用均得到显著性验证。综合相关结果分析来看，KIBS 企业与网络中的成员保持高质量、深层次、多方面的持久合作关系对于拓展企业知识来源、提高知识获取的质量、大规模范围实现知识共享以及提高企业对知识的应用能力，从而实现新知识的创造，并将其应用在新服务产品的开发中，促进服务创新绩效的提升具有较强的作用。

从结构嵌入方面来看，在网络嵌入背景下 KIBS 企业服务创新绩效影响机制理论模型中，结构嵌入并不对 KIBS 企业服务创新绩效产生直接影响，而主要是通过发挥知识管理的中介作用间接地作用于 KIBS 企业的服务创新绩效。根据图 7-7 网络嵌入背景下 KIBS 企业服务创新绩效影响机制结构方程模型结果，发现结构嵌入对 KIBS 企业服务创新绩效的直接影响效应不显著，而结构嵌入对 KIBS 企业服务创新绩效的间接影响效应为 0.228（0.568×0.401），即表明，知识管理通过发挥自身的传导机制，在结构嵌入影响 KIBS 企业服务创新绩效上发挥完全中介作用，这同样说明，在保持其他条件不变的情况下，“结构嵌入”变量每提升 1 个单位，“服务创新绩效”总共将提升 0.228 个单位。本研究认为，过于稠密的网络降低了企业的发展、生存空间，使企业产生压抑感，抑制了创新活力和创新欲望，而处于网络中心位置的企业往往具有悠久的发展历史，容易形成按部就班的发展模式与运营机制，对于实施有效创新的障碍增加。因此，其对 KIBS 企业服务创新绩效的影响只能通过影响其知识管理活动来实现。

从资源嵌入方面来看，在网络嵌入背景下 KIBS 企业服务创新绩效影响机制理论模型中，资源嵌入既直接作用于 KIBS 企业服务创新绩效，同时又通过影响企业的知识管理间接作用于 KIBS 企业的服务创新绩效。根据图 7-7 网络嵌入背景下 KIBS 企业服务创新绩效影响机制结构方程模型结果，发现资源嵌入对 KIBS 企业服务创新绩效的直接影响效应为 0.228，而资源嵌入对 KIBS 企业服务创新绩效的间接影响效应为 0.234（0.583×0.401），也就是说，资源嵌入通过自身对企业服务创新绩效的影响，并且通过发挥知识管理在资源嵌入对企业服务创新方面影响的传导机制，资源嵌入对 KIBS 企业服务创新绩效产生了共计 0.462 的整体影响效应，即在保持其他条件不变的情况下，“资源嵌入”变量每提升 1 个单位，“服务创新绩效”总共将提升 0.462 个单位。回顾针对关资源嵌入与知识管理所进行的回归分析，资源嵌入所涉及的企业战略资源占有、合作企业战略资源占有对 KIBS 企业知识管理以及 KIBS 企业服务创新绩效的影响分析中，其显著性均通过检验，并且得到数据支持。因此，从整个实证分析的结果可以得出，企业自身的差异化战略资源拥有是企业赖以生存和发展的根本，是企业竞争优势的来源，同时也是企业在网络中建立自身地位，与其他企业建立合作的敲门砖。而合作企业战略资源的占有则使企业如虎添翼，能够有效发挥合力，创造更大的发展空间。

以上实证研究的结论也基本验证了第五章案例研究中定性分析的基本情况。在第五章的案例研究中，B 企业的关系嵌入性、结构嵌入性、资源嵌入性以及知识管理整体上都相对高于 A、C 企业，其表现出的服务创新绩效也整体上明显高于 A、C 企业；而对于 C 企业而言，其在关系嵌入性、结构嵌入性、资源嵌入性以及知识管理整体上都相对高于 A 企业，而服务创新绩效也同时高于 A 企业。从整体来看，网络嵌入性较强的企业，其知识获取、知识整合、知识创造应用的能力也会相应较强，这为知识密集型服务企业的服务创新行为奠定了重要的知识要素基础，从而极大地促进了企业服务创新绩效的提高，这也是为什么网络嵌入性强的知识密集型服务企业，其服务创新绩效也较高的原因。

## 第三节 本章小结

本章主要对网络嵌入视角下 KIBS 企业服务创新绩效影响机制理论概念模型进行了实证检验，在对数据收集进行说明以及对问卷进行描述性统计分析基础上，对问卷的信度与效度进行了检验，并对关系嵌入、结构嵌入、资源嵌入、服务创新绩效、知识管理各因子进行了相关分析与回归分析，并通过结构方程模型的应用，对网络嵌入对 KIBS 企业服务创新绩效影响理论模型以及相关的基本理论假设进行了验证。结果表明，网络嵌入的三个维度均对 KIBS 企业的服务创新绩效产生正向促进作用，但由于中间变量知识管理的中介作用程度不同，从而使得三个维度对 KIBS 企业服务创新绩效的影响程度存在差异。总体而言，关系嵌入对 KIBS 企业服务创新绩效的促进作用要高于结构嵌入、资源嵌入，而且结构嵌入本身直接正向促进 KIBS 企业服务创新绩效的效果不显著，但其由于在一定程度上影响着 KIBS 企业的知识管理能力，因此，通过知识管理中介作用的发挥，结构嵌入仍能够间接促进 KIBS 企业服务创新绩效的提升。另外，本章实证研究的结论也得到了本书中案例研究定性结论的呼应，更加提高了研究结论的可信度。

# 第八章

# 提高 KIBS 企业服务创新绩效策略

基于前面的系统研究，网络嵌入对知识密集型服务企业服务创新绩效的影响维度主要包括关系嵌入、结构嵌入和资源嵌入。其中，关系嵌入又包含了关系质量、关系强度、关系持久性三个子维度；结构嵌入包括网络密度、企业网络中心性和结构洞三个方面；资源嵌入包括企业战略资源占有、合作企业战略资源占有两个子维度。知识密集型服务企业知识管理活动则分为知识获取、知识共享、知识整合与知识创造 4 个主要方面。在网络嵌入—知识管理—服务创新的基本逻辑结构中，网络嵌入中的关系嵌入、结构嵌入、资源嵌入及直接影响 KIBS 企业的知识管理绩效，同时又通过 KIBS 企业的知识管理活动间接影响其服务创新绩效；而 KIBS 企业的知识管理活动则直接作用于企业的服务创新活动，对服务创新绩效产生直接影响。为了更加有效地提升 KIBS 企业服务创新绩效，本研究从关系嵌入、结构嵌入、资源嵌入以及知识管理 4 个影响因素着手，提出针对性的建设性意见。

# 第一节 建立并不断拓展高品质的企业网络关系

知识经济大时代背景下，市场专业化分工不断细化，企业核心竞争力构建越来越专注。在这一创新型的时代，知识在企业可持续发展中的作用空前突出，在以专业化知识为发展基础的知识密集型企业中尤为如此。然而，创新资源的匮乏以及自身资源有限性的制约使得 KIBS 企业服务创新频率和创新绩效都受到极大制约。为了获得丰富、关键的企业服务创新投入要素，越来越多的 KIBS 企业开始通过嵌入外部经济网络，从而建立获取重要资源的有效渠道。通过建立广泛而优质的企业网络关系，加强成员企业之间的深度合作，促进异质性优质资源、知识、信息的充分共享，并通过企业知识管理活动的有效开展，实现资源的有效重组和优化配置，促进新技术的开发以及创新绩效的提升。

关系嵌入作为网络嵌入最为经典且重要的基本维度之一，已经成为企业嵌入网络的主要表现形式，如何实现良好的网络关系嵌入性，对实现高端资源获取、促进企业创新绩效提升意义重大。企业对网络资源的获取必须建立在与网络成员企业合作关系的基础上，彼此之间的合作关系越紧密，越有利于双方信任机制的建立，形成互信基础上的战略合作伙伴关系。这种长期的战略合作有利于企业之间形成较为统一的发展理念与目标。最为重要的是，高品质的企业网络关系有效促进了资源在广度和深度上的充分共享，实现资源在网络微环境中的有效对接与优化配置，为提高创新绩效以及形成多赢局面提供了有利条件。

为了建立并维护企业之间的高品质网络关系，可以从以下几个方面着手。

## 一、充分发挥企业边界管理人员的桥梁作用

边界管理人员概念的提出最早见于对企业间关系的研究中，从其内涵上来说，主要是指某一个企业中与其他企业具有联系的相关人员。从员工

层次上来说，相比较于基础员工，管理层员工与外界企业的个人联系更能够有助于企业之间合作关系的建立，因此，称其为边界管理人员。与这一称呼相对应的关系营销理论的提出及实践，是边界管理人员在促进企业合作交流中重要作用的理论提升。企业之间的关系建立和发展往往是以边界管理人员之间的互动为介质的，边界管理人员之间尤其是高层管理人员共同的世界观、相似的价值取向，甚至是共同的艺术爱好、生活兴趣有助于增加彼此之间的互动频率，从而建立扎实的信任基础，为双方企业的合作创造机会和可能，良好的私人关系有助于保持企业之间的长久合作，尤其是在关系文化浓郁的中国社会，优质的边界管理人员私人关系对企业关系战略的选择、制定，以及企业可持续发展都会产生重要影响。我国学者王晓玉以私人关系与商业价值观为关系变量，建立其与企业间信任的结构方程模型，对青岛家电生产企业与其分销商之间的关系进行验证后指出，边界管理人员之间的私人关系对企业间信任机制的建立存在显著的促进作用。可以说，信任机制的建立是企业开展一切合作活动的基础。建立在互信基础上的长期战略合作伙伴关系有助于企业共同发展目标的制定，隐性资源的充分共享，提高合作创新的成功概率。

KIBS 企业高交互性的特征使得企业与客户之间建立频繁的联系，形成边界管理人员之间良好的私人关系，彼此互信。通常情况下，KIBS 企业的员工都具有专员的性质，对相应的客户实施长期跟踪服务，客户也不愿意频繁更换服务人员，长期的合作建立了深厚的友谊，有利于优质资源的扩散传播。这种通过关系嵌入获得差异化创新资源的形式对 KIBS 企业提高服务创新能力和绩效具有重要的作用。

## 二、注重承诺性网络关系的有效治理

在关于企业关系治理理论的相关研究中，相关学者逐渐注意到关系承诺的重要性，并将其纳入影响企业合作关系的重要因素当中。关系承诺可以看成网络成员企业意在彼此之间建立长期战略合作伙伴关系的愿望和持有的态度，真诚的关系承诺能够有效降低合作企业退出合作关系的倾向，对增强成员企业之间的合作意愿具有显著的促进作用。关系承诺提高了 KIBS 企业优质、高效网络关系的建立和维护，长期稳定的合作促进企业之间从员工培训、互相投资控股等多渠道的关系建立，这为服务创新所需要的隐性关键知识的企业间流通创造了关键的信任基础，在提高流通效率的同时，大大增加了创新成功的概率和创新绩效的显著性。相反，关系承诺的缺乏则使得企业之间的联系犹如建立在海滩上，根基不稳，摇摆不定，在双方合作机会降低的同时，也使得合作效果大打折扣。建立在承诺基础上的网络成员企业长期稳定关系，有助于形成业内行为规范及相应道德标准，这种约定俗成的标准对企业的约束力甚至会达到法律规章制度达不到的效果。

### 三、基于竞合理论提高网络“关系租金”

随着专业化分工的不断细化以及企业竞争模式的转变，“竞合”一词越来越频繁地出现在学术界的相关研究中，成为组织间关系研究的重要关键词。竞合理论突破传统企业战略过于强调竞争的缺陷，尤其强调企业间合作的重要性，以及企业间战略制定的互动性和系统性。企业间竞合关系实现了竞争状态中合作的可能，是一种相互扶持、能够实现双赢的组织关系模式。而不同企业组织所掌握的差异化资源、能力、技术等，为实现彼此发展互补和相互嵌入，实现企业竞争优势获得与提升提供了重要资源及新路径。这种通过企业组织间互相嵌入形成关系，从而促使企业获取竞争优势的收益，有学者将其称之为“关系租金”。关系租金主要是从组织彼此之间所形成的交换关系中产生的，关系租金最关键的来源在于网络知识共享，通过企业之间的合作实现知识充分流通，促进企业进行知识的有效整合，而这由主要受益于彼此之间的高质量关系。在关系租金的概念中，尤其强调关系的重要性。组织间网络关系的建立突破了企业内部资源有限性对其发展的制约，合作状态下的企业都是以一个共同的成员姿态嵌入在社会经济网络之中，通过建立竞争中合作、合作中竞争的长期伙伴关系，形成企业间特殊的连接关系，从而使其成为企业竞争优势获得、竞争力提升的关键性资源之一，这种关键性资源的跨组织边界流动，最终促进了关系租金的产生。事实上，在当代知识大爆炸的背景下，企业之间所建立的错综复杂的合作网络比个体组织更容易产生新知识，并通过关系渠道促进知识网络内的流通、转移、共享及整合，促进企业创新活动的开展以及创新绩效的提升。具有高关系租金的企业往往都具有“长情”的特点，并且致力于与合作伙伴建立良好的长久战略关系。

## 第二节 促进企业网络中心性的提升

前面研究证实了企业网络中心性通过对企业知识管理的影响，对企业的服务创新绩效具有间接地促进作用。在企业间知识共享和传播的过程中，网络扮演着路径和输送带的角色。不同成员企业处于不同位置所形成的网络结构（知识传导路径）会对企业的知识获取、企业之间的知识传递产生多层面的影响。而处于网络中心的企业往往具有更多的对外知识获取渠道，更是扮演着信息集成商的角色，企业较高的网络中心性会为其创造资源控制、信息集聚等多方面的优势。更为重要的是，处于网络中心的企业易于和众多的成员企业建立紧密的深度合作关系，这种深度合作有效促进了企业间隐性知识的传递，为企业知识库的丰裕提供了重要的源泉，极大地激发了企业进行知识整合并将新知识应用于企业服务创新的意愿。

### 一、扩大知识传递量以证明中心企业的实力

虽然居于网络中心位置的企业具有知识集聚、讨价还价等多方面优势，但其能够处于网络中心地位，往往是由于其在技术、声望等方面处于领先地位。在知识密集型企业所形成的网络中，知识的含量、先进性以及对网络所作出的知识输出共享成为其与网络成员创建联系的关键要素，企业出于自身利益提升的初衷而实施的对外知识搜寻、获取，成为企业间关系建立的最本质动因。中心性企业对外知识传递的量、质综合水平，是企业能够居于中心位置最好的实力证明。处于网络中心的企业如果想要持续地保有这一位置为其创造知识、资源、信息方面的集聚和控制优势，就必须扩大其对外扩散的知识数量、质量，提升自身在业界的威望，使得与其开展业务上的合作成为其他企业实力的一种证明，在扩展企业外界联系的同时，易于形成深层次、高品质的网络关系，形成良性循环。另外，考虑到与政府之间形成的关系联结对企业发展的重要性，网络成员企业尤其是中心企业应该在重视市场资源的同时，扩大政治资源的获取，中心企业由

于自身规模、实力方面的优势，往往更能够争取到地方政府的支持，从而为整个网络提供更为丰富、便利的政治渠道。这种市场资源和政治资源的有效结合，在一定程度上优化了社会经济网络的基本结构，促进了知识的流通转移，为网络企业创造了更大的发展空间。

### 二、业务承接促进网络边缘企业中心地位建立

在社会经济网络中，除了处于中心位置的企业之外，总有大量的企业处于网络的边缘地位，由于在实力、资金、规模等方面均处于弱势地位，在与中心企业的业务合作中往往处于被动地位，讨价还价的实力较差，自身资源的有限性使得其与中心企业的合作创新很难从实质上开展。但是，中心企业的知识外溢以及先进的管理经验，都是边缘企业竞争优势提升的重要要素，与中心企业的合作是边缘企业提高发展速度的有效捷径。为了实现和中心企业的长期合作，提升自身在网络中的地位，边缘企业可以通过承接中心企业外包业务的形式，与中心企业建立联结，承接外包业务的同时，也承接了中心企业的外溢知识与资源，是企业重要的知识输入渠道。另外，与实力、声望较高的中心企业的合作，无形中也提高了边缘企业的市场地位，能够有效促进边缘企业网络业务的拓展以及与其他企业合作关系的建立，从而不断促进企业网络中心性的提升。这种网络成员企业之间的合作对于提高整个网络的竞争力至关重要，稳定的合作关系为企业整个网络的创新活动提供了宽松的环境，并能够有效提高企业创新的成功率。

## 第三节 提升 KIBS 企业知识管理水平

### 一、多元化 KIBS 企业知识获取途径

KIBS 企业是知识引进和知识传播的载体，服务创新的本质是知识的创新。知识获取可以说是 KIBS 企业服务创新的基础，其在服务创新立项、开发、实施过程中均起着至关重要的作用。服务创新立项阶段的知识

获取从数量和质量上为新服务产品开发计划项目能否顺利立项提供着关键的智能支持，其可行性需要大量的专业化知识和数据的佐证。可以说，服务创新项目立项阶段的知识获取是推动服务创新前行的原动力。在后续的开发过程中，往往会遇到各种各样意想不到的问题，这就需要项目开发团队成员齐心合力，充分调动自己所掌握的专业化知识和行业经验，对知识进行补充修订。这是在服务创新开发过程中高度重要的隐性知识获取，该类型知识的获取更能够体现人力资本的主观能动性，也就更能够决定服务创新的成败以及创新绩效的高低。而在服务创新项目的实施阶段，由于 KIBS 企业服务的特殊性，相关服务人员的作用逐渐凸显。一方面，服务人员的工作态度、热忱、积极性、方式方法等深刻影响着新服务产品的市场推广，从而影响服务创新项目的市场份额和财务绩效。另一方面，作为消费与供给同时进行的新服务产品，消费者对新服务产品的优劣最具发言权，此时服务人员应特别重视消费者意见的反馈，此阶段的知识获取对服务创新的改进以及创新绩效的提升意义重大。

### （一）开展以项目为载体的知识交流合作

资源的有限性决定了企业必然向外拓展，以探索更加广阔的知识来源，企业网络以其庞大的企业数量、多元化的知识含量为企业知识的对外获取创造了条件。对于知识密集型服务企业而言，应高度重视与社会网络中各个层面机构、组织之间关系的建立和维持，尤其是科研单位和高等院校等知识密集程度较高的组织，由于其长期以来一直处于行业知识的前沿和引领新技术开发的地位，其所掌握的先进知识对知识密集型服务企业的服务创新活动提供着重要的智力支撑，为知识密集型服务企业持久丰富的知识输入提供了源泉保障。KIBS 企业与网络外部成员之间的知识交流具体可以通过项目合作的形式展开，如以高等院校、科研院所为新服务产品的开发方，KIBS 企业提供相应的资金支持，新服务产品最终应用于 KIBS 企业，这种合作进行项目开发的行为在各行各业非常普遍，既解决了科研单位资金不足的限制，同时也解决了 KIBS 企业知识上的欠缺，在优化资源配置的同时，实现了双赢。

### （二）建立多样化的人才交流形式

KIBS 企业的一个重要特点在于服务人员与消费者之间的高交互性。

这主要是由于服务消费与供给的同时性，服务人员所掌握的知识直接影响着企业服务水平以及新产品的市场推广。作为知识最为重要的载体，尤其是隐性知识，其在组织间的流动必须依托人才的流动来实现。因此，人才流动自然而然地成为企业对外知识获取的重要渠道。在具体操作过程中，主要可以采取以下两种方式，第一，直接的人才引进。随着知识更新换代速度的不断加快，作为知识发展领域的前沿行业，新鲜血液的输入至关重要。因此，KIBS 企业可以通过外界人才的直接引进，如业内人员的跳槽等，实现企业对外知识获取。此时的人才有一个非常重要的优势，一方面经过多年从业经验的积累和历练，更加成熟，节省了进入企业之后的培训投入。另一方面，此时企业引进的一定是掌握着企业极其匮乏知识的紧缺人才，能够直接弥补企业知识缺陷。第二，企业内部人员的对外交流培训（技术培训、学术会议、业内先进企业考察参观学习等）。企业对员工提供的优质培训机会以及提供的职业发展、职业规划良好的平台是企业人力资本规划的重要组成部分，有助于提高员工对企业的忠诚度和满意度，从而降低原有人才流失的同时，不断聚集社会优秀人力资本，增强企业稳定性的同时，也不断地拓展了企业的智力资本输入。员工对外交流培训过程中所掌握的显性和隐性知识直接形成了企业的知识补充，这已经成为 KIBS 企业对外知识获取的重要形式。

## 二、降低 KIBS 企业知识共享黏滞性

黏滞（Sticky）的概念最早是由 Von Hipple（1994）在关于信息、知识流通障碍的研究中提出的，主要是指信息或知识的对外获取、转移、共享是需要付出一定的成本的。企业知识共享黏滞性的产生主要来源于以下几个方面。首先，从知识本身而言，其重要程度和抽象程度都会影响知识进行共享。重要程度较高的知识，其共享黏滞性也较高。试想，对于掌握重要关键知识的成员而言，将自己所掌握的知识进行共享，意味着出让自身所具备的独特竞争优势，而在组织激烈的竞争环境中，为了提高自身地位，出于利己主义的考虑，往往会刻意限制关键知识的对外共享，从而使知识流通转移过程中的黏滞性增加。而知识的抽象程度（通常按此标准可将知识划分成显性和隐性知识）也在很大程度上影响着知识共享效率和效果。隐性知识由于更加抽象，使得知识源在知识对外扩散、知识受体在知识吸收过程中的难度增加，从而使得知识共享的黏滞性增强。其次，

团队成员对知识的主观共享意识、对外传播时的技巧口才表达能力、知识受体的接受理解能力、彼此之间的沟通能力以及知识背景、团队信任机制的建立都会影响知识共享，并影响其黏滞性的高低。第三，知识共享渠道的影响。对于一个企业而言，组织内部是否建立了完善的知识共享体系与知识共享平台，直接决定着其知识共享的深刻程度以及企业知识管理绩效。一般而言，企业知识流动渠道越丰富，网络越健全，知识共享的黏滞性越低。最后，也是最为重要的一点，就是企业文化所营造的工作氛围直接决定了员工知识共享的积极性。从企业管理者层面而言，营造一个宽松、开放、和谐、信任的企业发展环境对塑造员工阳光心态至关重要，而对于知识这一必须依附某些载体才能够实现传播的客体而言，企业文化所塑造出来的传播载体（员工）尤为关键。

### （一）营造和谐信任的知识共享环境

知识是 KIBS 企业的核心竞争资源，营造和谐宽松的知识共享环境对促进知识共享具有非常积极的促进作用。对于任何一个 KIBS 企业而言，其所掌握的核心差异化知识资源都是区别于其他组织竞争优势的来源，涉及知识显性与隐性的差异，其传播渠道与难易程度也不同。首先，显性知识的共享往往涉及企业内部硬件、软件系统的配备，从而保证知识共享渠道的畅通，从宏观上营造浓郁的知识共享氛围。这主要是因为显性知识的共享往往只能够在网络成员企业中水平相近的企业间有效传播与共享。某些知识的共享需要特有的软、硬件配套设施的辅助才能实现。这就如同只有收入水平相近的消费者，具有相似的消费水平和消费偏好一样。其次，隐性知识的黏滞性往往较高，通常以 KIBS 企业服务人员的经验等形式存在，此时，作为其所掌握的差异化资源，企业应该建立有效的知识共享激励机制，对员工知识共享行为给予一定的奖励，尤其是其共享的知识为企业创造巨大收益时，更要在精神层面（如荣誉评选）和物质层面（现金奖励、升值等）给予嘉奖，促进员工知识共享的积极性，降低知识的黏滞性。可以适当开展业内行业年会，既有助于提升企业形象，同时有助于企业至今的沟通交流，促进更广范畴上的合作和知识的有效共享。再者，由于隐性知识的较高抽象程度，为了提高企业知识储备，并为后续知识应用奠定基础，应该特别重视隐性知识的知识编码，促进其显性化，将其转化成易于被掌握和传播的显性知识。

### （二）完善知识共享的交流平台

对于网络企业的知识共享来说，完善的交流平台显得尤为重要。考虑到企业限制知识外溢的本性使然，作者认为，政府部门和行业协会在企业网络知识共享平台建设中的作为最为关键。如上海市所建立的科技服务业平台，在科技文献、数据共享、咨询代理、科技推广等 14 个方面给予科技相关企业提供了在线咨询、签约等全方位的服务。对于不同的企业在平台上发布自身的科技成果、市场需求等信息，为企业之间的沟通交流牵线搭桥，提供了重要的平台。行业协会可以通过自身功能的发挥，定期召开企业各层次人员见面交流会，一方面增进企业之间的情感交流，另一方面通过该平台发布行业前沿信息、咨讯，促进技术、知识交流，为企业之间的合作创造更多的机会。事实上，企业对外知识共享是一个双向的行为，一方面企业自有知识的对外共享有利于建立企业业内先进的地位，先进地位的建立会形成一定的辐射效应，如更利于获得政府机构、行业协会政策等方面的支持。另一方面，持久对外知识共享会为企业创造广泛的社会联系，有利于提高企业网络中心性，为企业创造知识获取和控制上的绝对优势，而企业网络中心性地位的获得对企业服务创新绩效的提升具有重要意义。基于此，完善的知识共享交流平台为网络内企业知识共享提供了途径和渠道，社会利益的获得为企业知识共享提供了动力，有效降低了知识黏滞性，促进了知识的网络共享。

## 三、促进 KIBS 企业知识有效整合

KIBS 企业的知识整合是一个持续不断的动态过程，从知识的更新换代角度来说，其本身也具有极强的周期性，伴随着知识的产生、普及、淘汰的各个阶段。对于社会发展的基础知识生产创造以及传播的 KIBS 企业而言，知识的周期性更加明显。而对于 KIBS 企业的服务创新活动，所涉及的通常是行业前沿知识，而对外获取的新知识往往在数量和质量上存在一定限制，因此，企业必须围绕自身的发展战略，时时对其知识库进行系统整理，摒弃过时的无用知识，将新知识融入知识系统中。在企业的整个知识管理过程中，知识整合具有非常关键的地位和作用，既是知识获取、知识共享的进一步发展，同时也是知识创造的基础和前提。在 KIBS 企业可持续发展的整个生命周期，服务创新赋予企业丰富的竞争优势，而持续

的知识吸收、知识整合、知识创造使服务创新获得了源源不断的智力供给。可以说，知识整合在 KIBS 企业的知识管理活动中起着承上启下的作用。需要注意的是，一方面，KIBS 企业所提供服务的无形化特点以及员工所扮演的重要角色，使得其知识整合活动不仅仅是企业原有以及后期获得的显性知识的整合，更为重要的是将其与企业员工的隐性知识融为一体，这也为 KIBS 企业服务创新活动的开展提供了人力资本的支撑。另一方面，KIBS 企业知识密集型的特点也对其知识的多元化提出了要求。因此，为了增加企业解决实际问题、提升服务创新的能力，将分散存在于不同主体的局部知识系统整合成全局知识，充分发挥 1 + 1 > 2 的效应，促进企业新的知识系统建立的同时，提高企业知识管理的效率。

### （一）注重企业知识的深度挖掘

对企业所掌握知识的深度挖掘可以说是实现知识有效整合的重要途径。任何一个企业所掌握的知识通常具备一定的原始性，这就好比我们在做数据统计分析时，所收集来的信息往往都是政府统计部门依托于统计年鉴、投入产出表等形式所发布的最原始数据，这些数据通常不能够直接用于我们所进行的科学研究，比如由于标准不统一所产生的指标差异，要求我们在数据分析过程中必须剔除或者合并某些指标数值来进行，这就要求统计分析人员具备一定的专业知识，深刻了解每一个指标所代表的深刻内涵，从而使得指标数值的合并或分解科学合理，提高科学分析的实际应用价值。对于任何一个组织而言，如果对其所掌握的知识不进行深度挖掘，使其衍生出更加深刻的、差异化的知识，则说明其知识利用效率低下，对于 KIBS 企业而言，其服务创新活动所需要的新知识供给难以为继。知识挖掘最原始的初衷在于将原始分散、庞杂的大量信息、知识简单化、标准化，简单说，就是取其精髓，去其糟粕，将其转变成能够为相关人员直接使用的知识。随着大数据时代的来临，人们接触知识的渠道越来越多，这种知识大爆炸为企业提供了丰富知识源泉的同时，也对企业知识挖掘、系统化存储的能力提出了更高的要求。事实上，企业知识深度挖掘的过程，一方面促进了知识的有效整合，同时也是重要的知识优化过程。另外，需要指出的是，KIBS 企业的服务创新活动往往需要不同部门之间的合作进行，本质上是不同知识之间的整合。对企业而言，其对不同部门的知识满足是提高其知识应用效率的必然要求。因此，为了满足 KIBS 企业知识发展的整体战略需要，对其掌握的知识进行深度挖掘，以满足各部门、各领域的知识需求，对促进企业服务创新非常重要。

### （二）建立知识整合平台

知识整合作为企业知识管理的重要组成部分，为了更好地服务于企业知识管理的宏观战略，依托现代信息技术建立知识整合平台必不可少。对企业知识整合平台的建立一直是企业知识管理的重要内容。相关学者的研究指出可以将从企业知识共享门户、协同作业、文档归类、企业工作流程管理系统等几个方面进行知识整合平台建设。也有学者提出目前具有代表性的企业知识整合平台，分别为文档管理系统、专家库（专家查询系统）以及企业 ERP（企业资源计划）系统。文档管理系统是非常成熟的知识整合平台，各企业都会结合自身的实际情况建立相应的文档管理系统，对复杂的文档资料进行系统管理，这种基础工作为企业知识更为有效的整合奠定了基础。专家库主要是实现对业界领军人物所掌握的隐性知识的系统整合管理，从而促进业内前言知识、重要的差异化隐性知识的对外传播和企业共享。而 ERP 系统则是企业较为高层次的资源整合平台，其往往将企业正常运转所涉及的人、财、物（包括有形和无形）全部纳入其管理范畴。而对于 KIBS 企业而言，知识作为其发展最为关键的差异化资源，ERP 对其进行的系统整合对促进企业新知识创造以及服务创新至关重要。当然，如果一个企业的知识整合平台主要功能应用于对文档的简单归类管理层面时，说明此时企业的知识整合水平还比较低。而当其发展到 ERP 资源计划系统的开发应用时，则表明企业的知识整合水平已经达到一定的水准。

### （三）提升企业组织学习能力

企业外界知识获取只是提供了企业知识来源，保证企业知识存量。如何发挥组织自身能动性，实现知识整合提升，促进新知识创造，才是知识整合环节的关键功能。企业丰富的网络关系为企业提供了所需的各种差异化资源，通过建立良好、优质、持久的互信合作关系，获取真实、优质的网络知识、信息资源，通过自身企业组织学习能力，将其与企业内部自有资源相整合，促进新知识创造，从而促进服务创新的发生及创新绩效的提升。企业对知识的整合是服务创新的酶化剂，而较强的学习能力则成为服务创新能否成功的关键。因此，为了实现企业服务创新目标，企业必须不断提高组织的学习能力。在国际贸易理论中，赫克歇尔—俄林所提出的要素禀赋理论在解释国际分工和国际贸易产生的基本原因中，提出一个国家资源禀赋的丰裕程度直接决定着其在国际分工中的地位以及竞争优势，但同时其特别强调，虽然自然资源要素在建立国际对外贸易优势的初期阶段，具有不可替代的基础性地位，但是，一个国家参与国际分工可持续竞争优势的获得与维持确是由其后天获得性资源决定的，而这种后天获得性优势则由该国家的学习能力、创造能力、不断拓展新领域的能力等方面决定的。就微观企业管理层面而言，其表现出同样的特征。组织所掌握的资源是其企业发展的根本，但能够伴随企业更长远发展的则是企业学习新知识、新技术的能力，这对于企业开展的创新活动至关重要。需要注意的是，这里的学习是建立在个体知识能力提升基础上所实现的企业整体人力资本的有机融合，企业可以通过员工内部岗位体验的方式实现个体知识的流动与分享，也可以通过人才引进的方式不断吸收新知识，并带动组织新的学习风潮。

## 四、提高 KIBS 企业知识应用效率

企业的知识管理活动最终落实在知识的具体应用，KIBS 企业知识获取、知识共享以及知识整合的最终目标无外乎就是将知识应用在企业新服务产品的开发与服务模式的创新中，从而促进服务创新的发生以及服务创新绩效的提升。考虑到团队在 KIBS 企业知识应用方面的关键作用，在促进企业知识应用效率的手段方面，必须首先着重考虑团队成员对新知识的消化吸收能力，并将提高知识应用水平提升到企业宏观发展战略的高度。

### （一）加强新知识的内化吸收

知识的消化吸收对提高企业知识应用效率至关重要。作为知识的重要载体，企业员工在知识管理的任何一个阶段都起着十分关键的作用。在企业新服务产品开发阶段，开发人员对知识的内化吸收整合直接决定了企业对其所掌握知识的应用效率和效果，对知识的应用效率高，则易于创造出新知识，而新知识是企业服务创新的智力基础。知识应用效率低，则新知识创造效率低下，影响企业对知识管理投入的回报率，势必影响服务创新效率的提升。因此，企业对其所掌握的知识进行提炼，使其升华成具有一定先进性的新知识，从而成为企业服务创新的关键要素。而在新服务产品

市场推广阶段，大量一线服务人员对包含在新服务产品中新知识的掌握程度则成为其市场推广能否成功的重要因素。因此，企业在大力推广服务创新的同时，应该特别重视对基层员工专业知识的培训，提高服务能力，给消费者留下专业、训练有素的良好印象，促进新服务产品市场份额、消费者满意度的提高和财务绩效的增加。

当然，员工对于新事物和新知识的接受通常在开始阶段会存在一定的障碍甚至抵触，企业可以制定相应的激励机制、动员大会，让员工充分了解企业未来的发展战略，使员工充分意识到掌握新知识的重要性，充分调动员工自身积极性和主观能动性，把掌握新知识作为其自身职业生涯规划、职业技能提升的重要组成部分，从而加快员工对新知识、新服务的认识与掌握，提高知识利用效率的同时，增强企业市场拓展的能力。

### （二）加快复合型服务人才的引进和培养

作为知识经济时代最重要的资源和生产要素，知识在企业生产效率提升和价值增值等方面都发挥着关键性的作用。知识密集型服务企业作为典型的依赖高知识投入的组织，同时具有强烈的服务特征。由此，其对知识的应用或者向实际生产力的转化只有依赖人力资本才能够实现。而在企业提供服务的过程中，结合自身行业特点掌握专业化知识的同时，还必须结合服务对象、市场特征等多方面因素，以实现客户满意度的提升。这就对知识密集型服务企业的相关工作人员提出了更高的要求，不断要求其掌握多元化、复合型的新型知识，从而提高服务绩效。因此，KIBS 企业应该特别注重专业化复合型人才的培养和引进，通过各种职业、岗位交叉培训提高其对跨领域知识的掌握，从而促进服务创新活动的开展以及创新绩效的提升。

## 第四节 本章小结

本章主要基于前面理论与实证研究结果，就网络嵌入视角下如何更好地促进 KIBS 企业服务创新绩效提升提出针对性的建议。一方面，KIBS 企业应不断建立并拓展高品质的企业网络关系，并促进企业网络中心性的提升，不断扩大企业战略性资源占有量，实现对外有效知识获取渠道的建立，以此来提高知识管理水平，进而促进企业服务创新绩效的提升；另一方面，积极实施企业知识共享、知识整合等平台建设，注重知识的深度挖掘，提高企业知识应用效率，充分发挥 KIBS 企业知识密集型的作用，加大专业化、高素质人才培养力度，有效促进企业服务创新以及创新绩效的提升。

# 第九章

# 研究结论与进一步研究思考

通过前面章节内容，系统分析了对网络嵌入视角下 KIBS 企业服务创新绩效影响机制，并通过问卷调查和访谈的形式收集了大量有效数据，采取相关回归分析和结构方程等方法对理论模型进行了验证。基于此，本章将对整体研究成果进行归纳总结，分析理论贡献的同时，就研究过程中存在的不足进行说明。

## 第一节 研究结论

从创新理论研究的发展来看，随着企业竞争逐渐从有形产品的竞争向无形产品即服务的竞争，企业创新的焦点也从传统的产品生产领域、技术领域逐渐向服务领域转变。同时，随着服务创新研究的不断深化以及企业发展对外部资源依赖程度的逐渐提高，企业单纯依赖掌握稀缺性资源来提升自身优势的发展思路得到转变，充分发挥企业自身对外资源获取能力、对资源有效整合能力、优质合作关系维持能力等，都成为促进企业竞争力提升的重要因素。可以说，资源的有限性以及创新资源的内外整合，有利于企业实现创新合力，尤其对于服务行业来说，无论是服务企业同行之间的合作，亦或是服务企业与消费者（企业）之间的合作，从源头上为创新成功以及创新产品市场化、商业化奠定了重要基础。这种创新的发展趋势要求企业不断突破组织边界，放眼整个社会、市场，寻求企业创新所需要的一切要素，而企业长期发展中所形成的社会网络无疑成为其汲取创新资源的巨大源泉。同时，企业又以成员身份为整个企业网络奉献着自己的力量。KIBS 企业在服务创新的过程中，知识作为其最为关键的核心要素，对于量的掌握和质的提升，都深刻地影响着其服务创新绩效的高低，这使得知识的对外获取以及有效整合应用显得尤为重要。因此，如何有效地建立、发展、维护其社会网络，实现有效知识管理，促进企业服务创新绩效提升，对企业而言意义非凡。

因此，基于网络嵌入如何影响以及在何种程度上影响 KIBS 企业服务创新绩效的内在机制分析目标，本研究围绕服务创新理论、知识管理理论以及网络嵌入理论三大基础理论，在对网络嵌入影响 KIBS 企业服务创新绩效内在机理分析的基础上，选择恰当的探索性案例进行描述性分析，提出本研究的初始性假设。通过设计科学合理的调查问卷进行数据收集，运用 SPSS 等分析工具对样本数据进行分析，并选择结构方程对研究假设进行验证，实现定量与定性分析相结合论证研究观点，并就网络嵌入对 KIBS 企业服务创新绩效的影响机制这一核心主题展开分析论证。

第一，网络嵌入对 KIBS 企业服务创新绩效存在积极的促进作用。通过本书第五章的深入分析，结合第七章实证研究的基本结果，可以得到网络嵌入对 KIBS 企业服务创新绩效存在正向的推动作用的基本结论。但比较而言，关系嵌入与资源嵌入对 KIBS 企业服务创新绩效的影响更加直接，结构嵌入对 KIBS 企业服务创新绩效的影响则是间接产生的。从关系嵌入层面来说，KIBS 企业与网络中的成员保持高质量、深层次、多方面的持久合作关系对于拓展企业知识来源、提高知识获取的质量、大规模范围实现知识共享以及提高企业对知识的应用能力，从而实现新知识的创造，并将其应用在新服务产品的开发中，促进服务创新绩效的提升具有较强的作用。从资源嵌入层面来说，企业自身的差异化战略资源拥有是企业赖以生存和发展的根本，是企业竞争优势的来源，同时也是企业在网络中建立自身地位、与其他企业建立合作的敲门砖。而合作企业战略资源的占有则使企业如虎添翼，能够有效发挥合力，创造更大的发展空间。而从结构嵌入层面来看，企业处于过于稠密的网络降低了企业的发展、生存空间，使企业产生压抑感，抑制了创新活力和创新欲望，而处于网络中心位置的企业往往具有悠久的发展历史，容易形成按部就班的发展模式与运营机制，对于实施有效创新有负面影响。因此，结构嵌入对 KIBS 企业服务创新绩效正向显著影响的假设没有得到数据验证支撑。

第二，网络嵌入对 KIBS 企业服务创新绩效的影响主要是通过作用于 KIBS 企业的知识获取、知识共享、知识整合以及知识应用 4 个知识管理活动来实现的。通过本书第四章关于网络嵌入对 KIBS 企业服务创新绩效影响机理的内在关系分析、第六章关于基本模型的构建、综合第七章网络嵌入对 KIBS 企业服务创新绩效影响机制的实证研究结果，得出本研究的第二个主要结论，即在网络嵌入对 KIBS 企业服务创新绩效影响机制的研究中，KIBS 企业的知识管理活动起着至关重要的中间传导作用，正是因为知识管理对知识密集型服务企业的特殊性，使得知识管理在 KIBS 企业服务创新绩效的提升中发挥着至关重要的作用。具体而言，关系嵌入维度中的关系质量、关系强度、关系持久性对 KIBS 企业服务创新绩效既产生直接的正向作用，同时又通过影响其知识管理活动间接地促进 KIBS 企业服务创新绩效的提升；结构嵌入维度中的网络密度、企业网络中心性以及“结构洞”则并不直接作用于 KIBS 企业的服务创新绩效，而主要通过影响 KIBS 企业知识管理 4 个方面的活动间接影响 KIBS 企业的服务创新绩效；资源嵌入维度的 2 个方面——企业战略资源占有、合作企业战略资源占有则表现出直接正向影响 KIBS 企业服务创新绩效的同时，也通过影响其知识管理活动间接正向促进 KIBS 企业服务创新绩效的提升。

第三，网络嵌入的三个维度——关系嵌入、结构嵌入、资源嵌入对 KIBS 企业服务创新绩效的影响程度是不同的。依据本书第七章关于网络嵌入对 KIBS 企业服务创新绩效影响机制实证研究的最终结果，发现网络嵌入的 3 个维度分别在不同程度上影响着 KIBS 企业的服务创新绩效。具体而言，关系嵌入对 KIBS 企业服务创新绩效的直接作用程度为 0.492，通过影响 KIBS 企业知识管理活动间接影响 KIBS 企业服务创新绩效程度为 0.241。也就是说，关系嵌入对 KIBS 企业服务创新绩效总体影响程度为 0.733；资源嵌入对 KIBS 企业服务创新绩效的直接影响程度为 0.228，通过影响 KIBS 企业知识管理活动间接影响 KIBS 企业服务创新绩效程度为 0.234，即资源嵌入对 KIBS 企业服务创新绩效总体影响程度达到 0.462；同样的，结构嵌入对 KIBS 企业服务创新绩效整体影响程度达到 0.228，并且，这一影响完全是通过知识管理的中间传导机制实现的。

## 第二节 进一步研究思考

本书在具体研究过程中，系统分析网络嵌入、服务创新以及知识管理三大理论，力争为研究奠定坚实的理论基础。为保证研究数据的充分性，利用网络问卷平台、实际问卷发放等形式相结合实现数据的充分收集，并采用一系列的统计分析方式，实现对问卷信度、效度，因子之间相关性等各方面的全面解析，在构建网络嵌入对 KIBS 企业服务创新绩效影响机制模型的基础上，通过相关回归分析以及结构方程模型，对相关理论假设进行了验证，并得出了一系列的基本结论，实现了对网络嵌入、KIBS 企业服务创新领域相关研究的初衷。然而，不得不承认的是，限于所研究问题的复杂性、作者学术能力以及时间、精力的约束，作者仍感研究中还存在很多不尽完善之处，这也是在未来的研究中需要不断改进的地方。

首先，应不断改善变量测度主观性较大的问题。本书中所使用的量表均在以往相关领域的研究中得到了广泛应用，科学合理性得到了保证。在具体的变量测度方面，选择五点法进行具体的量表指标的测量。虽然五点法相比较于七点法而言，分界更为清晰，易于调查者做出选择。但是不可避免的是，对于任何一个选项均完全由被调查者的主观意愿决定，甚至在有些情况下，被调查者的热情、身体状况、人文修养都会对选择产生影响，这种因素或多或少在一定程度上影响数据的真实性。这也使得未来研究中主客观相结合数据调查方法的应用更为关键，也能够为研究结论可信度的提高提供保障。

其次，应克服被调查对象单一所造成的局限。本研究中关于调查问卷的发放与收集均源于 KIBS 企业，缺乏服务创新合作者的相关信息，这使得服务创新开展过程中，KIBS 企业与合作企业之间关系、各自地位、服务创新绩效的判定容易产生片面性认识。并且，在被调查人员的选择上，本研究选择高层管理者，确保对企业对外合作以及服务创新的知情程度，但仍无法像服务创新项目负责人一样对整个服务创新过程了如指掌。同时，在对探索性案例进行访谈的过程中，企业的受访意愿程度、所派人员语言表达能力、对公司相关情况了解程度、对受访问题的理解程度都影响着调研信息的准确性和完整性，也为作者对相关信息的过滤增加了难度。

# 附　　录

## 附录1：访谈提纲

一、公司基本情况

1. 公司规模？（主要包括资产、企业人数等）

2. 公司发展历史以及未来发展潜力？

二、企业服务创新方面的具体情况

1. 服务创新在该行业的重要性如何？

2. 企业在本领域内的服务创新水平如何？

3. 企业的服务创新主要体现在哪些方面？（新服务产品开发、服务推广手段等）

三、企业的对外合作状况

1. 企业对外业务合作的基本情况？（如广泛性、针对性等）

2. 在合作中企业的地位如何？（从属或者主导）

3. 彼此的合作关系与企业在合作中的地位对能够从合作企业所获资源的影响多大？

4. 对外业务合作为企业的服务创新带来的优势或者是资源有哪些？

5. 这些资源是否极大的促进了企业的服务创新活动开展？

四、针对自身企业的实际情况和特点，说说知识管理的具体措施有哪些？对企业服务创新的影响如何？

1. 如何看待知识管理在企业发展中的重要性？

2. 企业具体的知识管理活动有哪些？（如相应平台建设等）

3. 这些知识管理活动是否极大地影响着企业的服务创新活动和绩效？

# 附录 2：调查问卷

**网络嵌入、知识管理与企业服务创新绩效调查问卷**

尊敬的各位公司领导：

您好！本问卷是针对网络嵌入、知识管理与企业服务创新绩效之间的关系而设计的，您所反馈的信息将为本研究提供非常重要的基础。非常感谢您能在百忙之中给予关注。所有问题的答案没有对错之分，只为反映企业实际状况，务必请您完整填写。特别强调的是，本问卷完全采取匿名方式进行，所有信息只为本研究所用，对于您填写的问卷内容绝对保密，请安心作答。如若对研究分析结论感兴趣，作者很乐意无偿提供，并对能为贵公司提供参考感到万分荣幸。

再次感谢您的大力协助！

此致

敬礼！

**一、个人基本资料**

1. 请问您的性别是：

□男　□女

2. 请问您的年龄是：

□25 岁以下　□26～35 岁　□36～45 岁　□46～55 岁

□56 岁以上

3. 请问您的学历是：

□大专以下　□本科　□硕士　□博士　□其他

4. 请问您的职位是：

□总裁　□董事长　□总经理　□副总经理

□总监　□部门经理　□部门经理助理　□其他（请说明）______

5. 您在本企业工作已有______年。

□2 年以下　□2－5 年　□5－10 年　□10 年以上

6. 请问您对公司与外部伙伴关系运作的熟悉程度：

□非常熟悉　□熟悉　□普通　□不熟悉　□非常不熟悉

**二、公司基本资料**

1. 请问贵公司所在的行业是：

□银行　□证券　□保险　□相关金融活动

□电信等信息传输服务业　□计算机服务业　□软件业

□租赁业　□商务服务业　□研究与试验发展

□专业技术服务业　□科技交流和推广服务业　□地质勘查业

□其他（请说明）

2. 请问贵公司成立几年了？

□2 年以下　□2－5 年　□5－10 年　□10 年以上

3. 请问贵公司的规模：

员工人数：□50 人以下　□50－100 人　□100－200 人

□200 人以上

资产总额：□2500 万元以下　□2500 万～1 亿元　□1 亿～3 亿元

□3 亿元以上

4. 请问贵公司与其他公司合作的经验：

□非常丰富　□丰富　□一般　□不丰富

□非常不丰富

**三、深层次信息**

（一）此部分问卷设计旨在了解贵公司与合作企业之间的交流状况，请您根据公司实际情况，勾选出最符合的选项。

| 序号 | 问题 | 完全不符合←→完全符合 |
|---|---|---|
| Q01 | 本企业与合作企业经常开展深层次的交流研讨 | 1　2　3　4　5 |
| Q02 | 合作企业在本企业的服务创新活动中起着重要作用 | 1　2　3　4　5 |
| Q03 | 本企业能够共享合作企业的战略性资源 | 1　2　3　4　5 |
| Q04 | 合作企业提供的信息等资源十分真实可靠 | 1　2　3　4　5 |
| Q05 | 本企业与合作企业建立了双赢的互惠合作关系 | 1　2　3　4　5 |
| Q06 | 本企业与合作企业之间保持着频繁的交流 | 1　2　3　4　5 |
| Q07 | 本企业与合作企业之间的交流体现在市场、管理等多个方面 | 1　2　3　4　5 |

续表

| 序号 | 问题 | 完全不符合←→完全符合 |
|---|---|---|
| Q08 | 本企业在与合作企业的合作中投入了大量的资源（如人力、物力等） | 1 2 3 4 5 |
| Q09 | 本企业与合作企业之间具有一致的长远目标 | 1 2 3 4 5 |
| Q10 | 本企业与合作企业彼此之间具有开展持久稳定合作的承诺 | 1 2 3 4 5 |

（二）此部分问卷设计旨在了解贵公司在业界的地位，请您根据公司实际情况，勾选出最符合的选项。

| 序号 | 问题 | 完全不符合←→完全符合 |
|---|---|---|
| Q01 | 本企业所处网络中的大多数成员企业之间均存在直接的联系 | 1 2 3 4 5 |
| Q02 | 与本企业保持联系较为频繁的合作企业数量比例较大（联系密切企业占所有建立联系企业的比例较大） | 1 2 3 4 5 |
| Q03 | 相比较于其他企业，本企业从外部网络中获得资源和知识更为便利其数量更多 | 1 2 3 4 5 |
| Q04 | 本企业在网络中具有较高的市场影响力和地位 | 1 2 3 4 5 |
| Q05 | 本企业在与其他企业开展合作谈判过程中具有明显的优势 | 1 2 3 4 5 |
| Q06 | 其他企业之间的知识交流活动必须通过本企业才能得以实现 | 1 2 3 4 5 |
| Q07 | 本企业获得资源、知识的差异化程度较高 | 1 2 3 4 5 |
| Q08 | 本企业能够为其他企业之间的合作牵线搭桥 | 1 2 3 4 5 |

（三）此部分问卷设计旨在了解贵公司与合作企业之间战略资源共享的状况，请您根据公司实际情况，勾选出最符合的选项。

| 序号 | 问题 | 完全不符合←→完全符合 |
|---|---|---|
| Q01 | 企业掌握着大量的行业差异化资源 | 1 2 3 4 5 |
| Q02 | 企业所掌握的战略资源创造了企业的核心竞争力 | 1 2 3 4 5 |
| Q03 | 企业的合作单位通常也掌握着丰富的行业差异化资源 | 1 2 3 4 5 |
| Q04 | 企业合作单位的差异化资源为其创造了核心竞争优势 | 1 2 3 4 5 |

（四）此部分问卷设计旨在了解贵公司知识管理各环节的基本情况，请您根据公司实际情况，勾选出最符合的选项。

| 序号 | 问题 | 完全不符合←→完全符合 |
| --- | --- | --- |
| Q01 | 企业对行业新知识具有较高的灵敏度并能够迅速获得 | 1　2　3　4　5 |
| Q02 | 企业非常重视通过以往服务创新成功及失败经验的总结以挖掘新知识 | 1　2　3　4　5 |
| Q03 | 企业擅于通过与合作企业的频繁互动获取新知识 | 1　2　3　4　5 |
| Q04 | 企业经常组织参观访问活动进行实地调研 | 1　2　3　4　5 |
| Q05 | 企业经常通过非正式渠道获取行业新知识和相关信息（如企业之间的联谊活动） | 1　2　3　4　5 |
| Q06 | 企业提供足够的平台促进知识的内部充分共享 | 1　2　3　4　5 |
| Q07 | 企业在促进知识的对外共享方面具有较高的意愿 | 1　2　3　4　5 |
| Q08 | 企业与合作单位之间建立有通畅的交流渠道 | 1　2　3　4　5 |
| Q09 | 企业员工对新知识具有较强的消化、吸收能力 | 1　2　3　4　5 |
| Q10 | 企业比较擅长外部获取的新知识与内部知识进行有效整合 | 1　2　3　4　5 |
| Q11 | 企业知识整合后的创新能力显著提高 | 1　2　3　4　5 |
| Q12 | 企业能够对获取的新知识举一反三 | 1　2　3　4　5 |
| Q13 | 企业能够有效应用新知识开展服务创新活动 | 1　2　3　4　5 |
| Q14 | 企业能够有效结合以往服务创新经验开展当前服务创新活动 | 1　2　3　4　5 |
| Q15 | 企业能准确捕捉新知识所带来的市场机遇 | 1　2　3　4　5 |
| Q16 | 企业擅于利用新知识来解决面临的问题 | 1　2　3　4　5 |

（五）此部分问卷设计旨在了解贵公司服务创新绩效的基本情况，请您根据公司实际情况，勾选出最符合的选项。

| 变量 | 测度题项 | 完全不符合←→完全符合 |
| --- | --- | --- |
| Q01 | 服务创新为企业带来了较高的投资回报率 | 1　2　3　4　5 |
| Q02 | 服务创新降低了企业成本 | 1　2　3　4　5 |
| Q03 | 服务创新为企业开辟了新的业务领域 | 1　2　3　4　5 |
| Q04 | 服务创新为企业带来了新的消费群体 | 1　2　3　4　5 |

续表

| 变量 | 测度题项 | 完全不符合←→完全符合 |
|---|---|---|
| Q05 | 服务创新提高了企业市场占有率 | 1 2 3 4 5 |
| Q06 | 服务创新提高了企业市场竞争力 | 1 2 3 4 5 |
| Q07 | 服务创新满足了潜在市场需求，消费者对新产品十分满意 | 1 2 3 4 5 |
| Q08 | 服务创新促使消费者新服务产品实施重复消费 | 1 2 3 4 5 |

# 参 考 文 献

[1] Miles, I. , Kastrinos, N. Knowledge – Intensive Business Service – Users, Carriers and Sources of Innovation [R]. EIMS publication. No. 15: EC, 1995.

[2] Hipp, C. Information Flows and Knowledge Creation in Knowledge Intensive Business Services [Z]. In S. Metcalfe, Innovation System in the Service Economy, London: Kluwer Academic Publishers, 1999.

[3] Hertog, P.. Conceptualizing Innovation and the Knowledge Flow between KIBS and their Clients [R]. SI4S Topical Paper 11, Oslo: STEP, 2000.

[4] Dathe, D. , Schmid, G. . Determinants of Business and Personal Services, Evidence from West German Regions [M]. Berlin: wissenschaftszentrum Berlin fur Socialforschung, 2000.

[5] Muller, E. , Zenker, A. Business Services as Actors of Knowledge transformation: the Role of KIBS in Regional and National Innovation Systems [J]. Research Policy, 2001 (9): 1501 – 1516.

[6] Nāhlinder, J. Innovation in Knowledge Intensive Business Service: State of The Art and Conceptualisations [R]. www. tema. liu. se/tema – t/sirp/pdf/wp, 2002: 202 – 244.

[7] Kemppila, S. Innovation in Knowledge – Intensive Services [C]. CINet Conference Sydney, 2004.

[8] 申静，王腊梅. 试探国外服务创新的研究与发展趋势 [J]. 情报杂志，2004 (8): 11 – 13.

[9] Miles, I. And H. Rush. Service And The Knowledge – Based Economy: Not So Peculiar After All? [R]. International Forum For Technology

Management. 1997 (11): 3 -7.

[10] 周明华. 知识密集型服务业的创新研究 [J]. 现代商业, 2007 (16): 191 -192.

[11] 魏江, 王甜. 中欧知识密集型服务业发展比较及对中国的启示 [J]. 管理学报, 2005 (5): 312 -316.

[12] 魏江, 王甜, 孙阿楠. 中国知识密集型服务业国际化策略研究 [J]. 科技进步与对策, 2006 (1): 56 -58.

[13] 魏江, 夏雪玲. 产业集群中知识密集型服务业的功能研究 [J]. 科技进步与对策, 2004 (12): 7 -9.

[14] Simone Strambach. Innovation Processes and the Role of Knowledge - Intensive Business Services (KIBS) [J]. Technology, Innovation and Policy. 2001 (12): 53 -68.

[15] Christiane Hippa, Hariolf Grupp. Innovation in the service sector: The demand for service - specific innovation measurement concepts and typologies [J]. Research Policy, 2005, 4 (34): 517 -535.

[16] 魏江, 陶颜, 王琳. 知识密集型服务业的概念与分类研究 [J]. 中国软科学, 2007 (1): 33 -41.

[17] 曾婷婷. 湖南省知识密集型服务业创新能力研究 [D]. 长沙: 湖南大学, 2010 (9): 9 -12.

[18] Anna - Leena Asikainen. Innovation modes and strategies in knowledge intensive business services [J]. Service Business, 2013, 12 (4): 1 -19.

[19] OECD. knowledge - based economy [R]. 2006.

[20] Marklund P. Environmental Policy instruments and competitiveness - a literature survey [J]. Tax environmental and employllment, 1997 (11): 97 -104.

[21] 陈劲. 知识密集型服务业创新的评价指标体系 [J]. 学习月刊, 2008 (4): 66 -75.

[22] 吴艳. 上海市知识服务业发展研究 [D]: 上海: 复旦大学, 2007 (7): 33 -36.

[23] 吕泽. 知识密集型服务业创新能力研究—以天津为例 [D]. 天津: 河北工业大学, 2007 (7): 23 -29.

[24] 孔祥．中国知识密集型服务业创新能力研究——基于区域数据的分析 [D]．大连：大连理工大学，2009 (6)：12 - 16.

[25] 吴晓莉．江苏省知识密集型服务业创新研究 [D]．镇江：江苏大学，2009 (6)：25 - 29.

[26] Miles, I. Kastrinos, N. Bilderbeek, R. Knowledge - Intensive Business Services Users , Carriers and Sources of Innovation [R]. EIMS publication EC, 1995 (15).

[27] Lee K. R. Knowledge Intensive Service Activities (KISA) in Korea ´s innovation system [R]. OECD Report, 2003.

[28] Hipp C. Grupp H. Innovation in the Service Sector: The Demand for Service - Specific Innovation Measurement Concepts and Typologies [J]. Research Policy, 2005, 34 (4): 517 - 535.

[29] 邢小强，全允桓．网络能力：概念、结构与影响因素分析 [J]．科学学研究，2006 (2)：558 - 563.

[30] White, H. Where Do Markets Come from [J]. American Journal of Sociology, 1981 (87): 517 - 547.

[31] Granovetter, M. Economic Action And Social Structure: The Problem Of Embeddedness [J]. American Journal Of Sociology, 1985, 3 (19): 481 - 510.

[32] Zukin, S. And Dimaggio, P. Structures Of Capital: The Social Organization Of The Economy [M]. Cambridge MA: Cambridge University Press, 1990: 2 - 4.

[33] Brian Uzzi. The Sources And Consequences Of Embeddedness For The Economic Performance Of Organizations: The Network Effect. American Sociological Review, 1996, 4 (61): 674 - 698.

[34] Brian Uzzi. Social Structure And Competition In Inter - Firm Networks: The Paradox Of Embeddedness [J]. Administrative Science Quarterly, 1997, 1 (42): 35 - 67.

[35] Halinen, A. & Trmroos, J. A. The Meaning Of Time In The Study Of Buyer - Seller Relationships. In Business Marketing: An Interaction And Network Approach. Kluwer Academic Publishers, Boston, 1998, 493 - 529.

[36] Hagedoorn, J. Understanding The Cross Level Embeddedness Of In-

terfirm Partnership Formation [J] . Academy Of Management Review, 2006, 3 ( 31) : 670 - 690.

[37] S, Zukin. P, Dimaggio. Structures Of Capital: The Social Organization Of Economy [M]. Cambridge, MA: Cambridge University Press, 1990: 2 -4.

[38] Ulf Anderson, mats Forsgren. Subsidiary Embeddedness And Competence Development In Mncs - A Multi - Levelanalysis [J]. Organization Studies, 2001, 6 (22): 1013 -1034.

[39] Jung - Tang Hsueh, Neng - Pai Lin & Hou - Chao Li. The Effects Of Network Embeddedness On Service Innovation Performance [J]. The Service Industries Journal, 2010, 10 (30): 1723 -1736.

[40] 尹建华，王兆华．资源外包网络的治理研究 [J]. 中国工业经济，2004 (8): 42 -48.

[41] Granovetter M. Economic Action And Social Structure: The Problem Of Embeddedness [J]. American Journal Of Sociology, 1985, 3 (91): 481 - 510.

[42] David Krackhardt And Robert N Stern. Informal Networks And Organizational Crises: An Experimental Simulation [J]. Social Psychology Quarterly, 1988, 2 (51): 123 -140.

[43] Brian Uzzi . Social Structure And Competition In Interfirm Networks: The Paradox Of Embeddedness [J]. Administrative Science Quarterly, 1997, 1 (42): 35 -67.

[44] Tim Rowley, Dean Behrens & David Krackhardt. Redundant Governance Structures: An Analysis Of Structural And Relational Embeddedness In The Steel And Semiconductor Industry [J]. Strategic Management Journal, 2000, 1 (21): 369 -386.

[45] Uzzi B & Lancaster R. The Role Of Relationships In Interfirm Knowledge Transfer And Learning: The Case Of Coporate Debt Markets [J]. Management Science, 2003, 4 (49): 383 -399.

[46] Piergiuseppe Morone & Richard Taylor. Knowledge diffusion dynamics and network properties of face - to - face interactions. Journal of Evolutionary Economics . 2004, 3 (14): 327 -351.

[47] 吴晓波，韦影．制药企业技术创新战略网络中的关系性嵌入[J]．科学学研究，2005 (4)：561 –565.

[48] 罗家德．社会网络分析讲义（第 2 版）[M]．北京：社会科学文献出版社，2010.

[49] Thomas W. Lee, Terence R. Mitchell, Chris J. Sablynski, James P. Burton & Brooks C. Holtom. The Effects of Job Embeddedness on Organizational Citizenship, Job Performance, Volitional Absences, and Voluntary Turnover [J]. Academy of Management Journal, 2004, 5 (47): 711 –722.

[50] Andrew C. Inkpen and Eric W. K. Tsang. Social Capital, Networks, and Knowledge Transfer [J]. Academy of management review. 2005 , 1 (30) : 146 –165.

[51] 兰建平，苗文斌．嵌入性理论研究综述 [J]．技术经济，2009，1 (28)：104 –108.

[52] 章丹，胡祖光．网络结构洞对企业技术创新活动的影响研究[J]．科研管理，2013，6 (34)：34 –41.

[53] Jason P. Davis. Agency And Knowledge Problems In Network Dynamics: Brokers And Bridges In Innovative Interorganizational Relationships [R]. Massachusetts Institute of Technology, 2010 (1): 13 –26.

[54] Hannah Van Der , Deijl Stijn Kelchtermans & Reinhilde. Veugelers. Researcher Networks And Productivity [R]. Dime – Druid Academy Winter Conference, 2011 (1): 20 –22.

[55] Andrew V S. Firm Scope Experience, Historic Multimarket Contact with Partners, Centrality, and the Relationship Between Structural Holes and Performance [J]. Organization Science, 2009, 1 ( 20) : 85 –106.

[56] Antonelli C. Collective Knowledge Communication and Innovation: the Evidence of Technological Districts [J]. Regional Studies, 2000, 6 (11) : 535 –547.

[57] 党兴华，常红锦．网络位置、地理临近性与企业创新绩效——一个交互效应模型 [J]．科研管理．2013，3 (34)：7 –13 +30.

[58] Ganesan S & Malter A J. Does Distance Still Matter? Geographic Proximity and New Product Development [J]. Joumal of Marketing, 2005, 4 (69) : 44 –60.

[59] Whittington, K. B & Owen Smith J. Networks, Propinquity, and Innovation in Knowledge intensive Industries [J]. Administrative Science Quarterly, 2009, 1 (54): 90 – 122.

[60] Lahiri N. Geographic Distribution of R&D Activity: How Does It Affect Innovation Quality? [J]. Academy of Management Journal, 2010, 5 (53): 1194 – 1209.

[61] Yli – Renko H., Autio E., Harry J. & Sapienza. Social Capital, Knowledge Acquisition, And Knowledge Exploitation In Young Technology – Based Firms [J]. Strategic Management Journal, 2001, 6 (22): 587 – 613.

[62] 王家宝. 关系嵌入性对服务创新绩效的影响关系研究 [D]. 上海: 上海交通大学, 2011 (3): 25 – 32.

[63] 许冠南, 周源, 刘雪锋. 系嵌入性对技术创新绩效作用机制案例研究 [J]. 科学学研究, 2011 (11): 1728 – 1734.

[64] 杨宇威. 网络嵌入性、知识搜索与创新绩效关系研究 [J]. 华东理工大学, 2014 (6).

[65] 田雪, 司维鹏, 杨江龙. 网络嵌入与物流企业服务创新绩效的关系—基于动态能力的分析 [J]. 技术经济, 2015, 34 (1): 62 – 68.

[66] 简兆权, 柳仪. 关系嵌入性、网络能力与服务创新绩效关系的实证研究 [J]. 软科学, 2015, 29 (5): 1 – 5.

[67] 彭正银. 网络治理、四重维度与扩展的交易成本理论 [J]. 经济管理, 2003 (18): 4 – 12.

[68] Taran Thune. University Industry Collaboration: The Network Embeddedness Approach [J]. Science And Public Policy, 2007, 3 (34): 22 – 29.

[69] Marco Tortoriello & David Krackhardt. Activating Cross – Boundary Knowledge: The Role Of Simmelian Ties In The Generation Of Innovations [J]. Academic Manage Journal. 2010, 1 (53): 1167 – 181.

[70] 刘若斯. 网络嵌入性对企业绩效的影响——一个理论视角的探析 [J]. 湖湘论坛, 2008 (6): 88 – 90.

[71] Jung – Tang Hsueh, Neng – Pai Lin and Hou – Chao Li. The effects of network embeddedness on service innovation performance [J]. The Service Industries Journal. 2010, 10 (30): 1723 – 1736.

[72] 范群林, 邵云飞, 唐小我, 等. 结构嵌入性对集群企业创新绩

效影响的实证研究［J］. 科学学研究，2010（12）：1891－1900.

［73］黄汉涛. 网络嵌入性与技术创新绩效的关系研究—基于吸收能力的分析［D］. 浙江大学，2010（10）：42－59.

［74］谢洪明，张颖，程聪，陈盈. 网络嵌入对技术创新绩效的影响：学习能力的视角［J］. 科研管理，2015，35（12）：1－8.

［75］Emmanuel Muller，Andrea Zenker. Business services as actors of knowledge transformation：the role of KIBS in regional and national innovation systems［J］. Research Policy，2001，9（30）：1501－1516.

［76］张波. 面向知识密集型服务业的知识共享机制研究［J］. 电子科技大学学报社科版，2006，8（1）：61－63.

［77］张志鹏. 知识密集型服务业集群内企业间知识转移影响因素研究［D］. 上海：同济大学，2007.

［78］林海波. 现代服务业产业集群创新网络知识共享与绩效关系的研究［D］. 杭州：浙江大学，2008.

［80］辛枫东，赵国杰. 知识密集型服务业服务创新研究［J］. 中国流通经济，2009，（1）：58－60.

［80］王宣人. 知识密集型服务企业知识吸收能力对创新绩效的影响研究［D］. 长沙：中南大学，2010（10）：16－20.

［81］林娟娟. 服务业模块化组织中的知识流动研究［D］. 济南：山东经济学院，2010.

［82］李理，彭灿. 高新技术企业知识管理战略模式选择问题研究［J］. 中国高新技术企业，2009，（21）：1－3.

［83］Andrew C. Inkpen and Eric W. K. Tsang. Social capital，networks and knowledge transfer［J］. Academy of Management Review，2005，1（30）：146－165.

［84］Ari Jantunen，Knowledge－Proeessing capabilities and innovative Performance：an empirical study. European Journal of Innovation Management，2005，3（8）：336－349.

［85］Sundbo J. Management of innovation in services［J］. Service Industries Journal，1997，17（3）：432－455.

［86］Van Ark B，Broersma L，den Hertog P. Services innovation，performance and policy：a review［J］. Synthesis Report in the Framework of the

Project on Structural Information Provision on Innovation in Services (SIID) for the Ministry of Economic Affairs of the Netherlands. Groningen: University of Groningen and DIALOGIC, 2003.

[87] 蔺雷，吴贵生. 服务创新：研究现状、概念界定以及特征描述 [J]. 科研管理，2005，2 (26)：1 -6.

[88] Thorsell J. Innovation in Learning: How the Danish Leadership Institute developed 2, 200 managers from Fujitsu Services from 13 different countries [J]. Management Decision, 2007, 45 (10): 1667 -1676.

[89] Den Hertog P, Bilderbeek R. Conceptualising service innovation and service innovation patterns [J]. Research Programme on Innovation in Services (SIID) for the Ministry of Economic Affairs, Dialogic, Utrecht, 1999.

[90] Ittner C D, Larcker D F, Randall T. Performance implications of strategic performance measurement in financial services firms [J]. Accounting, Organizations and Society, 2003, 28 (7): 715 -741.

[91] Adams R, Bessant J, Phelps R. Innovation management measurement: A review [J]. International Journal of Management Reviews, 2006, 8 (1): 21 -47.

[92] 王家宝. 关系嵌入对服务创新绩效的影响关系研究 [D]，上海：上海交通大学，2011 (3)：20 -30.

[93] Hsueh J T, Lin N P, Li H C. The effects of network embeddedness on service innovation performance [J]. The Service Industries Journal, 2010, 30 (10): 1723 -1736.

[94] Smith K H. Measuring innovation [D]. Oxford University Press, 2005.

[95] Monica Hu M L, Horng J S, Christine Sun Y H. Hospitality teams: knowledge sharing and service innovation performance [J]. Tourism Management, 2009, 30 (1): 41 -50.

[96] Laursen K, Foss N J. New human resource management practices, complementarities and the impact on innovation performance [J]. Cambridge Journal of economics, 2003, 27 (2): 243 -263.

[97] Blazevic V, Lievens A. Learning during the new financial service innovation process: antecedents and performance effects [J]. Journal of Business

Research, 2004, 57 (4): 374 - 391.

[98] Cainelli G, Evangelista R, Savona M. Innovation and economic performance in services: a firm - level analysis [J]. Cambridge Journal of Economics, 2006, 30 (3): 435 - 458.

[99] Chen C J, Huang J W. Strategic human resource practices and innovation performance—The mediating role of knowledge management capacity [J]. Journal of Business Research, 2009, 62 (1): 104 - 114.

[100] 李汉林，渠敬东，夏传玲，陈华珊. 组织和制度变迁的社会过程——一种拟议的综合分析 [J]. 中国社会科学，2005 (1): 94 - 108.

[101] Granovetter M. Economic action and social structure: the problem of embeddedness [J]. American journal of sociology, 1985, 3 (91): 481 - 510.

[102] Mark Grnaovette. The strength of weak ties [J]. American journal of sociology, 1973, 6 (78): 1360 - 1380.

[103] 张晓棠，董广茂. 基于知识结构视角的关系嵌入强度悖论探析 [J]. 商业时代，2014 (2): 104 - 105.

[104] Ariani D W. Social capital moderating roles towards relationship of motives, personality and organizational citizenship behavior: Cases in Indonesian banking industry [J]. The South East Asian Journal of Management, 2010, 4 (2): 161 - 183.

[105] 李钢. 企业网络结构与知识获取的关系模型 [J]. 技术经济与管理研究，2010 (1): 59 - 61.

[106] Barney J B. Firm resources and sustained competitive advantage [J]. Advances in Strategic Management, 2000, 17: 203 - 227.

[107] Barney J B, Clark D N. Resource - based theory: Creating and sustaining competitive advantage [M]. Oxford: Oxford University Press, 2007.

[108] 罗珉，徐宏玲. 组织间关系：价值界面与关系租金的获取 [J]. 中国工业经济，2007 (1): 68 - 78.

[109] Gulati R. Network location and learning: The influence of network resources and firm capabilities on alliance formation [J]. Strategic management journal, 1999, 20 (5): 397 - 420.

[110] 魏江. 知识特征和企业知识管理 [J]. 科研管理，2000, 3

(21)：6-10.

[111] Nonaka, I. A dynamic Theory of organizational Knowledge Creation [J]. Organization Dcience, 1994, 5 (1): 14-17.

[112] Frappaolo C. Smart things to know about knowledge management [M]. Capstone US, 1999.

[113] Thomas H. Davenport and Lawrence Prusak. Working Knowledge: How Organizations Manage What They Know [M]. Harvard Business Press, 2000: 1-15.

[114] Andrew H. Gold, Arvind Malhotra, Albert H. Segars. Knowledge Management: An Organizational Capabilities Perspective [J]. Journal of Management Information Systems. 2001, 1 (18): 185-214.

[115] Sydänmaanlakka P. An intelligent organization: Integrating performance, competence and knowledge management [M]. Capstone Ltd, 2002.

[116] Snowden D. Innovation as an objective of knowledge management. Part I: The landscape of management [J]. Knowledge Management Research & Practice, 2003, 1 (2): 113-119.

[117] 魏江. 知识特征和企业知识管理 [J]. 科研管理, 2000, 3 (21): 6-10.

[118] 陈志祥, 陈荣秋, 马士华. 论知识链与知识管理 [J]. 科研管理, 2000, 1 (21): 14-18.

[119] 吴保根. 大学科技园知识管理的理论与实证研究 [J]. 东华大学, 2012 (10): 25-33.

[120] 应力, 钱省三. 知识管理的内涵 [J]. 科学学研究, 2001, 1 (19): 64-69.

[121] 何飞详. 知识管理的新思考 [J]. 世界标准化与质量管理, 2006 (1): 57-58.

[122] 李志能. 智力资本经营 [M]. 上海: 复旦大学出版社, 2001

[123] 朱桂龙, 李汝航. 企业外部知识获取路径与企业技术创新绩效关系实证研究 [J]. 科技进步与对策, 2008, 5 (25): 152-155.

[124] 任皓, 邓三鸿. 知识管理的重要步骤——知识整合 [J]. 情报科学, 2002, 6 (20): 650-653.

[125] 魏成龙, 张洁梅. 企业并购后知识整合传导机理的实证研究

[J]. 中国工业经济, 2009, 5 (5): 119-128.

[126] 郭兆红. 基于知识整合的企业竞争力研究 [J]. 科技信息, 2008, (28): 479-480.

[127] 姜莹, 王家斌. 产业集群内企业知识共享的价值与策略研究 [J]. 科学学与科学技术管理, 2009 (8): 192-195.

[128] Kodama M. Knowledge innovation: strategic management as practice [M]. Edward Elgar, 2007.

[129] 张建华. 基于知识链的企业知识创新研究 [J]. 情报杂志, 2009, 28 (8): 130-133+106.

[130] 赵海霞, 宋丽华. 企业知识创新的"1+1"优化循环体系 [J]. 情报科学, 2009, 27 (1): 49-52.

[131] Goh A. An integrated management approach to leveraging knowledge innovation [J]. Australasian Journal of Information Systems, 2005, 12 (2): 59-76.

[132] 张爽. 知识创新支撑企业战略管理发展的研究 [J]. 学术论坛, 2009 (1): 39-42.

[133] 樊治平, 李慎杰. 知识创造与知识创新的内涵及相互关系 [J]. 东北大学学报 (社会科学版), 2006, 8 (2): 102-105.

[134] Popadiuk S, Choo C W. Innovation and knowledge creation: how are these concepts related? [J]. International Journal of Information Management, 2006, 26 (4): 302-312.

[135] Nonaka I. The knowledge-creating company [J]. Harvard business review, 2007, 85 (7/8): 162-171.

[136] Un C A, Cuervo-Cazurra A. Strategies for Knowledge Creation in Firms* [J]. British Journal of Management, 2004, 15 (S1): S27-S41.

[137] Martin-de-Castro G, López-Sáez P, Navas-López J E. Processes of knowledge creation in knowledge-intensive firms: Empirical evidence from Boston's Route 128 and Spain [J]. Technovation, 2008, 28 (4): 222-230.

[138] 晏双生. 知识创造与知识创新的涵义及其关系论 [J]. 科学学研究, 2010, 28 (8): 1148-1152.

[139] 白玲, 汪小雯. 知识密集型服务业与服务创新 [J]. 财贸研

究，2006（1）：149－150.

［140］马捷，靖继鹏．企业隐性知识分类再探［J］．情报杂志，2007（9）：38－39.

［141］Kemppilä S，Mettänen P. Innovations in knowledge－intensive services［C］．Proceedings of the 5th International CINet Conference. 2004：326－335.

［142］曹勇，余硕．知识密集型服务业概念内涵与外延的中国视角研究［J］．科学学研究，2008，10（26）：103－110.

［143］辛枫冬．网络关系对知识型服务业服务创新能力的影响研究［D］．天津：天津大学，2011（10）：54－63.

［144］肖小勇．组织间知识转移实证研究——基于企业网络的视角［J］．科学学与科学技术管理，2009（7）：117－122.

［145］简兆权．企业社会资本、知识管理与服务创新绩效关系研究［D］．上海：华东理工大学，2012（6）：54－61.

［146］王娜．企业知识管理与服务创新的互动机理研究［J］．图书情报工作，2013，5（57）：32－37.

［147］张晓婧．网络嵌入与企业创新绩效关系研究——以长春高新区集群企业为例［D］．长春：吉林大学，2012（5）：21－33.

［148］Keld Laursen & Ammon Salter. Open for innovation：the role of openness in explaining innovation performance among U. K. manufacturing firms［J］．Strategic Management Journal，2006，2（27）：131－150.

［149］Julie Juan Li，Laura Poppo and Kevin Zheng Zhou. Relational mechanisms，formal contracts，and local knowledge acquisition by international subsidiaries［J］．Strategic Management Journal，2010，4（31）：349－370.

［150］张晓棠，荆心．强联结对企业知识获取绩效的影响研究——社会资本的视角［J］．价值工程，2012（5）：118－119.

［151］Levin D Z，Cross R. The strength of weak ties you can trust：The mediating role of trust in effective knowledge transfer［J］．Management science，2004，50（11）：1477－1490.

［152］辛枫冬．网络关系对知识型服务业服务创新能力的影响研究［D］．天津：天津大学，2011（10）：51－54.

［153］Buckley P J，Glaister K W，Klijn E，et al. Knowledge accession and knowledge acquisition in strategic alliances: the impact of supplementary and complementary dimensions [J]. British Journal of Management, 2009, 20 (4): 598 -609.

[154] Dayasindhu N. Embeddedness, knowledge transfer, industry clusters and global competitiveness: a case study of the Indian software industry [J]. Technovation, 2002, 22 (9): 551 -560.

[155] Rost K. The strength of strong ties in the creation of innovation [J]. Research Policy, 2011, 40 (4): 588 -604.

[156] 贾生华，吴波，王承哲．资源依赖、关系质量对联盟绩效影响的实证研究 [J]. 科学学研究，2007，4 (25)：334 -339.

[157] Krause D R, Handfield R B, Tyler B B. The relationships between supplier development, commitment, social capital accumulation and performance improvement [J]. Journal of operations management, 2007, 25 (2): 528 -545.

[158] Hertog P. Knowledge - intensive business services as co - producers of innovation [J]. International Journal of Innovation Management, 2000, 4 (04): 491 -528.

[159] Bettencourt L, Ostrom A, Brown S. Client Co - production in Knowledge - intensive Business Services [J]. Operations management: a strategic approach, 2005, 20 (5): 273 -296.

[160] 王劼然．专业服务企业网络关系特征对创新绩效的影响研究 [D]．杭州：浙江大学，2010.

[161] 张首魁，党兴华．关系结构、关系质量对合作创新企业间知识转移的影响研究 [J]．研究与发展管理，2009，3 (21)：1 -7 +14.

[162] Ariani D W. Social capital moderating roles towards relationship of motives, personality and organizational citizenship behavior: Cases in Indonesian banking industry [J]. The South East Asian Journal of Management, 2010, 4 (2): 161 -183.

[163] 谢洪明，陈盈，程聪．网络密度、知识流入对企业管理创新的影响 [J]. 科学学研究，2011，10 (29)：1542 -1548 +1567.

[164] 谢洪明，韩子天. 组织学习与绩效的关系：创新是中介变量吗? —珠三角地区企业的实证研究及其启示 [J]. 科研管理，2005 (5)：1 -

10.

[165] 张晓婧. 网络嵌入与企业创新绩效关系研究——以长春高新区集群企业为例 [D]. 长春：吉林大学，2012 (5)：24-36.

[166] 张旭. 基于社会网络的隐性知识转移机制实证研究 [J]. 青岛大学学报，2010 (6)：8-19.

[167] 刘昌年，梅强. 基于企业网络的中小企业组织间隐性知识转移研究 [J]. 中国科技论坛，2008 (4)：75-79.

[168] 周密，赵西萍. 司训练. 团队成员网络中心性、网络信任对知识转移成效的影响研究 [J]. 科学学研究，2009，9 (27)：1384-1392.

[169] 智勇，倪得兵，曾勇. 企业家社会关系网络、资源交换与企业经济业绩 [J]. 管理工程学报，2010，1 (25)：170-176.

[170] 迈克尔. 波特. 竞争优势 [M]. 北京：华夏出版社，1997 (1)：61-121.

[171] 贾根良. 知识密集型服务业与服务创新 [J]. 学术月刊，2008 (4)：62-75.

[172] Echols, A., Tsai, W. Niche and Performance: The Moderating Role of Network Embeddedness [J]. Strategic Management Journal, 2005, 26 (3).

[173] Lynn, G. S., Reilly, R. R., and Akgun, A. E. Knowledge Management in New Product Teams: Practices and Outcomes [J]. IEEE Transactions on Engineering and Management, 2000, 47 (2).

[174] 王晓娟. 知识网络与集群企业竞争优势研究 [D]. 杭州：浙江大学，2007.

[175] 王学东，赵文军，刘成竹，等. 社会网络嵌入视角下的虚拟团队知识共享影响模型及实证研究 [J]. 情报科学，2011，9 (29)：1407-1412.

[176] Lin J L, Fang S-C, Fang S-R V, et al. Network embeddedness and technology transfer performance in R&D consortia in Taiwan [J]. Technovation, 2009, 29 (11): 763-774.

[177] 蒋天颖，王峥燕，张一青. 网络强度、知识转移对集群企业创新绩效的影响 [J]. 科研管理，2013，8 (34)：27-34.

[178] 窦红宾，王正斌. 网络结构、知识资源获取对企业成长绩效的

影响—以西安光电子产业集群为例［J］. 研究与发展管理，2012（2）：44－51.

［179］Granovetter，M.. The strength of weak ties［J］. American Journal of Sociology，1973，78（6）：1360－1380

［180］Uzzi B，Lancaster R. The role of relationships in interfirm knowledge transfer and learning：The case of coporate debt markets［J］. Management Science，2003（49）：383－399.

［181］Lin，N. Soeialnetworks and statusattainment. Annual Review of Soeiology，1999，25：467－487.

［182］Anand，B. N. &Khanna，T. Do Firms Learn to Create Value? The Case of Alliances. Strategie Management Journal，2000，21（3）：295－315.

［183］Tsai，W. Knowledge transfer in intraorganizational networks：effeets of network position and absorptive capacity on business unit innovation and performance. Academy of Management Journal，2001，44，99－1004.

［184］彭新敏. 企业网络对技术创新绩效的作用机制研究［D］. 杭州：浙江大学，2009.

［185］Monge，P. R. Production of Collective Action in Alliane－Based Interorganizational Communication and Information Systems. Organization Science，1998，9（3）：411－433.

［186］Burt R. Structural holes：The social structure of competition［M］. Cambridge：Harvard University Press，1992：13－34，45－49.

［187］周密，赵文红，姚小涛. 社会关系视角下的知识转移理论研究评述及展望［J］. 科研管理，2007，28（3）：78－85.

［188］窦红宾，王正斌. 网络结构、吸收能力与企业创新绩效—基于西安通讯装备制造产业集群的实证研究［J］. 中国科技论坛，2010（5）：25－30.

［189］Jung－Tang Hsueha，Neng－Pai Linb and Hou－Chao Lia. The effects of network embeddedness on service innovation performance［J］，The Service Industries Journal 2010，10（30）：1723－1736.

［190］willow a. Sheremata. Competing through innovation in network markets：strategies for challengers［J］. Academy of management review，2004，3（29）：359－377.

[191] Ranjay gulati. Network location and learning: the influence of network resources and firm capabilities on alliance formation [J]. strategic management journal. 1999, 5 (20): 397 - 420.

[192] Robin cowan, nicolas jonard. Knowledge portfolios and the organization of innovation networks [J]. Academy of management review. 2009, 2 (34): 320 - 342.

[193] 王家宝，陈继祥. 关系嵌入对服务创新绩效的作用机理研究 [J]. 上海管理科学，2011，4 (33): 78 - 81.

[194] 寿涌毅，汪洁. 企业网络中知识转移的影响因素与案例研究 [J]. 西安电子科技大学学报（社会科学），2009，19 (3): 52 - 58.

[195] 郭劲光. 网络嵌入：嵌入差异与嵌入绩效 [J]. 经济评论，2006 (6): 24 - 30.

[196] Dyer J. H & Nobeoka K. Creating and managing a high - performance knowledge - sharing network: the Toyota case [J]. Strategic Management Journal, 2000, 21 (March Special Issue): 345 - 367.

[197] Yli - Renko H., Autio E., Harry J. & Sapienza. Social capital, knowledge acquisition, and knowledge exploitation in young technology - based firms [J]. Strategic management journal, 2001, 22 (6 - 7): 587 - 613

[198] Uzzi B. Social structure and competition in interfirm networks: The paradox of embeddedness [J]. Administrative Science Quarterly, 1997, 42: 35 - 67.

[199] Ranft, A. L., Lord, M. D. Acquiring new technologies and capabilities: a grounded model of acquisition implementation [J]. Organization Science, 2002, 13 (4): 420 - 441.

[200] Dyer, J. H., Nobeoka, K. Creating and Managing a High - performance Knowledge - sharing Network: The Toyota Case [J]. Strategic Management Journal, 2000, 21 (3).

[201] Lancaster. Relational embeddedness and learning: the case of bank loan managers and their clients [J]. Management Science, 2003 (49): 383 - 405.

[202] Capaldo A. Network structure and innovation: The leveraging of a dual network as a distinctive relational capability [J]. Strategic Management

Journal, 2007, 28 (4): 585 -608.

[203] 池仁勇，唐根年．基于投入与绩效评价的区域技术创新效率研究 [J]. 科研管理，2004 (4): 23 -27.

[204] 池仁勇．区域中小企业创新网络的结点联结及其效率评价研究 [J]. 管理世界，2007 (1): 105 -112.

[205] 吴晓波，刘雪峰，胡松翠．全球制造网络中本地企业知识获取实证研究 [J]. 科学学研究，2007 (3).

[206] 高春亮，李善同，周晓艳．专业化代工、网络结构与我国制造业升级 [J]. 南京大学学报（哲学人文社科版），2008 (2): 66 -73.

[207] 蔡莉，柳青．科技型创业企业集群共享性资源与创新绩效关系的实证研究 [J]. 管理工程学报，2008, 22 (2): 19 -23 +40.

[208] 王家宝．关系嵌入性对服务创新绩效的影响关系研究 [D]. 上海：上海交通大学，2011 (3): 25 -32.

[209] 许冠南，周源，刘雪锋．关系嵌入性对技术创新绩效作用机制案例研究 [J]. 科学学研究，2011 (11): 1728 -1734.

[210] Hansen, T. The Search - transfer Problem: The Role of Weak Ties in Sharing Knowledge across Organization Subunits [J]. Adminstrative Science Quarterly, 1999, 44 (1).

[211] Lancaster. Relational embeddedness and learning: the case of bank loan managers and their clients [J]. Management Science, 2003 (49): 383 -405.

[212] Rhee M. Network updating and exploratory learning environment [J]. Journal of Management Studies, 2004 (41): 933 -949.

[213] 王家宝，陈继祥．关系嵌入构型、学习能力与服务创新绩效：基于交互效应的理论分析 [J]. 现代管理科学，2010 (9): 91 -93.

[214] Hagedoorn J. Understand ing the cross - level embeddedness of inter - firm partnership formation [ J]. Academy of Management Review, 2006, 31 ( 3): 670 - 680.

[215] 任胜刚，吴娟，王龙伟．网络嵌入结构对企业创新行为影响的实证研究 [J], 管理工程学报，2011, 25 (4): 75 -80.

[216] Coleman, J. S. Social Capital in The Creation of Human Capital [J]. Ameirican Journao of Sociology, 94 (Supplement), 1988: S95 -S120.

[217] 刘若斯. 网络嵌入性对企业绩效的影响——一个理论视角的探析 [J]. 经济纵横, 2008 (6): 88 - 90.

[218] 吴结兵, 徐梦周. 网络密度与集群竞争优势: 集聚经济与集体学习的中介作用——2001—2004 年浙江纺织业集群的实证分析 [J]. 管理世界, 2008 (8) : 69 - 76.

[219] Granovetter M. The strength of weak ties [J]. American Journal of Sociology, 1973, 78 (6): 1360 - 1380.

[220] Burt, R. S. Structural Holes: The Social Structure of Competition [M]. Harvard University Press, 1992.

[221] Wasserman, S. , Faust, K. Social Network Analysis: Methods and Applications [M]. Cambridge University Press, 1994.

[222] 蒋天颖, 孙伟. 网络位置、技术学习与集群企业创新绩效——基于对绍兴纺织产业集群的实证考察 [J]. 经济地理, 2010, 7 (32): 87 - 93.

[223] 范群林, 邵云飞, 唐小我等. 结构嵌入性对集群企业创新绩效影响的实证研究 [J]. 科学学研究, 2010, 28 (12): 1891 - 1990.

[224] Burt, R. Structural Holes and Good Ideas [J]. American Journal of Sociology, 2004, 110 (2): 349 - 399.

[225] Andreas B. Eisingerich, Simon J. Bell, Paul Tracey. How Can Clusters Sustain Performance? The Role of Network Strength, Network Openness and Environmental Uncertainly [J]. Research Policy, 2010, 39 (2): 239 - 253.

[226] Kim C: Beldona S. Alliance and Technology Networks: an Empirical Study on Technology Learning [J]. International Journal of Technology Management, 2007, 19 (3): 29 - 44.

[227] Julial L. Lin, Shih - Chieh Fang, Shyh - Rong Fang. Network Embeddedness and Technology Transfer Performance in R&D Consortia in Taiwan [J]. Technovation, 2009, 29 (11): 763 - 774.

[228] Tsai, W. Knowledge Transfer in Intraorganizational Networks: Effects of Network Position and Absorptive Capacity on Business Unit Innovation and Performance [J]. Academy of anagement Journal, 2001, 44 (5): 996 - 1004.

[229] Dougherty, D., Hardy, C. Sustained Product Innovation in Large, Mature Organizations: Overcoming Innovation to Organization Problems [J]. Academy of Management Journal, 1996, 39 (5).

[230] Brown, J. S. Duguid, P. Organizational Learning and Communities of Practice: Toward a Unified View of Working, Learning, and Innovation [J]. Organization Science, 1991, 2 (1).

[231] 钱锡红，徐万里，杨永福．企业网络位置、间接联系与创新绩效［J］．中国工业经济，2010（2）：78－88.

[232] 黄中伟，王宇露．位置嵌入、社会资本与海外子公司的东道国网络学习——基于123家跨国公司在华子公司的实证［J］．中国工业经济，2008（12）：144－154.

[233] 王宇露，李元旭．海外子公司东道国网络结构与网络学习效果——网络学习方式是调节变量吗［J］．南开管理评论，2009，3（12）：142－151.

[234] 王燕梅．中国机床工业的高速增长：技术进步及其贡献分析［J］．中国工业经济，2006（10）：15－22.

[235] 盛亚．范栋梁．结构洞分类理论及其在创新网络中的应用［J］．科学学研究，2009，27（9）：1407－1411.

[236] Gnyawali, D. R., Madhavan, R. Cooperative Networks and Competitive Dynamics: A Structural Embeddedness Perspective [J]. Academy of Management Review, 2001, 26 (3).

[237] Soda, G., Usai A., Zaheer, A. Network Memory: The Influence of Past and Current Networks on Performance [J]. Academy of Management Journal, 2004, 47 (6).

[238] Jung - Tang Hsueha, Neng - Pai Linb and Hou - Chao Lia. The effects of network embeddedness on service innovation performance [J]. The Service Industries Journal 2010, 10 (30): 1723 - 1736.

[239] Barney, J. B. Firm resources and sustained competitive advantage [J]. Journal of Management, 1991, 1 (1): 99 - 120.

[240] Lane, Lubaikin. Relative absorptive capacity and interorganizational learning [J]. Strategic M anagement Journal, 1998, 19 (5): 461 - 477.

[241] Autio E, H J Sapienza. Effects of age atentry, knowledge intensity,

and imitability on international growth [ J]. Academy of Management Journal 2000, 43 ( 5): 909 - 924.

[242] O. hagan S B, GreenM B. Corpo rate know ledg e transfer viainter locking directorates: A network analysis approach [ J]. Geo forum , 2004, (35): 127 - 139.

[243] Kiessling, T. S. , Richey, R. G. , Meng, J. , Dabic, M. Exploring Knowledge Management to Organizational Performance Outcomes in a Transitional Economy [J]. Journal of World Business, 2009, 44: 421 -433.

[244] Liao, S. H. , Wu, C. C. System Perspective of Knowledge Management, Organizational Learning, and Organizational Innovation [J]. Expert Systems with Applications, 2010, 37: 1096 -1103.

[245] 马小勇, 牛东晓. 企业知识管理能力高标定位研究 [J]. 科学学与科学技术管理, 2009 (8): 91 -94.

[246] Gold, A. H. Malhotra, A. &Segars, A. H. Knowledge management: An Organizational capabilities perspective [J]. Journal of Management Information Systems, 2001 ( 18) : 185 -214.

[247] Heide, J. B. Interorganizational Governance in Marketing Channels [J]. Journal of Marketing January, 1994 (58): 71 -85.

[248] Kessler, E. H. , Chakrabarti, A. K. Innovation Speed: A Conceptual Model of Context, Antecedents, and Outcomes [J]. Academy of Management Review, 1996 (21): 1143 -1191.

[249] 张方华. 资源获取与技术创新绩效关系的实证研究, 科学学研究, 2006, 24 (4): 635 -640.

[250] 简兆权, 伍卓深. 制造业服务化的路径选择研究——基于微笑曲线理论的观点 [J]. 科学学与科学技术管理, 2011, 32 (12): 137 -143.

[251] 王家宝, 陈继祥. 关系嵌入构型、学习能力与服务创新绩效: 基于交互效应的理论分析 [J]. 现代管理科学, 2009 (9): 91 -93.

[252] Berghman, L. , Matthyssens, P. , Vadenbempt, K. Building Competences for New Customer Value Creation: An Exploratory Study [J]. Industrial Marketing Management, 2006, 35 (4): 961 -973.

[253] 许世英. 以社会资本观点探讨知识流通对创新绩效的影响—以

科学园区厂商为实证研究 [D]. 中国台湾：成功大学，2005.

[254] 胡明，金宁，戚啸艳，胡汉辉．组织间知识分享对知识资本及组织绩效影响的实证研究——基于社会资本理论视角、以酒店连锁企业为例 [J]．东南大学学报（哲学社会科学版），2009，11（2）：39－42.

[255] 谢荷锋，卢碧玲，肖斌．企业知识管理能力对技术创新绩效的影响 [J]. 南华大学学报（ 社会科学版），2012，8（13）：43－48.

[256] Majchrzak, A. Cooper P. & Neece, E. Knowledge reuse for innovation [J]. Management Science, 2004 ( 2) : 174 – 188.

[257] Nonaka, I. A. Dynamic theory of Organizational knowledge creation [J]. Organization Science, 1994, 5 ( 1 ) : 14 – 37.

[258] Agarwal R, Echambadi R., Franco A. M. Knowledge transfer through inheritance: Spin – out generation, development, and survival [J]. Academy of Management Journal, 2004 ( 4) : 501 – 522.

[259] Granovetter M S. The strength of weak ties [J]. American journal of sociology, 1973, 78 (6): 1360 – 1380.

[260] Nelson R E. The strength of strong ties: Social networks and intergroup conflict in organizations [J]. Academy of Management Journal, 1989, 32 (2): 377 – 401.

[2618] Rindfleisch A, Moorman C. The acquisition and utilization of information in new product alliances: A strength – of – ties perspective [J]. Journal of marketing, 2001, 65 (2): 1 – 18.

[262] 张文贤，张文信. 网络能耐与服务创新绩效 [C]，卓越管理国际学术暨实务研讨会，2007.

[263] Capaldo A. Network structure and innovation: The leveraging of a dual network as a distinctive relational capability [J]. Strategic management journal, 2007, 28 (6): 585 – 608.

[264] 池仁勇. 区域中小企业创新网络的结点联结及其效率评价研究 [J]. 管理世界，2007（1）：105－121.

[265] Nooteboom B. Inter – firm collaboration, learning and networks: an integrated approach [M]. Psychology Press, 2004.

[266] 李莉. 基于网络嵌人性的核心企业知识扩散方式对知识获取绩效的影响研究 [D]. 西安：西安理工大学，2008（2）：79－87.

[267] 王志玮．企业外部知识网络嵌入性对破坏性创新绩效的影响机制研究 [D]．杭州：浙江大学，2010 (8)：178 - 186.

[268] Gina Lai , Nan Lin, Shu - Yin Leung. Network resources, contact resources, and status attainment [J]. Social Networks, 1998, 20 (2): 159 - 178.

[269] Dyer J H, Singh H. The relational view: cooperative strategy and sources of interorganizational competitive advantage [J]. Academy of management review, 1998, 23 (4): 660 - 679.

[270] Jap S D. Perspectives on joint competitive advantages in buyer - supplier relationships [J]. International Journal of Research in Marketing, 2001, 18 (1): 19 - 35.

[271] Gallouj F. Innovation in services and the attendant old and new myths [J]. Journal of Socio - Economics, 2002, 31 (2): 137 - 154.

[272] Hooley G J, Greenley G E, Cadogan J W, et al. The performance impact of marketing resources [J]. Journal of Business Research, 2005, 58 (1): 18 - 27.

[273] Enns S, Malinick T, Matthews R. It's not only who you know, it's also where they are: Using the position generator to investigate the structure of access to embedded resources [J]. Social capital: An international research program, 2008: 255 - 281.

[274] Jung - Tang Hsueh, Neng - Pai Lin and Hou - Chao Li. The effects of network embeddedness on service innovation performancep [J]. The Service Industries Journal, 2010, 30 (10): 1723 - 1736.

[275] Yang J, Yu L. Electronic new product development - a conceptual framework [J]. Industrial Management & Data Systems, 2002, 102 (4): 218 - 225.

[276] Teresa L. Ju, Chia - Ying Li, Tien - Shiang Lee. A contingency model for knowledge management capability and innovation [J]. Industrial Management and Data Systems , 2006, 106 (6): 855 - 877.

[277] Bou - Wen Lin, Chung - Jen Chen. Fostering product innovation in industry networks: the mediating role of knowledge integration [J]. The International Journal of Human Resource Management, 2006, 17 (1): 155 -

173.

[278] Jansen, J, J. FRANS A. J. V. D. B. Exploratory Innovation, Exploitative Innovation, And Performance: Effects Of Organization Antecedents And Environmental Moderators [J]. Management Science, 2006, 52 (11): 1661 - 1674.

[279] 钱锡红，杨永福，徐万里．企业网络位置、吸收能力与创新绩效 [J]. 管理世界，2010 (5): 118 - 129.

[280] 蒋天颖．工程项目群知识管理绩效影响机制研究 [M]. 杭州：浙江大学出版社，2011 (11): 110 - 126.

[281] Cooper R G, Kleinschmidt E J. New products: what separates winners from losers? [J]. Journal of product innovation management, 1987, 4 (3): 169 - 184.

[282] Ulrike de Brentani. New industrial service development: Scenarios for success and failure [J]. Journal of Business Research, 1995, 32 (2): 93 - 103.

[283] Abbie Griffin, 1, Albert L. Page2. An interim report on measuring product development success and failure [J]. Journal of Product Innovation Management, 1993, 10 (4): 291 - 308.

[284] Storey C, Kelly D. Measuring the performance of new service development activities [J]. Service Industries Journal, 2001, 21 (2): 71 - 90.

[285] Gallouj F. Innovation in services and the attendant old and new myths [J]. Journal of Socio - Economics, 2002, 31 (2): 137 - 154.

[286] Prajogo D I. The relationship between innovation and business performance—a comparative study between manufacturing and service firms [J]. Knowledge and process management, 2006, 13 (3): 218 - 225.

[287] Love J H, Mansury M A. External linkages, R&D and innovation performance in US business services [J]. Industry and Innovation, 2007, 14 (5): 477 - 496.

[288] 张若勇，刘新梅，张永胜．顾客参与和服务创新关系研究：基于服务过程中知识转移的视角 [J]. 科学学与科学技术管理，2007 (10): 92 - 97.

[289] 卢俊义，王永贵．顾客参与服务创新与创新绩效的关系研究—

基于顾客知识转移视角的理论综述与模型构建［J］. 管理学报，2011，8（10）：1566－1574.

［290］ Sundbo J. Customer－based innovation of knowledge e－services：the importance of after－innovation ［J］. International Journal of Services Technology & Management，2008，9 （3）：218－233.

［291］ Hsueh J T，Lin N P，Li H C. The effects of network embeddedness on service innovation performance ［J］. The Service Industries Journal，2010，30 （10）：1723－1736.

［292］ Wright S. Correlation and causation ［J］. Journal of agricultural research，1921，20 （7）：557－585.

［293］ 吴兆龙，丁晓. 结构方程模型的理论、建立与应用［J］. 科技管理研究，2004 （6）：90－95.

［294］ Martin Skitmore R，Thomas Ng S. Forecast models for actual construction time and cost ［J］. Building and Environment，2003，38 （8）：1075－1083.

［295］ 邱皓政，林碧芳. 结构方程模型的原理与应用 ［M］. 北京：中国轻工业出版社，2009.

［296］ 南楠. 关系嵌入性对商业模式创新的影响机制研究 ［D］. 太原：山西大学，2018.

［297］ 贺小荣，郭红. 顾客关系嵌入性对旅游企业创新绩效的影响研究 ［J］. 湖南财政经济学院学报，2018 （4）：13－22.

［298］ 牛梦洁. 关系嵌入，商业模式创新与企业绩效关系研究 ［D］. 武汉：华中农业大学，2019.

［299］ 冯锦军. 关系嵌入影响零售企业商业模式创新的实证研究［J］. 商业经济研究，2020，804 （17）：127－129.

［300］ 娄育彤. 关系嵌入性，组织学习能力对商业银行服务创新绩效的影响研究 ［D］. 长春：吉林大学，2020.

［301］ 阮爱君，卢立伟，方佳音. 知识网络嵌入性对企业创新能力的影响研究——基于组织学习的中介作用 ［J］. 财经论丛，2014 （3）：77－84.

［302］ 张悦，梁巧转，范培华. 网络嵌入性与创新绩效的 Meta 分析［J］. 科研管理，2016 （11）：80－88.

[303] 孙世强，陶秋燕．网络嵌入、组织合法性与创新绩效的关系[J]．科技管理研究，2020，448（6）：178－186.

[304] 解学梅，左蕾蕾．企业协同创新网络特征与创新绩效：基于知识吸收能力的中介效应研究[J]．南开管理评论，2013（3）：47－56.

[305] 周朋程．知识依赖、关系嵌入对中小企业创新绩效的影响研究[J]．商业经济研究，2019（20）：131－134.

[306] 李纲，陈静静，杨雪．网络能力、知识获取与企业服务创新绩效的关系研究——网络规模的调节作用[J]．管理评论，2017（2）：59－68，86.

[307] 赵武，刘伟．服务企业关系管理对服务创新绩效的影响研究[J]．软科学，2019（19）：98－98.

[308] 谈晓洁．基于服务创新四维度模型的个性化信息服务研究[J]．图书情报研究，2011（1）：14－17.

[309] 胡松，蔺雷，吴贵生．服务创新的驱动力和模式[J]．研究与发展管理，2006，18（1）：33－39.

[310] 胡昌平，邵其赶，孙高岭．个性化信息服务中的用户偏好与行为分析[J]．情报理论与实践，2008，31（1）：4－6.

[311] 王君正，吴贵生．基于服务创新四维度模型的我国旅游企业创新模式分析－以云南旅游为例[J]．商业研究，2013.

[312] 梁娟，陈国宏．多重网络嵌入、知识整合与知识创造绩效[J]．科学学研究，2019，37（2）：111－120.

[313] Huang J, Li M, Mao L. The impact of network embeddedness on radical innovation performance – Intermediators of innovation legitimacy and resource acquisition [J]. International Journal of Technology Policy & Management, 2017, 17 (3): 220.

[314] Shayan A, Elahi S, Ghazinoory S, et al. Designing a model for learning self – organized innovation network: using embedded case studies [J]. Computers & Industrial Engineering, 2018, 27 (4): 123.

[315] 梁娟，陈国宏．多重网络嵌入、知识整合与知识创造绩效[J]．科学学研究，2019，37（02）：111－120.

[316] 吴兴宇，王满．产学研协同创新视角下联盟网络嵌入对创新绩效的影响[J]．科技进步与对策，2020，37（03）：16－23.

[317] 王核成，李鑫．企业网络嵌入性对创新绩效的影响——网络权力的中介作用及吸收能力的调节作用［J］．科技管理研究，2019，39(21)：122－129.

[318] Fracassi C，Tate G A. External Networking and Internal Firm Governance [J]. The Journal of Finance，2012，67 (1)：153－194.

[319] 李德辉，范黎波，杨震宁．企业网络嵌入可以高枕无忧吗——基于中国上市制造业企业的考察［J］．南开管理评论，2017，20 (01)：67－82.

[320] Zukin S. Di Maggio P. Structures of capital：The social organization of economy Cambridge，MA：Cambridge University Press，1990，10－50.

[321] Andersson FH. The Strategic Impact of External Networks：Subsidiary Performance and Competence Development in the Multinational Corporation [J]. Strategic Management Journal，2002，23 (11)：979－996.

[322] Hagedoorn J. Understanding the cross－level embeddedness of interfirm partnership formation [J]. Academy of Management review，2006，31 (3)：570－680.

[323] Yogesh Malhotra，Knowledge Management for the New World of Business [J]. 1998.

[324] 徐拥军，陈祖芬，朱兰兰，等．对中国惠普知识管理的思科［J］．情报杂志，2006.

[325] 陈三可．组织文化、知识管理与企业竞争力作用机制研究［D］．成都：西南财经大学，2010.

[326] 范海东．看好自己的文件夹：企业知识管理的精髓［M］．北京：中国经济出版社，2005.

# 后 记

苟日新，日日新，又日新，不日新者必日退。在习近平总书记诸多关于创新的表述中，我们深切体会到，今天的中国发展对于创新的需求是多么迫切。2020年以来，在新冠疫情世界性爆发的影响下，全球经济增长动力严重不足，中国国内经济发展形势同样不容乐观，如此艰难时期，企业在追求自我发展的道路上所面临的风险越来越多，越来越大，如何保证企业走在创新可持续发展的道路上，成为众多企业激流勇进的主旋律。企业有效的网络嵌入，不断汲取企业发展及创新活动开展中所需要的新知识，是促进创新绩效提升的重要途径。企业网络嵌入问题并不是一个全新的研究领域，但随着全球价值链的深刻发展，企业竞争方式发生了极大转变，单打独斗的企业越来越少，企业网络嵌入的问题受到更多的关注。本书所关注的还主要是微观的企业层面，作为知识重要传播者的知识密集型服务企业通过加强自身的知识管理活动，促进自身服务创新绩效的提升。且在网络嵌入的维度选择上也仅局限在关系嵌入、结构嵌入和资源嵌入三个方面，对于网络嵌入其他维度对知识密集型服务企业服务创新绩效的影响没有涉及，研究还存在一定的片面性。但无论如何，知识密集型服务企业的网络嵌入式发展方式给企业创造的价值毋庸置疑，本书所涉及的网络嵌入的三个维度也确实在一定程度上影响着知识密集型服务企业的服务创新绩效。但不管对于哪一类型的企业，其想要建立自身在网络中的优势地位，自身所掌握的优势要素是必不可少的，这是企业的立足之本。

《网络嵌入视角下知识密集型服务企业服务创新绩效》一书的主要内容源自于作者攻读博士学位期间的论文成果，该成果形成过程中得到了作者导师、就读学校各位教授、作者所在单位诸多教授、领导的关心与指导，在此表示衷心的感谢。特别感谢丛海彬先生在本著作形成及出版过程中给予的无私帮助。感谢在本研究相关领域做出贡献的所有学者，正是因为你们提供的丰富的研究文献，为作者提供了非常宝贵的参考，才能够使作者在写作过程中茅塞顿开、思如泉涌。

感谢宁波市哲学社会科学研究基地“区域开放合作与自贸区研究基地”对本成果的出版资助。感谢本书出版单位——中国财政经济出版社的大力支持，特别感谢周桂元等各位老师在本书编辑出版过程中付出的辛勤劳动！

由于作者能力所限，书中论述及观点难免有不足之处，这也是作者未来努力提升的空间与方向！书海无涯，学无止境！

作　者

2021.1.25